老君山文化丛书，探自然之造化、究人类之精神……

老君山文化丛书

老学六经

杨郁　黎荔　著

中国书籍出版社
China Book Press

图书在版编目（CIP）数据

老学六经 / 杨郁，黎荔著 . -- 北京：中国书籍出版社，2017.9
ISBN 978-7-5068-6419-0

Ⅰ.①老… Ⅱ.①杨…②黎… Ⅲ.①道家－研究
Ⅳ.① B223.05

中国版本图书馆 CIP 数据核字 (2017) 第 216787 号

老学六经

杨郁、黎荔　著

责任编辑	王志刚
责任印制	孙马飞　马　芝
封面设计	周周设计局
出版发行	中国书籍出版社
地　　址	北京市丰台区三路居路 97 号（邮编：100073）
电　　话	（010）52257143（总编室）　（010）52257153（发行部）
电子邮箱	chinabp@vip.sina.com
经　　销	全国新华书店
印　　刷	洛阳市天彩印刷有限公司
开　　本	787 mm×1092 mm　1/16
字　　数	300 千字
印　　张	24.5
版　　次	2017 年 9 月第 1 版　2017 年 9 月第 1 次印刷
书　　号	ISBN 978-7-5068-6419-0
定　　价	58.00 元

版权所有　翻印必究

老君山文化丛书

首席顾问：陈鼓应

学术顾问：王中江

编委会主任：杨植森

编委会执行主任：杨海波

编　　委：张　记　徐　雷　赵大红
　　　　　张　央　望广法　高　红
　　　　　郭海涛

主　　编：张　记

执行主编：杨　郁

《老君山文化丛书》序

老君山之奇妙者，自然之奇、文化之妙也。

河南洛阳栾川之老君山者，本名景室，因老子归隐而驰名中外，故通称老君山也。是山乃秦岭余脉八百里伏牛山之主峰，古有"中峰插天，诸峦翠立"之誉，聚天下之奇特险峻于一室，实乃放大之盆景，浓缩之仙境也。天之所覆、地之所载，此山独以景室名之者，盖其滑脱峰林之故也。滑脱峰林乃曩昔十九亿年山崩地裂而经时光琢磨、风雷洗礼之所以成者也。是山，壁立万仞，拔地通天：似眼似口、似鼻似耳，似腿似手、似头似身；或呼或歌、或嗅或听，或踢或击、或依或抵，若即若离、若梦若幻，故诗曰"秀出五岳，奇冠三山"者也。望之摇摇而不坠，扶之晃晃而不移，此老君山之独有，故获"世界地质公园"之称也。

风突起兮，彩霞飞腾，锦潮涌滚，云海苍茫，自然赋老君山以质，老子赋老君山以神。山不在高，有仙则名，老君山，景室高矗以为质、老子高瞻以为神，为天下道教名山，宜矣！司马迁虽曰"莫知其所踪"，而老子西游秦、南巡楚，或为老莱子、或为太史儋，教尹喜、诲文子，世代相传，有口皆碑。老子乃方外之高人，不当以踪迹之有无论之也。老子之归隐老君山，于老君堂收过徒，在十方院救过人，教化于兹，修道炼丹，于是乎，朝拜者络绎不绝，敬香者纷至沓来，隋代有记载，唐皇曾封赐，有明诏封"天下名山"，此乃源源不断，至于当今也。岁在丁亥，有杨公植森者，铁肩担道义，力劈老君山，老学广场老子文化苑、登山索道盘峰栈道、老子圣像老君铁庙、道德经墙六十四卦，一气化三清，一山唯老君，十里一画屏，一山三金顶，金顶五道观，福禄寿喜财，上德不得，上善若水，此其十载为学为道峥嵘岁月之路也哉。

老君山文化丛书，探自然之造化、究人类之精神，涵老子之学、融老君之神，聚学研为一体，汇俗道为一炉，以中华文化和文明之精髓，滋养当代文化之自信和文明之自觉，此乃提升素质、熏陶心灵之不二法门也。遏止逆淘汰、自觉致良知，以唤醒迷茫灵魂、拯救迷途羔羊而归根，以清静无为、不争而争而复命，此乃老君山文化丛书之宗旨也。

　　是为序！

目　录

凡例	1

第一卷《老子·道德经》　　　1
　　道经　　　3
　　德经　　　8

第二卷《关尹子·文始经》　　　15
　　宇　　　17
　　柱　　　20
　　极　　　22
　　符　　　25
　　鉴　　　29
　　匕　　　32
　　釜　　　34
　　筹　　　36
　　药　　　37

第三卷《文子·通玄经》　　　　　　41
第一篇·道原　　　　　　43
第二篇·精诚　　　　　　49
第三篇·十守　　　　　　56
第四篇·符言　　　　　　62
第五篇·道德　　　　　　68
第六篇·上德　　　　　　75
第七篇·微明　　　　　　81
第八篇·自然　　　　　　87
第九篇·下德　　　　　　93
第十篇·上仁　　　　　　99
第十一篇·上义　　　　　　106
第十二篇·上礼　　　　　　112

第四卷《列子·通虚经》　　　　　　117
天瑞第一　　　　　　119
黄帝第二　　　　　　125
周穆王第三　　　　　　137
仲尼第四　　　　　　142
汤问第五　　　　　　150
力命第六　　　　　　160
杨朱第七　　　　　　167
说符第八　　　　　　175

第五卷《庄子·南华经》　　　　　　187
第一篇·逍遥游　　　　　　189

第二篇·齐物论	192
第三篇·养生主	199
第四篇·人间世	200
第六篇·大宗师	210
第七篇·应帝王	216
第八篇·骈拇	219
第九篇·马蹄	221
第十篇·胠箧	222
第十一篇·在宥	225
第十二篇·天地	230
第十三篇·天道	237
第十四篇·天运	240
第十五篇·刻意	246
第十六篇·缮性	248
第十七篇·秋水	249
第十八篇·至乐	255
第十九篇·达生	258
第二十篇·山木	262
第二十一篇·田子方	267
第二十二篇·知北游	272
第二十三篇·庚桑楚	278
第二十四篇·徐无鬼	283
第二十五篇·则阳	291
第二十六篇·外物	297
第二十七篇·寓言	300
第二十八篇·让王	302

  第二十九篇·盗跖　　309
  第三十篇·说剑　　315
  第三十一篇·渔父　　318
  第三十二篇·列御寇　　321
  第三十三篇·天下　　325

第六卷《庚桑子·洞灵经》　　331
  序言　　333
  全道第一　　333
  用道第二　　336
  政道第三　　337
  君道第四　　341
  臣道第五　　343
  贤道第六　　344
  训道第七　　346
  农道第八　　349
  兵道第九　　351

附录　　353
  附录一　周敦颐《通书》《太极图说》　　353
  附录二　杨郁《天人国学书》　　363

跋　　376

凡 例

一、基本内容：老君山文化丛书之《老学六经》含第一卷《老子·道德经》、第二卷《关尹子·文始经》、第三卷《文子·通玄经》、第四卷《列子·通虚经》、第五卷《庄子·南华经》、第六卷《庚桑子·洞灵经》，凡六种，简称《老》、《关》、《文》、《列》、《庄》、《庚》也。是书乃中华传统文化之经典，为"老学"的核心和根基，乃老君山文化建设之重要软件和老君山文化提升之基础工程，老君山欲走遍河南、走向全国、传播世界，"老子·老君"文化必将为其精神，为其灵魂也！

二、版本选择：《老学六经》版本，乃参阅对照各种精本、善本，以臻实现"无一字无来处、无一处无道理"之目标。其要略曰：择其善者、去其重者、删其衍者、更其乖者，庶几可为"老学"之普及提高之版本也。本于此，《老学六经》以"经典通读"、"对照阅读"、"重点研读"为其则，以免误导而不越俎代庖，故原文不注音、不注解，以便初入门即接触到最基本之文献，理解到最基础之观点也。此虽为纯文本，亦并非仅此而已，随所学之需，注音本、注解本、译文本、解读本、研讨本，亦可望也可及也。读《老学六经》，其经即《老子·道德经》者，其余皆为纬也，犹古之"传"

也，如憨山大师云《庄子》乃《老子》注本者也。"通读"、"阅读"、"研读"者，为其基本要求也。一遍即懂者，乃为休闲之"散步"，无乃浅乎；十遍懂点者，有如"爬山"之攀登，其豪气之足，干劲之大，其可嘉也矣。难度见高度，高度见亮度，亮度见精度，不经"九九八十一难"，真经难取，明也。投机者止步、取巧者退步，且为"老学"之所不容，为人之良知所不许。书非未多读也，乃不精也，未得其心得滋味耳。以学之心入门，以教之心登堂，以著之心入室，可矣！读书者，学习也，学而后知不足；教书者，学习也，教而后知困；写书者，学习也，写而后知大困，是为学习中之学习者也。学者、教者、著者，苟有难者，吾等必当援之以手，共学同习，为中华传统文化之复兴，添砖加瓦耳。

三、阅读提示：凡研读"老学"者，要旨在角度、系统和方法也，欲入其门，先知其径。"老学"之核心者乃"道"也，其体系之严密、方法之多样，实为博大精深者也。其要略曰：两支点"常道非常道、上德与下德"，四原理"道生德畜、无中生有"之生成论，"道体德用、有无相生"之本体论，"知而不知、望无见有"之认识论，"下学上达、存无守有"之实践论，一目标即"归根返本"也。

两支点为"老学"乃至中华文化传统之本，其境界之高远、设计之精妙，独树一帜、高瞻远瞩。"常道非常道"，道者，"可道而不可道"、"不可道而必须道"也，视之犹吊诡，察之则深邃。人之识有尽，事之理无穷，以有尽之识求无穷之理，其殆乎也哉！故有此法门者，识者自当虚怀若谷，如地山之谦卦也。

设若不知"识有尽"、"理无穷"之辨者，则一叶障目、不见泰山也。"上德与下德"：上德者，无善无恶之境界也，近乎天理者也；下德者，有是有非之层次也，进入人性者也。如《中庸》言"诚者天之道，诚之者人之道"也。《庄子·南华经》曰："夫'精'，小之微也；'垺'，大之殷也。夫精粗者，期于有形者也；无形者，数之所不能分也；不可围者，数之所不能穷也。可言论者，物之粗也；可意致者，物之精也；言之所不能论、意之所不能致者，不期精粗。""德"为粗、精者，"可言论者，物之粗也"、"可意致者，物之精也"，"言之所不能论、意之所不能致者，不期精粗"者，"道"也。故"修道"、"悟道"者，其为"修德"、"悟德"者也，明此两者，可登"老学"之堂也。

两支点乃"老学"之核心也，惜乎，由曩昔至当下，或淡忘、或误解、或懵懂，众也。欲究"老学"者，此为门径，不可不知不识不明也。

生成论之"道生德畜、无中生有"，欲阐述宇宙何来、事物何生也，此乃时之一维，在历时性也。"宇宙"、"事物"统之为"有"，故"无中生有"，本老子言"天下万物生于有，有生于无"之演绎，亦老子言"道生一，一生二，二生三，三生万物"之囊括也。

本体论之"道体德用、有无相生"，欲阐述宇宙、事物之运行也，乃空之三维，在共时性也。我是谁？我干啥？我咋办？"有无相生"实宇宙、事物运转之总规则、总系统也。"有无相生"者，并非仅"对立统一"，亦囊括"质量互变"、"否定之否定"、"整体和局部"、"一般与特殊"、"同一性与差异性"者也。

认识论之"知而不知、望无见有",此乃本于认识之有限、天理之无尽也,局限于角度、方法也。认识之成果皆为认识之幻象,或定义之,或判断之,并非宇宙、事物之质也。俗云"三界唯心,万法唯识"、人云"心即理,心即物,心外无物",即此理也。

实践论之"下学上达、存无守有"者,此乃本于价值之论也。人之所识有限而理之所涵无尽,唯"博学之,审问之,慎思之,明辨之,笃行之",庶几可矣。格其物致其知诚其意正其心,学习之、感悟之,日积月累,或可成贤为圣也。

"归根返本"之目标,此乃《大学》之"大学之道"也,"修己"之"明明德"、"安人"之"亲民"、"止于至善"之圣境者也。"至善"无"恶"亦无"善"也,《王阳明·大学问》语"至善"者,"与天地万物为一体"也。"至善"非"最好",乃谓"无善无恶"者也。"归根返本"之路径,唯有"知行合一"、"天人合一"也。"知行合一"者,"身"与"心"之合一也;"天人合一"者,"自我"与"他人"、"社会"、"自然"之合一也。

诚其心者,必亦步亦趋,一书已熟,方读一书,熟能生巧、巧能生精、精能生神。潜心于"老子·老君"之博大精深者,如此则得其径、进其门,登其堂、入其室也。所谓孔子"登东山而小鲁、登泰山而小天下"、杜甫"会当凌绝顶,一览众山小"者也!

第一卷　《老子·道德经》

《老子·道德经》者，为春秋晚期老子所著也，乃为先秦未分诸子前之个人首创，为诸子所共仰，为中华文化传统核心观念之重要来源也。是书名《老子》，也称《道德经》，分为《道经》、《德经》，共八十一章。此版本为我等研究多年的成果所勘定，字头789个，字数5000字。

道 经

01. 道可道，非常道；名可名，非常名。无名，天地之始；有名，万物之母。故常无，欲观其妙；常有，欲观其徼。此两者同出而异名，同谓之玄。玄之又玄，众妙之门。

02. 天下皆知美之为美，斯恶矣；皆知善之为善，斯不善已。有无相生，难易相成，长短相形，高下相倾，音声相和，前后相随。是以圣人处无为之事，行不言之教。万物作而不辞，生而不有，为而不恃，功成不居。夫唯不居，是以不去。

03. 不尚贤，使民不争；不贵难得之货，使民不盗；不见可欲，使心不乱。是以圣人之治：虚其心，实其腹；弱其志，强其骨。使民无知无欲，使智者不敢为，则无不治。

04. 道：冲用之或不盈，渊似万物之宗。挫其锐，解其纷；和其光，同其尘。湛常存。吾不知谁子，像帝之先。

05. 天地不仁，以万物为刍狗；圣人不仁，以百姓为刍狗。天地之间，其犹橐钥？虚而不屈，动而愈出。多言数穷，不如守中。

06. 谷神不死，是为玄牝。玄牝门，天地根。绵绵若存，用之不勤，天长地久。

07. 天地所以能长且久者，以其不自生，故能长久。是以圣人后其身而身先，外其身而身存。以其无私，故能成其私。

08. 上善若水：水善利万物而不争，处众人之所恶，故几于道。居善地，心善渊，与善仁，言善信，政善治，事善能，动善时。夫唯不争，故无尤。

09. 持而盈之，不如其已；揣而锐之，不可长保；金玉满堂，莫之能守；富贵而骄，自遗其咎。功遂身退，天之道哉。

10. 营魄抱一，能无离乎？专气致柔，能婴儿乎？涤除玄览，能无疵乎？爱民治国，能无智乎？天门开阖，能为雌乎？明白四达，能无为乎？生之畜之，长而不宰，是谓玄德。

11. 三十幅共一毂：当其无有，车之用；挺埴以为器：当其无有，器之用；凿户牖以为室：当其无有，室之用。有之以为利，无之以为用。

12. 五色令人目盲，五音令人耳聋，五味令人口爽；驰骋田猎，令心发狂；难得之货，令人行妨。圣人为腹不为目，故去彼取此。

13. 宠辱若惊，贵大患若身。何谓宠辱若惊？宠为上，辱为下，得之若惊，失之若惊。何谓贵大患若身？吾所以有大患者，为吾有身，及吾无身，吾有何患？故贵以身为天下，若可寄天下；爱以身为天下，若可托天下。

14. 视之不见，名曰夷；听之不闻，名曰希；抟之不得，名曰微。此三者，不可致诘，故混而为一。其上不皦，其下不昧；绳绳不可名，复归于无物。无状之状，无象之象，是谓惚恍。迎之不见其首，随之不见其后。执古之道，以御今之有，能

知古始，是谓道纪。

15. 古之善为道者，微妙玄通，深不可测。夫唯不可测，故强为之容：豫兮若冬涉川，犹兮若畏四邻；俨兮其若客，涣兮其冰释，敦兮其若朴，旷兮其若谷，浑兮其若浊。孰能浊以静，动之以徐清？孰能安以久，动之以徐生？复此道者，不欲盈。夫唯不盈，蔽而复成。

16. 致虚极，守静笃。万物并作，吾以观复。夫物芸芸，各归其根。归根曰静，静曰复命；复命曰常，知常曰明。不知常，妄作凶。知常容，容乃公，公乃王，王乃天，天乃道，道乃久，没身不殆。

17. 太上，不知有之；其次，亲之誉之；其次，畏之；其次，侮之。信不足，有不信，由其贵言。功成事遂，百姓皆谓我自然。

18. 大道废，有仁义；慧智出，有大伪；六亲不和，有孝慈；国家昏乱，有忠臣。

19. 绝圣弃智，民利百倍；绝仁弃义，民复孝慈；绝巧弃利，盗贼无有。此三者，为文不足，故令有所属。见素抱朴，少私寡欲，绝学无忧。

20. 唯之与阿，相去几何？善之与恶，相去若何？人之所畏，不可不畏。荒其未央！众人熙熙，如享太牢，如春登台。我独怕兮其未兆，如婴儿之未孩，儽儽兮，若无所归！众人皆有余，而我独若遗。我愚人之心，沌沌兮。俗人昭昭，我独昏昏；俗人察察，我独闷闷。澹兮其若海，飂兮若无止。众人皆有已，而我独似鄙。我独异于人，而贵食母。

21. 孔德之容，惟道是从。道之为物，惟恍惟惚。惚兮恍兮，其中有象；恍兮惚兮，其中有物；窈兮冥兮，其中有精；

其精甚真，其中有信。自今及古，其名不去，以阅众甫。吾何以知众甫之然？以此。

22. 曲则全，枉则直，洼则盈，敝则新，少则得，多则惑，是以圣人抱一，为天下式。不自见，故明；不自是，故彰；不自伐，故有功；不自矜，故长。夫唯不争，故天下莫能与之争。古之所谓"曲则全"者，岂虚言哉？诚全而归之。

23. 希言自然：故飘风不终朝，骤雨不终日。孰为此者？天地。天地尚不能久，而况于人乎？故从事于道：道者同于道，德者同于德，失者同于失。同于道者，道亦乐得之；同于德者，德亦乐得之；同于失者，失于乐得之。

24. 企者不立，跨者不行，自见者不明，自是者不彰，自伐者无功，自矜者不长。其在道也，余食赘形，物或恶之，故有道者不处。

25. 有物混成，先天地生：寂兮寥兮，独立而不改，周行而不殆，可为天下母。吾不知其名，强字之曰道，强为之名曰大，大曰逝，逝曰远，远曰反。故道大，天大，地大，人亦大。域中有四大，人居其一。人法地，地法天，天法道，道自然。

26. 重为轻根，静为躁君。君子终日行，不离辎重。虽有荣观，燕处超然。轻则失根，躁则失君。

27. 善行无辙迹，善言无瑕谪，善数不用筹策。善闭，无关键而不可开；善结，无绳约而不可解。是以圣人常善救人，故无弃人；是以圣人常善救物，故无弃物。是谓袭明。故善人者，不善人之师；不善人者，善人之资。不贵其师，不爱其资，虽智大迷。是谓要妙。

28. 知其雄，守其雌，为天下溪，常德不离，复归于婴儿；

知其白，守其辱，为天下谷，常德乃足，复归于朴。朴散则为器，圣人用之，则为官长。故大制不割。

29. 将欲取天下而为之，吾见其不得已。天下神器，不可为也，为者败之，执者失之。夫物或行或随，或嘘或吹，或强或羸，或挫或堕，是以圣人去甚、去奢、去泰。

30. 以道佐人主者，不以兵强天下。其事好还：师之所处，荆棘生焉。善者果而已，不敢以取强。果而勿矜，果而勿伐，果而勿骄，果而不得已，果而勿强。物壮则老，是谓不道，不道早已。

31. 夫唯兵者，不祥之器，物或恶之，故有道者不处，不得已而用之。恬淡为上，胜而不美，而美之者，是乐杀人。夫乐杀人者，则不可得志于天下矣。

32. 道常无名：朴虽小，天下莫能臣也。侯王若能守之，万物将自宾。天地相合，以降甘露，民莫之令而自均。始制有名，名亦既有，夫将知止，知止不殆。譬道之与天下，犹川谷之与江海。

33. 知人者智，自知者明；胜人者有力，自胜者强；知足者富，强行者有志。不失其所者久，死而不妄者寿。

34. 大道泛兮，其可左右。万物恃之，生而不辞，功成不有。衣养万物，而不为主，可名于小；万物归焉，而不为主，可名为大。是以圣人以其终不自为大，故能成其大。

35. 执大象，天下往，往而不害，安平泰。乐与饵，过客止；道出口，淡无味。视之不足见，听之不足闻，用之不足既。

36. 将欲禽之，必固张之；将欲弱之，必固强之；将欲废之，必固兴之；将欲取之，必固与之。是谓微明。柔胜刚，弱胜强，鱼不可脱于渊，国之利器不可示人。

37. 道常无为而无不为，王侯若能守之，万物将自化。化而欲作，吾将镇之无名之朴。无名之朴，亦将不欲，不欲以静，天下自定。

德　经

38. 上德不德，是以有德；下德不失德，是以无德。上德无为而无不为，下德无为而有以为。上仁为之而无以为，上义为之而有以为。上礼为之而莫之以应，则攘臂而扔之。故失道而后德，失德而后仁，失仁而后义，失义而后礼。失礼者，忠信之薄而乱之首；前识者，道之华而愚之始。是以大丈夫处其厚，不居其薄；处其实，不居其华。故去彼取此。

39. 昔之得一者：天得一以清，地得一以宁，神得一以灵，谷得一以盈，万物得一以生，王侯得一以为天下正。其致之：天无以清，将恐裂；地无以宁，将恐废；神无以灵，将恐歇；谷无以盈，将恐竭；万物无以生，将恐灭；侯王无以正，将恐蹶。故贵以贱为本，高以下为基，是以侯王自称孤、寡、不穀，此非其以贱为本邪？故数舆无舆，不欲琭琭如玉，珞珞如石。

40. 反者道之动，弱者道之用。天下万物生于有，有生于无。

41. 上士闻道，勤而行之；中士闻道，若存若亡；下士闻道，大笑之。不笑之不足以为道。是以《建言》有之曰：明道若昧，进道若退，夷道若类。上德若谷，大白若辱，广德若不足，建德若偷，质真若渝。大方无隅，大器晚成，大音希声，大象无形。

道隐无名。夫唯道，善贷且成。

42. 道生一，一生二，二生三，三生万物。万物负阴而抱阳，冲气以为和。人之所恶，唯孤、寡、不穀，而王公以为称，故物或损之而益，或益之而损。人之所教，我亦教之。强梁者，不得其死，吾将以为教父。

43. 天下之至柔，驰骋天下之至坚，无有入无间，吾是以知无为之有益。不言之教，无为之益，天下希及之。

44. 名与身孰亲？身与货孰多？得与亡孰病？是故甚爱必大费，多藏必厚亡。知足不辱，知止不殆，可以长久。

45. 大成若缺，其用不弊；大盈若冲，其用不穷。大直若屈，大巧若拙，大赢若绌，大辩若讷。躁胜寒，静胜热，清静为天下正。

46. 天下有道，却走马以粪；天下无道，戎马生于郊。祸莫大于不知足，咎莫大于欲得，故知足之足，常足矣。

47. 不出户，知天下；不窥牖，见天道。其出弥远，其知弥少。是以圣人不行而知，不见而明，不为而成。

48. 为学日益，为道日损，损之又损，以至于无为，无为而无不为。取天下常以无事，及其有事，不足以取天下。

49. 圣人无常心，以百姓心为心。善者吾善之，不善者吾亦善之，得善；信者吾信之，不信者吾亦信之，得信。圣人：在天下，怵怵；为天下，浑浑。百姓皆瞩其耳目，圣人皆孩之。

50. 出生入死：生之徒，十有三；死之徒，十有三；人之生，动之于死地，亦十有三。夫何故？以其生生之厚。盖闻善摄生者：陆行不遇虎兕，入军不被甲兵；兕无所投其角，虎无所用其爪，兵无所措其刃。夫何故？以其无死地。

51. 道生之，德畜之，物形之，势成之，是以万物莫不尊道而贵德。道之尊，德之贵，夫莫之爵而常自然。故道生之，德畜之，长之育之，成之孰之，养之覆之。

52. 天下有始，以为天下母。既得其母，以知其子；既知其子，复守其母。殁身不殆。塞其兑，闭其门，终身不勤；开其兑，济其事，终身不救。见小曰明，守柔曰强。用其光，复归其明；无遗身殃，是为袭常。

53. 使我介然有知，行于大道，唯施是畏。大道甚夷，而人好径。朝甚除，田甚芜，仓甚虚，服文彩，带利剑，厌饮食，财货有余，是谓盗夸。非道也哉？

54. 善建者不拔，善抱者不脱，子孙以祭祀不辍。修之于身，其德乃真；修之于家，其德乃余；修之于乡，其德乃长；修之于国，其德乃丰；修之于天下，其德乃普。故以身观身，以家观家，以乡观乡，以国观国，以天下观天下。吾何以知天下然哉？以此。

55. 含德之厚，比于赤子：毒虫不螫，猛兽不攫，鸷鸟不搏。骨弱筋柔而握固，未知牝牡之合而朘作，精之至也；终日号而不嗄，和之至也。知和曰常，知常曰明，益生曰祥，心使气曰强。

56. 知者不言，言者不知，是谓玄同。故不可得而亲，亦不可得而疏；不可得而利，亦不可得而害；不可得而贵，亦不可得而贱。故为天下贵。

57. 以正治国，以奇用兵，以无事取天下。吾何以知其然哉？以此：天下多忌讳而民弥贫；民多利器，国家滋昏；人多技巧，奇物滋起；法令滋彰，盗贼多有。故圣人云：我无为，而民自化；我好静，而民自正；我无事，而民自富；我无欲，而民自朴。

58. 其政闷闷，其民淳淳；其政察察，其民缺缺。祸兮，福之所倚；福兮，祸之所伏。孰知其极？其无正。正复为奇，善复为妖。人之迷，其日固久。是以圣人方而不割，廉而不害，直而不肆，光而不耀。

59. 治人事天，莫若啬；夫唯啬，是谓早服道。早服道谓之重积德，重积德则无不克，无不克则莫知其极，莫知其极，可以有国。有国之母，可以长久，是谓深根固蒂、长生久视之道。

60. 治大国，若烹小鲜。以道莅天下，其鬼不神。非其鬼不神，其神不伤人；非其神不伤人，圣人亦不伤人；夫两不相伤，故德交归焉。

61. 大国者下流，天下之交，天下之牝。牝常以静胜牡，以静为下。故大国以下小国，则取小国；小国以下大国，则取大国。故或下以取，或下而取。大国不过欲兼畜人，小国不过欲入事人。夫两者各得其所欲，大者宜为下。

62. 道者万物之奥：善人之宝，不善人之所保。美言可以市尊，美行可以加人。人之不善，何弃之有？故立天子，置三公，虽有珙璧以先驷马，不如坐进此道。古之所以贵此道者何？不曰"求以得，有罪以免"邪？故为天下贵。

63. 为无为，事无事，味无味；大小多少，报怨以德。图难于其易，为大于其细；天下难事，必作于易；天下大事，必作于细。是以圣人终不为大，故能成其大。夫轻诺必寡信，多易必多难。是以圣人犹难之，故终无难矣。

64. 其安易持，其未兆易谋；其脆易破，其微易散。为之于未有，治之于未乱。合抱之木，生于毫末；九层之台，起于累土；千里之行，始于足下。为者败之，执者失之。是以圣人无为，故无败；无执，故无失。民之从事，常于几成而败之；慎终如始，则无败事。是以圣人欲不欲，不贵难得之货；学不学，复众人之所过，以辅万物之自然，而不敢为。

65. 古之善为道者，非以明民，将以愚之。民之难治，以其智多。故以智治国，国之贼；不以智治国，国之福。知此两者，亦稽式。常知稽式，是谓玄德。玄德深远，乃至大顺。

66. 江海之所以能为百谷王者，以其善下之，故能为百谷王。是以圣人欲上民，必以言下之；欲先民，必以身后之。是以圣人处上而民不重，处前而民不害，是以天下乐推而不厌。以其不争，故天下莫能与之争。

67. 天下皆谓我道大不肖。夫唯大，故不肖。若肖久矣，其细也夫。我有三宝，持而保之：一曰慈，二曰俭，三曰不敢为天下先。慈故能勇，俭故能广，不敢为天下先故能成器长。今舍慈且勇，舍俭且广，舍后且先，死矣！夫慈以战则胜，以守则固。天将救之，以慈卫之。

68. 善为士者不武，善战者不怒，善胜敌者不与，善用人者为之下：是谓不争之德，是谓用人之力，是谓配天之极。

69. 用兵有言：吾不敢为主而为客，不敢进寸而退尺，是谓行无行，攘无臂，扔无敌，执无兵。祸莫大于轻敌，轻敌几丧吾宝，故抗兵相加，哀者胜矣。

70. 吾言：甚易知，甚易行；天下莫能知，莫能行。言有宗，事有君。夫唯无知，是以不我知。知我者希，则我者贵。是以圣人被褐怀玉。

71. 知不知，上；不知知，病。夫唯病病，是以不病。圣

人不病，以其病病，是以不病。

72. 民不畏威，则大威至。无狎其所居，无厌其所生。夫唯不厌，是以不厌。是以圣人自知不自见，自爱不自贵，故去彼取此。

73. 勇于敢则杀，勇于不敢则活，此两者，天之所恶，孰知其故？是以圣人犹难之。天之道：不争而善胜，不言而善应，不召而自来，坦然而善谋。天网恢恢，疏而不失。

74. 民不畏死，奈何以死惧之？若使民常畏死，而为奇者，吾得执而杀之，孰敢？常有司杀者杀。夫代有司杀者杀，是谓代大匠斫。夫代大匠斫者，希有不伤其手矣。

75. 民之饥，以其上食税之多，是以饥；民之轻死，以其生生之厚，是以轻死。夫唯无以生为者，是贤于贵生。

76. 人之生也柔弱，其死也坚强；草木之生也柔脆，其死也枯槁。故坚强者，死之徒；柔弱者，生之徒。是以兵强则灭，木强则共；强大处下，柔弱处上。

77. 天之道，其犹张弓：高抑之，下举之；有余损之，不足补之。天之道，损有余而补不足，人之道则不然，损不足以奉有余。孰能以有余奉天下？唯有道者！是以圣人为而不恃，功成而不处。其不欲见贤邪？

78. 天下莫柔弱于水，而攻坚强者莫之能胜，以其无以易之。弱之胜强，柔之胜刚，天下莫不知，莫能行。是以圣人云："受国之垢，是谓社稷主；受国不祥，是为天下王。"。正言若反。

79. 和大怨，必有余怨，安可以为善？是以圣人执左契，而不责于人。有德司契，无德司彻。天道无亲，常与善人。

80. 小国寡民：使有什伯之器而不用，使民重死而不远徙，使民复结绳而用之。甘其食，美其服，安其居，乐其俗。邻国相望，鸡犬之声相闻，民至老死不相往来。

81. 信言不美，美言不信；善者不辩，辩者不善；知者不博，博者不知。圣人不积：既以为人，己愈有；既以与人，己愈多。天之道，利而不害；人之道，为而不争。

第二卷 《关尹子·文始经》

《关尹子·文始经》者，相传为春秋晚期关尹子所著也，世传关尹为老子弟子，是书乃为阐述老子思想的开山之作也，素有"视角独特、文辞绝丽，意境隽永、涵义玄妙"之誉，亦有"道家大藏千万卷，最精微者《关尹子》书也"之说。《关尹子》亦称《文始真经》，九篇，以感悟"虚无中之真实"为其特色，以阐述"自然规律、修身养性"为其内容，故有"文始"之称也。

宇

宇者，道也。

关尹子曰：非有道不可言，不可言即道；非有道不可思，不可思即道。天物怒流，人事错错然，若若乎回也，戛戛乎斗也，勿勿乎似而非也。而争之，而介之，而睨之，而啧之，而去之，而要之。言之如吹影，思之如镂尘。圣智造迷，鬼神不识。惟不可为，不可致，不可测，不可分，故曰天曰命曰神曰元，合曰道。

曰：无一物非天，无一物非命，无一物非神，无一物非元。物既如此，人岂不然？人皆可曰天，人皆可曰神，人皆可致命通元。不可彼天此非天，彼神此非神，彼命此非命，彼元此非元。是以善吾道者，即一物中，知天尽神，致命造元。学之徇异，名析同实；得之契同，实忘异名。

曰：观道者如观水，以观沼为未足，则之河之江之海，曰水至也，殊不知我之津液涎泪皆水。

曰：道无人，圣人不见甲是道乙非道。道无我，圣人不见己进道己退道。以不有道，故不无道；以不得道，故不失道。

曰：不知道妄意卜者，如射覆盂。高之，存金存玉；中之，存角存羽；卑之，存瓦存石。是乎，非是乎，惟置物者知之。

曰：一陶能作万器，终无有一器能作陶者能害陶者。一道能作万物，终无有一物能作道者能害道者。

曰：道茫茫而无知乎，心倪倪而无羁乎，物迭迭而无非乎。电之逸乎，沙之飞乎。圣人以知，心一物一道一，三者又合为一。不以一格不一，不以不一害一。

曰：以盆为沼，以石为岛，鱼环游之，不知其几千万里而不穷也。夫何故？水无源无归。圣人之道，本无首，末无尾，所以应物不穷。

曰：无爱道，爱者水也；无观道，观者火也；无逐道，逐者木也；无言道，言者金也；无思道，思者土也。惟圣人不离本情而登大道，心既未萌，道亦假之。

曰：重云蔽天，江湖黯然，游鱼茫然，忽望波明食动，幸赐于天，即而就之，渔钓毙焉。不知我无我而逐道者亦然。

曰：方术之在天下多矣，或尚晦或尚明，或尚强或尚弱。执之皆事，不执之皆道。

曰：道终不可得，彼可得者，名德不名道；道终不可行，彼可行者，名行不名道。圣人：以可得可行者，所以善吾生；以不可得不可行者，所以善吾死。

曰：闻道之后：有所为有所执者，所以之人；无所为无所执者，所以之天。为者必败，执者必失。故闻道于朝，可死于夕。

曰：一情冥为圣人，一情善为贤人，一情恶为小人。一情冥者，自有之无，不可得而示；一情善恶者，自无起有，不可得而秘。一情善恶为有知，惟动物有之；一情冥者为无知，

溥天之下，道无不在。

曰：勿以圣人力行不怠，则曰道以勤成；勿以圣人坚守不易，则曰道以执得。圣人力行，犹之发矢，因彼而行，我不自行；圣人坚守，犹之握矢，因彼而守，我不自守。

曰：若以言行学识求道，互相展转，无有得时。知言如泉鸣，知行如禽飞，知学如撷影，知识如计梦，一息不存，道将来契。

曰：以事建物则难，以道弃物则易。天下之物，无不成之难而坏之易。

曰：一灼之火能烧万物，物亡而火何存？一息之道能冥万物，物亡而道何在？

曰：人生在世，有生一日死者，有生十年死者，有生百年死者。一日死者，如一息得道；十年百年死者，如历久得道。彼未死者，虽动作昭智，止名为生，不名为死。彼未契道者，虽动作昭智，止名为事，不名为道。

曰：不知吾道无言无行，而即有言有行者求道，忽遇异物，横执为道，殊不知舍源求流，无时得源，舍本就末，无时得本。

曰：习射习御习琴习弈，终无一事可以一息得者，惟道无形无方，故可得之于一息。

曰：两人射相遇，则巧拙见；两人弈相遇，则胜负见；两人道相遇，则无可示。无可示者，无巧无拙，无胜无负。

曰：吾道如海：有亿万金，投之不见；有亿万石，投之不见；有亿万污秽，投之不见。能运小虾小鱼，能运大鲲大鲸。合众水而受之，不为有余；散众水而分之，不为不足。

曰：吾道如处暗：夫处明者不见暗中一物，而处暗者能见明中区事。

曰：小人之权归于恶，君子之权归于善，圣人之权归于无所得。惟无所得，所以为道。

曰：吾道如剑，以刃割物即利，以手握刃即伤。

曰：筊不问豆，豆不答筊，瓦不问石，石不答瓦，道亦不失。问欤答欤，一气往来，道何在？

曰：仰道者跂，如道者骎，皆知道之事，不知道之道。是以圣人不望道而歉，不恃道而丰，不借道于圣，不贾道于愚。

柱

柱者，建天地也。

关尹子曰：若碗若盂，若瓶若壶，若瓮若盎，皆能建天地；兆龟数蓍，破瓦文石，皆能告吉凶。是知天地万物成理，一物包焉，物物皆包之，各不相借。以我之精，合彼之精。两精相搏，而神应之。一雌一雄，卵生；一牡一牝，胎生。形者，彼之精；理者，彼之神；爱者，我之精；观者，我之神。爱为水，观为火。爱执而观因之为木，观存而爱摄之为金，先想乎一元之气具乎一物。执爱之以合彼之形，冥观之以合彼之理，则象存焉。一运之象，周乎太空，自中而升为天，自中而降为地。无有升而不降，无有降而不升。升者为火，降者为水。欲升而不能升者为木、欲降而不能降者为金。木之为物，钻之得火，绞之得水；金之为物，击之得火，镕之得水。金木者，水火之交也。水为精为天，火为神为地，木为魂为人，金为魄为物。运而不已者为时，包而有在者为方，惟土终始之，有解之者，有示之者。

曰：天下之人盖不可以亿兆计，人人之梦各异，夜夜之梦各异。有天有地，有人有物，皆思成之，盖不可以尘计，安知今之天地非有思者乎？

曰：心应枣，肝应榆。我通天地，将阴梦水，将晴梦火。天地通我，我与天地，似契似离，纯纯各归。

曰：天地虽大，有色有形，有数有方。吾有非色非形非数非方，而天天地地者存。

曰：死胎中者，死卵中者，亦人亦物，天地虽大，彼固不知计。天地者，皆我区识，譬如手不触刃，刃不伤人。

曰：梦中鉴中水中，皆有天地存焉。欲去梦天地者寝不寐，欲去鉴天地者形不照，欲去水天地者盎不汲。彼之有无，在此不在彼，是以圣人不去天地，去识。

曰：天非自天，有为天者；地非自地，有为地者。譬如屋宇舟车，待人而成，彼不自成。知彼有待，知此无待。上不见天，下不见地，内不见我，外不见人。

曰：有时者气，彼非气者，未尝有昼夜；有方者形，彼非形者，未尝有南北。何谓非气？气之所自生者如摇篁得风。彼未摇时，非风之气；彼已摇时，即名为气。何谓非形？形之所自生者，如钻木得火。彼未钻时，非火之形；彼已钻时，即名为形。

曰：寒暑温凉之变，如瓦石之类：置之火即热，置之水即寒；呵之即温，吸之即凉。特因外物有去有来，而彼瓦石实无去来。譬如水中之影，有去有来，所谓水者，实无去来。

曰：衣摇空得风，气呵物得水，水注水即鸣，石击石即光。知此说者，风雨雷电皆可为之。盖风雨雷电皆缘气而生，而气缘心生。犹如内想大火，久之觉热，内想大水，久之觉寒。知此说者，天地之德皆可同之。

曰：五云之变，可以卜当年之丰歉；八风之朝，可以卜当时之吉凶。是知休咎灾祥，一气之运耳。浑人我，同天地，而彼私智认而己之。

曰：天地寓万物寓，我寓道寓，苟离于寓，道亦不立。

极

极者，尊圣人也。

关尹子曰：圣人之治天下，不我贤愚，故因人之贤而贤之，因人之愚而愚之。不我是非，故因事之是而是之，因事之非而非之。知古今之大同，故或先古或先今；知内外之大同，故或先内或先外。天下之物，无得以累之，故本之以谦；天下之物，无得以外之，故含之以虚；天下之物，无得以难之，故行之以易；天下之物，无得以窒之，故变之以权。以此中天下，可以制礼；以此和天下，可以作乐；以此公天下，可以理财；以此周天下，可以御侮；以此因天下，可以立法；以此观天下，可以制器。圣人不以一己治天下，而以天下治天下，天下归功于圣人，圣人任功于天下。所以尧舜禹汤之治天下，天下皆曰"自然"。曰：天无不覆，有生有杀，而天无爱恶；日无不照，有妍有丑，而日无厚薄。

曰：圣人之道天命，非圣人能自道；圣人之德时符，非圣人能自德；圣人之事人为，非圣人能自事。是以圣人：不有道，不有德，不有事。

曰：圣人：知我无我，故同之以仁；知事无我，故权之以义；知心无我，故戒之以礼；知识无我，故照之以智；知言无我，

故守之以信。

曰：圣人之道：或以仁为仁，或以义为仁，或以礼以智以信为仁。仁义礼智信，各兼五者，圣人一之不胶，天下名之不得。

曰：勿以行观圣人，道无迹；勿以言观圣人，道无言；勿以能观圣人，道无为；勿以貌观圣人，道无形。

曰：行虽至卓，不离高下；言虽至公，不离是非。能虽至神，不离巧拙；貌虽至殊，不离妍丑。圣人假此，以示天下；天下冥此，乃见圣人。

曰：圣人师蜂立君臣，师蜘蛛立网罟，师拱鼠制礼，师战蚁置兵。众人师贤人，贤人师圣人，圣人师万物。惟圣人同物，所以无我。

曰：圣人曰道，观天地人物皆吾道：倡和之，始终之；青黄之，卵翼之；不爱道，不弃物；不尊君子，不贱小人。贤人曰物，物物不同，旦旦去之，旦旦与之，短之长之，直之方之，是为物易也。殊不知圣人鄙杂厕别分居，所以为人，不以此为己。

曰：圣人之于众人，饮食衣服同也，屋宇舟车同也，富贵贫贱同也。众人每同圣人，圣人每同众人。彼仰其高、侈其大者，其然乎？其不然乎？

曰：鱼欲异群鱼，舍水跃岸即死；虎欲异群虎，舍山入市即擒。圣人不异众人，特物不能拘尔。

曰：道无作，以道应世者，是事非道；道无方，以道寓物者，是物非道。圣人竟不能出道以示人。

曰：如钟钟然，如钟鼓然，圣人之言则然；如车车然，如车舟然，圣人之行则然。惟莫能名，所以退天下之言；惟莫能知，所以夺天下之智。

曰：蝍蛆食蛇，蛇食蛙，蛙食蝍蛆，互相食也。圣人之言亦然，言有、无之弊，又言非有、非无之弊，又言去非有、非无之弊。言之如引锯然，惟善圣者不留一言。

曰：若龙若蛟，若蛇若龟，若鱼若蛤，龙皆能之。蛟，蛟而已，不能为龙，亦不能为蛇为龟为鱼为蛤。圣人龙之，贤人蛟之。

曰：在己无居，形物自着，其动若水，其静若镜，其应若响，芒乎若亡，寂乎若清，同焉者和，得焉者失，未尝先人，而尝随人。

曰：浑乎洋乎游太初乎，时金己、时玉己，时粪己、时土己，时翔物、时逐物，时山物、时渊物，端乎权乎狂乎愚乎？

曰：人之善琴者：有悲心，则声凄凄然；有思心，则声迟迟然；有怨心，则声回回然；有慕心，则声裴裴然。所以悲思怨慕者，非手非竹非丝非桐。得之心，符之手；得之手，符之物。人之有道者，莫不中道。

曰：圣人以有言、有为、有思者，所以同乎人；未尝言、未尝为、未尝思者，所以异乎人。

曰：利害心，愈明则亲不睦；贤愚心，愈明则友不交；是非心，愈明则事不成；好丑心，愈明则物不契：是以圣人浑之。

曰：世之愚拙者妄援，圣人之愚拙自解。殊不知圣人时愚时明，时拙时巧。

曰：以圣师圣者，贤人；以贤师圣者，圣人。盖以圣师圣者，徇迹而忘道；以贤师圣者，反迹而合道。

曰：贤人趋上而不见下，众人趋下而不见上，圣人通乎上下，惟其宜之，岂曰离贤人众人，别有圣人也哉？

曰：天下之理，夫者倡妇者随，牡者驰牝者逐，雄者鸣雌者应。是以圣人制言行，而贤人拘之。

曰：圣人：道虽虎变，事则鳖行；道虽丝分，事则棋布。

曰：所谓圣人之道者，胡然孑孑尔，胡然彻彻尔，胡然堂堂尔，胡然臧臧尔。惟其能遍偶万物，而无一物能偶之，故能贵万物。

曰：云之卷舒，禽之飞翔，皆在虚空中，所以变化不穷，圣人之道则然。

符

符者，精神魂魄也。

关尹子曰：水可析可合，精无人也；火因膏因薪，神无我也。故耳蔽，前后皆可闻。无人智崇，无人一奇；无人冬凋秋物，无人黑不可变；无人北寿，无人皆精。舌即齿，牙成言。无我礼卑，无我二偶，无我夏因春物，无我赤可变，无我南天，无我皆神。以精无人，故米去壳则精存；以神无我，故鬼凭物则神见。全精者忘是非、忘得失，在此者非彼，抱神者时晦明、时强弱，在彼者非此。

曰：精神，水火也。五行互生灭之，其来无首，其往无尾，则吾之精一滴无存亡尔，吾之神一欻无起灭尔，惟无我、无人，无首无尾，所以与天地冥。

曰：精者水，魄者金，神者火，魂者木。精主水，魄主金，金生水，故精者魄藏之。神主火，魂主木，木生火，故神者魂藏之。惟水之为物，能藏金而息之，能滋木而荣之，所以析魂魄。惟火之为物，能镕金而销之，能燔木而烧之，所以冥魂魄。惟精，在天为寒，在地为水，在人为精。神，在天为热，在地为火，在人为神。魄，在天为燥，在地为金，在人为魄。魂，在天为风，在地为木，在人为魂。惟以我之精合天地万物之精，譬如万水可合为一水；以我之神合天地万物之神，譬如万火可合为一火。以我之魄合天地万物之魄，譬如金之为物可合异金而镕之为一金。以我之魂合天地万物之魂，譬如木之为物可接异木而生之为一木。则天地万物，皆吾精吾神吾魄吾魂，何者死？何者生？

曰：五行之运，因精有魂，因魂有神，因神有意，因意有魄，因魄有精。五行回环不已，所以我之伪心流转造化，几亿万岁，未有穷极，然核芽相生，不知其几万株。天地虽大，不能芽空中之核；雌卵相生，不知其几万禽；阴阳虽妙，不能卵无雄之雌。惟其来于我者，皆摄之以一息，则变物为我，无物非我，所谓五行者，孰能变之？

曰：众人以魄摄魂者，金有余则木不足也；圣人以魂运魄者，木有余则金不足也。盖魄之藏魂俱之，魂之游魄因之。魂昼寓目，魄夜舍肝；寓目能见，舍肝能梦。见者魂无分别析之者，分别析之曰天地者，魂狃习也；梦者魄无分别析之者，分别析之曰彼我者，魄狃习也。火生土，故神生意；土生金，故意生魄。神之所动不名神，名意；意之所动不名意，名魄。惟圣人知我无我，知物无物，皆因思虑计之而有。是以万物之来，我皆对之以性而不对之以心。性者，心未萌也，无心则无意矣。盖无火则无土，无意则无魄矣。盖无土则无金。一者不存，五者皆废。既能浑天地万物以为魂，斯能浑天地万物以为魄。凡造化所妙皆吾魂，凡造化所有皆吾魄，则无有一物可役我者。舍肝当作舍肺。

曰：鬼云为魂，鬼白为魄，于文则然，鬼者，人死所变。云者风，风者木；白者气，气者金。风散故轻清，轻清者上

天；金坚故重浊，重浊者入地。轻清者，魄从魂升；重浊者，魂从魄降。有以仁升者，为木星佐；有以义升者，为金星佐；有以礼升者，为火星佐；有以智升者，为水星佐；有以信升者，为土星佐。有以不仁沉者，木贼之；不义沉者，金贼之；不礼沉者，火贼之；不智沉者，水贼之；不信沉者，土贼之。魂魄半之，则在人间，升魂为贵，降魄为贱，灵魂为贤，厉魄为愚，轻魂为明，重魄为暗，扬魂为羽，钝魄为毛，明魂为神，幽魄为鬼。其形其居，其识其好，皆以五行契之。惟五行之数，参差不一，所以万物之多，盈天地间，犹未已也。以五事归五行，以五行作五虫，可胜言哉？譬犹兆龟数蓍：至诚自契，五行应之；诚苟不至，兆之数之，无一应者。圣人假物以游世，五行不得不对。

曰：五者具有魂。魂者识，目者精，色者神。见之者为魂，耳目口鼻心之类在此生者。爱为精，为彼生父本；观为神，为彼生母本。爱观虽异，皆同识生，彼生生本在彼生者。一为父，故受气于父，气为水；二为母，故受血于母，血为火。有父有母，彼生生矣。惟其爱之无识，如锁之交；观之无识，如灯之照。吾识不萌，吾生何有？

曰：如桴扣鼓：鼓之形者，我之有也；鼓之声者，我之感也。桴已往矣，余声尚在，终亦不存而已矣。鼓之形如我之精，鼓之声如我之神。其余声者，犹之魂魄，知夫倏往倏来，则五行之气，我何有焉？

曰：夫果之有核，必待水火土三者具矣，然后相生不穷。三者不具，如大旱大潦大块，皆不足以生物。夫精水神火意土，三者本不交，惟人以根合之，故能于其中横见有事。犹如术祝者，能于至无中见多有事。

曰：魂者木也，木根于冬水而华于夏火。故人之魂藏于夜精，而见于昼神。合乎精，故所见我独，盖精未尝有人。合乎神，故所见人同，盖神未尝有我。

曰：知夫此身，如梦中身，随情所见者，可以飞神作我而游太清；知夫此物，如梦中物，随情所见者，可以凝精作物而驾八荒。是道也，能见精神而久生，能忘精神而超生。吸气以养精，如金生水，吸风以养神，如木生火，所以假外以延精神；漱水以养精，精之所以不穷，摩火以养神，神之所以不穷，所以假内以延精神。若夫忘精神而超生者，吾尝言之矣。

曰：人勤于礼者，神不外驰，可以集神；人勤于智者，精不外移，可以摄精。仁则阳而明，可以轻魂；义则阴而冥，可以御魄。

曰：蜣螂转丸，丸成而精思之，而有蠕白者存丸中，俄去壳而蝉。彼蜣不思，彼蠕奚白？

曰：庖人羹蟹，遗一足几上，蟹已羹，而遗足尚动。是生死者，一气聚散尔。不生不死，而人横计曰生死。

曰：有死立者，有死坐者，有死卧者，有死病者，有死药者，等死，无甲乙之殊，若知道之士，不见生，故不见死。

曰：人之厌生死超生死者，皆是大患也。譬如化人，若有厌生死心，超生死心，止名为妖，不名为道。

曰：计生死者，或曰死己有，或曰死己无，或曰死己亦有亦无，或曰死己不有不无。或曰当喜者，或曰当惧者，或曰当任者，或曰当超者。愈变识情，驰骛不已。殊不知我之生死，如马之手，如牛之翼，本无有，复无无。譬如水火虽犯水火，不能烧之，不能溺之。

鉴

鉴者，心也。

关尹子曰：心蔽吉凶者，灵鬼摄之；心蔽男女者，淫鬼摄之；心蔽幽忧者，沈鬼摄之；心蔽放逸者，狂鬼摄之；心蔽盟诅者，奇鬼摄之；心蔽药饵者，物鬼摄之。如是之鬼，或以阴为身，或以幽为身，或以风为身，或以气为身，或以土偶为身，或以彩画为身，或以老畜为身，或以败器为身。彼以其精，此以其精，两精相搏，则神应之。为鬼所摄者，或解奇事，或解异事，或解瑞事，其人傲然。不曰鬼于躬，惟曰道于躬，久之，或死木，或死金，或死绳，或死井。惟圣人能神，神而不神于神，役万物而执其机，可以会之，可以散之，可以御之，日应万物，其心寂然。

曰：无一心，五识并驰，心不可一；无虚心，五行皆具，心不可虚；无静心，万化密移，心不可静。借能一，则二偶之；借能虚，则实满之；借能静，则动摇之。惟圣人能：敛万有于一息，无有一物可役我之明彻；散一息于万有，无有一物可间吾之云为。

曰：火千年俄可灭，识千年俄可去。

曰：流者舟也，所以流之者是水非舟；运者车也，所以运之者是牛非车；思者心也，所以思之者是意非心。不知所以然而然，惟不知所以然而然，故其来无从，其往无在。其来无从，其往无在，故能与天地本原，不古不今。

曰：知心无物，则知物无物，知物无物，则知道无物，知道无物，故不遵卓绝之行，不惊微妙之言。

曰：物我交，心生；两木摩，火生。不可谓之在我，不可谓之在彼，不可谓之非我，不可谓之非彼，执而彼我之，则愚。

曰：无恃尔所谓利害是非，尔所谓利害是非者，果得利害是非之乎？圣人方且不识不知，而况于尔？

曰：夜之所梦，或长于夜。心无时生于齐者，心之所见皆齐国也，既而之宋之楚之晋之梁，心之所存各异，心无方。

曰：善弓者师弓不师羿，善舟者师舟不师奡，善心者师心不师圣。

曰：是非好丑、成败盈虚，造物者运矣，皆因私识执之而有，于是以无遣之犹存，以非有非无遣之犹存，无曰莫莫尔、无曰浑浑尔犹存。譬犹昔游再到，记忆宛然，此不可忘不可遣。善去识者，变识为智。变识为智之说，汝知之乎？

曰：想如思鬼，心栗思盗，心怖曰识。如认黍为稷、认玉为石者，浮游罔象，无所底止。譬睹奇物，生奇物想，生奇物识。此想此识，根不在我。譬如今日，今日而已，至于来日想识殊未可卜，及至来日，纷纷想识，皆缘有生，曰想曰识。譬如犀牛望月，月形入角，特因识生，始有月形，而彼真月，初不在角，胸中之天地万物亦然。知此说者，外不见物，内不见情。

曰：物生于土，终变于土；事生于意，终变于意。知夫惟意，则俄是之，俄非之；俄善之，俄恶之。意有变，心无变；意有觉，心无觉。惟一我心，则意者，尘往来尔，事者，欻起灭尔。吾心有大常者存。

曰：情生于心，心生于性。情波也，心流也，性水也。来干我者，如石火顷，以性受之，则心不生物浮浮然。

曰：贤愚真伪，有识者，有不识者。彼虽有贤愚，彼虽有

真伪，而谓之贤愚真伪者，系我之识。知夫皆识所成，故虽真者，亦伪之。

曰：心感物，不生心生情；物交心，不生物生识。物尚非真，何况于识？识尚非真，何况于情？而彼妄人：于至无中，执以为有；于至变中，执以为常。一情认之，积为万情；万情认之，积为万物。物来无穷，我心有际，故我之良心受制于情，我之本情受制于物。可使之去，可使之来，而彼去来，初不在我。造化役之，固无休息。殊不知：天地虽大，能役有形，而不能役无形；阴阳虽妙，能役有气，而不能役无气。心之所之，则气从之；气之所之，则形应之。犹如太虚于一碗中变成万物，而彼一碗不名太虚。我之一心，能变为气，能变为形，而我之心无气无形。知夫我之一心无气无形，则天地阴阳不能役之。

曰：人之平日，目忽见非常之物者，皆精有所结而使之然；人之病日，目忽见非常之物者，皆心有所歉而使之然。苟知吾心能于无中示有，则知吾心能于有中示无，但不信之，自然不神。或曰厥识既昏，孰能不信？我应之曰：如捕蛇师，心不怖蛇，彼虽梦蛇，而不怖畏。故黄帝曰："道无鬼神，独往独来。"

曰：我之思虑日变，有使之者，非我也，命也。苟知惟命，外不见我，内不见心。

曰：譬如两目，能见天地万物，暂时回光，一时不见。

曰：目视雕琢者明愈伤，耳闻交响者聪愈伤，心思元妙者心愈伤。

曰：勿以我心揆彼，当以彼心揆彼。知此说者可以周事、可以行德、可以贯道、可以交人、可以忘我。

曰：天下之理，小不制而至于大，大不制而至于不可制。故能制一情者，可以成德；能忘一情者，可以契道。

匕

匕者,食也;食者,形也。

关尹子曰:世之人,以我思异彼思、彼思异我思分人我者,殊不知梦中人亦我思异彼思、彼思异我思,孰为我?孰为人?世之人,以我痛异彼痛、彼痛异我痛分人我者,殊不知:梦中人亦我痛异彼痛,彼痛异我痛,孰为我?孰为人?爪发不痛,手足不思,亦我也,岂可以思痛异之?世之人,以独见者为梦、同见者为觉,殊不知:精之所结,亦有一人独见于昼者;神之所合,亦有两人同梦于夜者。二者皆我精神,孰为梦?孰为觉?世之人以暂见者为梦、久见者为觉,殊不知:暂之所见者阴阳之碗,久之所见者亦阴阳之碗。二者皆我阴阳,孰为梦?孰为觉?

曰:好仁者多梦松柏桃李,好义者多梦兵刀金铁,好礼者多梦簠簋笾豆,好智者多梦江湖川泽,好信者多梦山岳原野,役于五行,未有不然者。然梦中或闻某事,或思某事,梦亦随变,五行不可拘。圣人御物以心,摄心以性,则心同造化,五行亦不可拘。

曰:汝见蛇首人身者、牛臂鱼鳞者、鬼形禽翼者,汝勿怪,此怪不及梦,梦怪不及觉,有耳有目有手有臂,怪尤矣。大言不能言,大智不能思。

曰:有人问于我曰:尔何族、何氏、何名、何字、何食、何衣、何友、何仆、何琴、何书、何古、何今。

我时默然,不对一字,或人扣之不已,我不得已而应之曰:

尚自不见我，将何为我所？

曰：形可分可合，可延可隐。一夫一妇，可生二子，形可分；一夫一妇，二人成一子，形可合。食巨胜则寿，形可延；夜无月火，人不见我，形可隐。以一碗生万物，犹弃发可换，所以分形；以一碗合万物，犹破唇可补，所以合形。以神存碗，以碗存形，所以延形；合形于神，合神于无，所以隐形。汝欲知之乎？汝欲为之乎？

曰：无有一物不可见，则无一物非吾之见；无有一物不可闻，则无一物非吾之闻。五物可以养形，无一物非吾之形；五味可以养气，无一物非吾之气。是故，吾之形气，天地万物。

曰：耕夫习牛则犷，猎夫习虎则勇，渔夫习水则沈，战夫习马则健。万物可为我，我之一身，内变蛲蛔，外蒸虱蚤，瘠则龟鱼，瘘则鼠螳，我可为万物。

曰：我之为我，如灰中金，而不若矿砂之金。破矿得金，淘沙得金，扬灰终身，无得金者。

曰：一蜂至微，亦能游观乎天地；一虾至微，亦能放肆乎大海。

曰：土偶之成也，有贵有贱，有士有女。其质土，其坏土人哉。

曰：目自观目，无色；耳自听耳，无声；舌自尝舌，无味；心自揆心，无物。众人逐于外，贤人执于内，圣人皆伪之。

曰：我身五行之碗，而五行之碗，其性一物，借如一所，可以取水，可以取火，可以生木，可以凝金，可以变土。其性含摄，元无差殊。故羽虫盛者，毛虫不育；毛虫盛者，鳞虫不育。知五行互用者，可以忘我。

曰：枯龟无我，能见大知；磁石无我，能见大力；钟鼓无我，能见大音；舟车无我，能见远行。故我一身，虽有智有力，有行有音，未尝有我。

曰：蜮射影能毙我，知夫无知者亦我，则溥天之下，我无不在。

曰：心忆者犹忘饥，心忿者犹忘寒，心养者犹忘病，心激者犹忘痛。苟吸碗以养其和，孰能饥之？存神以滋其暖，孰能寒之？养五藏以五行则无伤也，孰能病之？归五藏于五行则无知也，孰则痛之？

曰：人，无以无知无为者为无我，虽有知有为，不害其为无我。譬如火也，躁动不停，未尝有我。

釜

釜者，化也。

关尹子曰：道本至无，以事归道者，得之一息；事本至有，以道运事者，周之百为。得道之尊者，可以辅世；得道之独者，可以立我。知道非时之所能拘者，能以一日为百年，能以百年为一日；知道非方之所能碍者，能以一里为百里，能以百里为一里；知道无气能运有气者，可以召风雨；知道无形能变有形者，可以易鸟兽。得道之清者，物莫能累，身轻矣，可以骑凤鹤；得道之浑者，物莫能溺，身冥矣，可以席蛟鲸。有即无，无即有，知此道者，可以制鬼神；实即虚，虚即实，知此道者，可以入金石；上即下，下即上，知此道者，可以侍星辰；古即今，今即古，知此道者，可以卜龟筮；人即我，我即人，知此道者，可以窥他人之肺肝；物即我，我即物，知此道者，

可以成腹中之龙虎。知象由心变，以此观心，可以成女婴；知碗由心生，以此吸神，可以成炉冶。以此胜物，虎豹可伏；以此同物，水火可入。惟有道之士能为之，亦能能之而不为之。

曰：人之力，有可以夺天地造化者，如冬起雷，夏造冰。死尸能行，枯木能华，豆中摄鬼，杯中钓鱼，画门可开，土鬼可语，皆纯碗所为。故能化万物，今之情情不停，亦碗所为。而碗之为物，有合有散，我之所以行碗者，本未尝合，亦未尝散，有合者生，有散者死。彼未尝合未尝散者，无生无死，客有去来，邮常自若。

曰：有诵祝者、有事神者、有墨字者、有变指者，皆可以役神御碗，变化万物。惟不诚之人，难于自信，而易于信物，故假此为之，苟知惟诚，有不待彼而然者。

曰：人之一呼一吸，日行四十万里，化可谓速矣，惟圣人不存不变。

曰：青鸾子千岁而千岁化，桃子五仕而心五化。圣人宾事去物，岂不欲建立于世哉？有形数者，惧化之不可知也。

曰：万物变迁，虽互隐见，气一而已，惟圣人知一而不化。

曰：爪之生，发之长，荣卫之行，无顷刻止。众人皆见之于着，不能见之于微；贤人见之于微，而不能任化；圣人任化，所以无化。

曰：室中有常见闻矣，既而之门之邻之党，既而之郊之山之川，见闻各异，好恶随之，和竞从之，得失成之，是以圣人动止有戒。

曰：譬如大海，变化亿万蛟鱼，水一而已。我之与物，蓊然蔚然，在大化中，性一而已。知夫性一者，无人无我无死无生。

曰：天下之理：是或化为非、非或化为是，恩或化为仇、仇或化为恩，是以圣人居常虑变。

曰：人之少也，当佩乎父兄之教；人之壮也，当达乎朋友之箴；人之老也，当警乎少壮之说：万化虽移，不能厄我。

曰：天下之理：轻者易化，重者难化，譬如风云须臾变灭，金玉之性历久不渝。人之轻明者，能与造化俱化而不留，殆有未尝化者存。

曰：二幼相好，及其壮也，相遇则不相识；二壮相好，及其老也，相遇则不相识：如雀鸽鹰鸠之化，无昔无今。

筹

筹者，物也。

关尹子曰：古之善揲蓍灼龟者：能于今中示古、古中示今，高中示下、下中示高，小中示大、大中示小，一中示多、多中示一，人中示物、物中示人，我中示彼、彼中示我。是道也：其来无今、其往无古，其高无盖、其低无载，其大无外、其小无内，其外无物、其内无人，其近无我、其远无彼。不可析、不可合、不可喻、不可思，惟其浑沦，所以为道。

曰：水潜，故蕴为五精；火飞，故达为五臭；木茂，故华为五色；金坚，故实为五声；土和，故滋为五味。其常五，其变不可计，其物五，其杂不可计。然则万物在天地间：不可执谓之万，不可执谓之五，不可执谓之一；不可执谓之非万，不可执谓之非五，不可执谓之非一。或合之，或离之，以此必形，以此必数，以此必气，徒自劳尔。物不知我，我不知物。

曰：即吾心中可作万物，盖心有所之则爱从之，爱从之则精从之。盖心有所结，先凝为水。心慕物涎出，心悲物泪出，心愧物汗出。无暂而不久，无久而不变。水生木，木生火，火生土，土生金，金生水，相攻相克，不可胜数。婴儿姹女，金楼绛宫，青蛟白虎，宝鼎红炉，皆此物，有非此物存者。

曰：鸟兽俄呦呦，俄旬旬，俄逃逃；草木俄茁茁，俄停停，俄萧萧。天地不能留，圣人不能系，有运者存焉尔。有之在彼，无之在此，鼓不桴则不鸣；偶之在彼，奇之在此，桴不手则不击。

曰：均一物也：众人惑其名，见物不见道；贤人析其理，见道不见物；圣人合其天，不见道不见物。一道皆道，不执之即道，执之即物。

曰：知物之伪者，不必去物，譬如见土牛木马，虽情存牛马之名，而心忘牛马之实。

药

药者，杂治也。

关尹子曰：勿轻小事，小隙沈舟；勿轻小物，小虫毒身；勿轻小人，小人贼国。能周小事，然后能成大事；能积小物，然后能成大物；能善小人，然后能契大人。天既无可必者人，人又无能必者事，惟去事离人，则我在我，惟可即可。未有当繁简可，当戒忍可，当勤惰可。

曰：智之极者，知智果不足以周物，故愚；辨之极者，知辨果不足以喻物，故讷；勇之极者，知勇果不足以胜物，故怯。

曰：天地万物，无一物是吾之物。物非我，物不得不应；我非我，我不得不养。虽应物，未尝有物；虽养我，未尝有我。勿曰外物,然后外我;勿曰外形,然后外心。道一而已,不可序进。

曰:谛毫末者,不见天地之大;审小音者,不闻雷霆之声。见大者亦不见小,见迩者亦不见远,闻大者亦不闻小,闻迩者亦不闻远。圣人:无所见,故能无不见;无所闻,故能无不闻。

曰:目之所见,不知其几何?或爱金,或爱玉,是执一色为目也。耳之所闻,不知其几何?或爱钟,或爱鼓,是执一声为耳也。惟圣人不慕之,不拒之,不处之。

曰:善今者可以行古,善末者可以立本。

曰:狡胜贼,能捕贼;勇胜虎,能捕虎。能克己,乃能成己;能胜物,乃能利物;能忘道,乃能有道。

曰:函坚,则物必毁之,刚斯折矣;刀利,则物必摧之,锐斯挫矣。威凤以难见为神,是以圣人以深为根;走麝以遗香不捕,是以圣人以约为纪。

曰:瓶存二窍,以水实之,倒泻闭一,则水不下,盖不升则不降;井虽千仞,汲之水上,盖不降则不升。是以圣人不先物。

曰:人之有失,虽己受害于己失之后,久之,窃议于未失之前。惟其不恃己聪明而兼人之聪明,惟其无我而兼天下之我,终身行之,可以不失。

曰:古今之俗不同,东西南北之俗又不同,至于一家一身之善又不同,吾岂执一豫格后世哉?惟随时同俗,先机后事,捐忿塞欲,简物恕人,权其轻重,而为之自然,合神不测,契道无方。

曰:有道交者,有德交者,有事交者。道交者,父子也,出于是非贤愚之外,故久;德交者,则有是非贤愚矣,故或合或离;事交者,合则离。

曰：勿以拙陋，曰道之质当乐敏捷；勿以愚暗，曰道之晦当乐轻明；勿以傲易，曰道之高当乐和同；勿以汗漫，曰道之广当乐要急；勿以幽忧，曰道之寂当乐悦豫。古人之言，学之多弊，不可不救。

曰：不可非世是己，不可卑人尊己，不可以轻忽道己，不可以讪谤德己，不可以鄙猥才己。

曰：困天下之智者，不在智而在愚；穷天下之辩者，不在辩而在讷；伏天下之勇者，不在勇而在怯。

曰：天不能冬莲春菊，是以圣人不违时；地不能洛橘汶貉，是以圣人不违俗；圣人不能使手步足握，是以圣人不违我所长；圣人不能使鱼飞鸟驰，是以圣人不违人所长。夫如是者，可动可止，可晦可明，惟不可拘，所以为道。

曰：少言者，不为人所忌；少行者，不为人所短；少智者，不为人所劳；少能者，不为人所役。

曰：操之以诚，行之以简，待之以恕，应之以默，吾道不穷。

曰：谋之于事，断之于理；作之于人，成之于天。事师于今，理师于古；事同于人，道独于己。

曰：金玉难捐，土石易舍。学道之士，遇微言妙行，慎勿执之，是可为而不可执。若执之者，则腹心之疾，无药可疗。

曰：人不明于急务，而从事于多务他务奇务者，穷困灾厄及之，殊不知道无不在，不可舍此就彼。

曰：天下之理，舍亲就疏，舍本就末，舍贤就愚，舍近就远，可暂而已，久则害生。

曰：昔之论道者，或曰凝寂，或曰邃深，或曰澄澈，或曰空同，或曰晦冥，慎勿遇此而生怖退。天下至理，竟非言意。苟知非言非意在彼微言妙意之上，乃契吾说。

曰：圣人大言金玉，小言桔梗芣苢。用之当，桔梗芣苢生之，不当，金玉毙之。

曰：言某事者：甲言利，乙言害，丙言或利或害，丁言俱利俱害，必居一于此矣，喻道者不言。

曰：事有在，事言有理；道无在，道言无理。知言无理，则言言皆道；不知言无理，虽执至言，为梗为翳。

曰：不信愚人易，不信贤人难；不信贤人易，不信圣人难；不信一圣人易，不信千圣人难。夫不信千圣人者，外不见人，内不见我，上不见道，下不见事。

曰：圣人言蒙蒙，所以使人聋；圣人言冥冥，所以使人盲；圣人言沈沈，所以使人喑。惟聋则不闻声，惟盲则不见色，惟喑则不音言。不闻声者：不闻道，不闻事，不闻我；不见色者：不见道，不见事，不见我；不音言者：不言道，不言事，不言我。

曰：人徒知伪得之中有真失，殊不知真得之中有真失。徒知伪是之中有真非，殊不知真是之中有真非。

曰：言道者如言梦。夫言梦者曰：如此金玉、如此器皿、如此禽兽，言者能言之，不能取而与之，听者能闻之，不能受而得之。惟善听者，不泥不辨。

曰：圆尔道，方尔德，平尔行，锐尔事。

第三卷 《文子·通玄经》

《文子·通玄经》者，传为春秋时期老子弟子名计然、字文子所著也，是书为最近《老子》本意之著作也，为十二篇八十八章，为道家称《通玄真经》者也。其说"老子之言、阐老子思想"，诚也。王充言："老子、文子，似天地者也。"信也。

第一篇·道原

老子曰：

有物混成，先天地生：惟象无形，窈窈冥冥；寂寥淡漠，不闻其声。吾强为之名，字之曰"道"。

夫道者：高不可极，深不可测；苞裹天地，禀受无形；原流泏泏，冲而不盈；浊以静之，徐清。施之无穷，无所朝夕。卷之不盈一握，约而能张，幽而能明，柔而能刚，含阴吐阳，而章三光。山以之高，渊以之深，兽以之走，鸟以之飞，麟以之游，凤以之翔，星历以之行。以亡取存，以卑取尊，以退取先。

古者三皇，得道之统，立于中央，神与化游，以抚四方。是故能天运地墆，轮转而无废，水流而不止，与物终始。风兴云蒸，雷声雨降，并应无穷。已雕已琢，还复于朴。无为为之，而合乎生死；无为言之，而通乎德；恬愉无矜，而得乎和；有万不同，而便乎生。和阴阳，节四时，调五行；润乎草木，浸乎金石；禽兽硕大，毫毛润泽；鸟卵不败，兽胎不殰；父无丧子之忧，兄无哭弟之哀；童子不孤，妇人不孀；虹霓不见，盗贼不行。含德之所致也。

太上之道：生物而不有，成化而不宰。万物：恃之而生，莫之知德；恃之而死，莫之能怨；收藏畜积，而不加富；布施禀受，而不益贫。忽兮恍兮，不可为象兮；恍兮忽兮，用不诎兮；窈兮冥兮，应化无形兮；遂兮通兮，不虚动兮；与刚柔卷舒兮，与阴阳俯仰兮。

老子曰：大丈夫：恬然无思，惔然无虑；以天为盖，以地为车；以四时为马，以阴阳为御；行乎无路，游乎无怠，出乎无门。以天为盖，则无所不覆也；以地为车，则无所不载也；四时为马，则无所不使也；阴阳御之，则无所不备也。是故疾而不摇、远而不劳、四支不动、聪明不损而照明天下者，执道之要，观无穷之地也。故天下之事，不可为也，因其自然而推之；万物之变，不可救也，秉其要而归之。是以圣人内修其本，而不外饰其末，厉其精神，偃其知见，故漠然无为而无不为也，无治而无不治也。所谓无为者，不先物为也；无治者，不易自然也；无不治者，因物之相然也。

老子曰：执道以御民者，事来而循之，物动而因之。万物之化，无不应也；百事之变，无不耦也。故道者：虚无、平易、清静、柔弱、纯粹素朴，此五者，道之形象也。虚无者，道之舍也；平易者，道之素也；清静者，道之鉴也；柔弱者，道之用也。反者，道之常也；柔者，道之刚也；弱者，道之强也；纯粹素朴者，道之干也。虚者，中无载也；平者，心无累也。嗜欲不载，虚之至也；无所好憎，平之至也；一而不变，静之至也；不与物杂，粹之至也；不忧不乐，德之至也。夫至人之治也，弃其聪明，灭其文章；依道废智，与民同出乎公；约其所守，寡其所求，去其诱慕，除其嗜欲，捐其思虑。约其所守即察，寡其所求即得。故以中制外，百事不废；中能得之，则外能牧之。中之得也：五藏宁，思虑平；筋骨劲强，

耳目聪明。大道坦坦，去身不远；求之远者，往而复返。

老子曰：

圣人：忘乎治人，而在乎自理；贵忘乎势位，而在乎自得。自得即天下得我矣。乐忘乎富贵，而在乎和，知大己而小天下，几于道矣。故曰：至虚极也，守静笃也，万物并作，吾以观其复。

夫道者：陶冶万物，终始无形；寂然不动，大通混冥；深闳广大，不可为外；析毫剖芒，不可为内。无环堵之宇，而生有无之总名也。

真人体之，以虚无、平易、清静、柔弱、纯粹素朴，不与物杂，至德，天地之道，故谓之真人。真人者，知大己而小天下，贵治身而贱治人；不以物滑和，不以欲乱情；隐其名姓，有道则隐，无道则见；为无为，事无事，知不知也；怀天道，包天心；嘘吸阴阳，吐故纳新；与阴俱闭，与阳俱开；与刚柔卷舒，与阴阳俯仰；与天同心，与道同体；无所乐，无所苦；无所喜，无所怒；万物玄同，无非无是。夫形伤乎寒暑燥湿之虐者，形宛而神壮；神伤于喜怒思虑之患者，神尽而形有余。故真人用心仗性，依神相扶，而得终始。是以其寝不梦，觉而无忧。

孔子问道，老子曰：正汝形，一汝视，天和将至；摄汝知，正汝度，神将来舍；德将为汝容，道将为汝居；瞳兮若新生之犊，而无求其故；形若枯木，心若死灰；真其实知，而不以曲故自持，恢恢无心可谋。明白四达，能无知乎？

老子曰：夫事者，应变而动，变生于时，知时者无常行。故道可道，非常道；名可名，非常名。书者，言之所生也。言出于智，智者不知，非常道也；名可名，非藏书者也。多闻数穷，不如守中。绝学无忧，绝圣弃智，民利百倍。人生而静，天之性也；感物而动，性之欲也；物至而应，智之动也；智与物接，而好憎生焉。好憎成形，而智出于外，不能反己，而天理灭矣。是故圣人不以人易天，外与物化，而内不失情。故通于道者，反于清静；究于物者，终于无为。以恬养智，以漠合神，即乎无门。循天者，与道游也；随人者，与俗交也。故圣人不以事滑天，不以欲乱情；不谋而当，不言而信，不虑而得，不为而成。是以处上而民不重，居前而人不害；天下归之，奸邪畏之。以其无争于万物也，故莫敢与之争。

老子曰：

夫人：从欲失性，动未尝正也；以治国则乱，以治身则秽。故不闻道者，无以反其性；不通物者，不能清静。原人之性无邪秽，久湛于物即易。易而忘其本，即合于其若性：水之性欲清，沙石秽之；人之性欲平，嗜欲害之。唯圣人能遗物反己。是故圣人不以智役物，不以欲滑和，其为乐不忻忻，其于忧不惋惋。是以高而不危，安而不倾。故听善言、便计，虽愚者知说之，称圣德、高行，虽不肖者知慕之。说之者众，而用之者寡，慕之者多，而行之者少。所以然者，掔于物而系于俗。故曰：我无为而民自化，我无事而民自富，我好静而民自正，我无欲而民自朴。清静者，德之至也；柔弱者，道之用也；虚无恬愉者、万物之祖也。三者行，则沦于无形，无形者，一之谓也。一者，无心合于天下也。布德不溉，用之不勤，视之不见，听之不闻，无形而有形生焉，无声而五音鸣焉，无味而五味形焉，无色而五色成焉。故有生于无，实生于虚：音之数不过五，五音之变不可胜听也；味之数不过五，五味之变不可胜尝也；色之数不过五，五色之变不可胜观也。音者，宫立而五音形矣；味者，甘立而五味定矣；色者，白立而五色成矣。道者，一立而万物生矣。故一之理，施于四海；一之嘏，察于天地。

其全也，敦兮其若朴；其散也，浑兮其若浊。浊而徐清，冲而徐盈；澹然若大海，泛兮若浮云。若无而有，若亡而存。

老子曰：万物之揔，皆阅一孔；百事之根，皆出一门。故圣人一度循轨，不变其故，不易其常，放准循绳，曲因其直，直因其常。夫喜怒者，道之邪也；忧悲者，德之失也；好憎者，心之过也；嗜欲者，生之累也。人：大怒破阴，大喜坠阳，薄气发喑，惊怖为狂，忧悲焦心，疾乃成积。人能除此五者，即合于神明。神明者，得其内也。得其内者：五藏宁，思虑平；耳目聪明，筋骨劲强；疏达而不悖，坚强而不匮；无所太过，无所不逮。天下莫柔弱于水，水为道也：广不可极，深不可测；长极无穷，远沦无涯；息耗减益，过于不訾；上天为雨露，下地为润泽；万物不得不生，百事不得不成；大苞群生而无私好，泽及蚑蛲而不求报；富赡天下而不既，德施百姓而不费；行不可得而穷极，微不可得而把握；击之不创，刺之不伤，斩之不断，灼之不熏，淖约流循而不可靡散；利贯金石，强沦天下，有余不足，任天下取与，禀受万物，而无所先后；无私无公，与天地洪同。是谓至德。夫水所以能成其至德者，以其卓约润滑也。故曰：天下之至柔，驰骋天下之至坚，无有入于无间。夫无形者，物之太祖；无音者，类之太宗。真人者，通于灵府，与造化者为人，执玄德于心，而化驰如神。是故不道之道，芒乎大哉。未发号施令，而移风易俗，其惟心行也。万物有所生，而独如其根；百事有所出，而独守其门。故能穷无穷，极无极，照物而不眩，响应而不知。

老子曰：夫得道者，志弱而事强，心虚而应当。志弱者：柔毳安静，藏于不取，行于不能，澹然无为，动不失时。故贵必以贱为本，高必以下为基。托小以包大，在中以制外，行柔而刚。力无不胜，敌无不陵；应化揆时，莫能害之。欲刚者必以柔守之，欲强者必以弱保之。积柔即刚，积弱即强，观其所积，以知存亡。强胜不若己者，至于若己者而格；柔胜出于己者，其力不可量。故兵强则灭，木强则折，革强则裂，齿坚于舌而先毙。故柔弱者生之干也，坚强者死之徒；先唱者穷之路，后动者达之原。夫执道以耦变，先亦制后，后亦制先，何则？不失所以制人，人亦不能制也。所谓后者，调其数而合其时，时之变则间不容息，先之则太过，后之则不及，日回月周，时不与人游。故圣人不贵尺之璧，而贵寸之阴，时难得而易失。故圣人随时而举事，因资而立功。守清道，拘雌节；因循而应变，常后而不先；柔弱以静，安徐以定：功大靡坚，不能与争也。

老子曰：

机械之心藏于中，即纯白之不粹；神德不全于身者，不知何远之能怀；欲害之心忘乎中者，即饥虎可尾也，而况于人乎？体道者佚而不穷；任数者劳而无功。夫法刻刑诛者，非帝王之业也；棰策繁用者，非致远之御也。好憎繁多，祸乃相随。故先王之法，非所作也，所因也；其禁诛非所为也，所守也。故能因即大，作即细；能守即固，为即败。夫任耳目以听视者，劳心而不明；以智虑为治者，苦心而无功。任一人之材，难以至治。一人之能，不足以治三亩之宅。循道理之数，因天地自然，即六合不足均也。听失于非誉，目淫于彩色；礼亶不足以放爱，诚心可以怀远。故兵莫憯乎志，莫邪为下；寇莫大于阴阳，而枹鼓为细。所谓大寇伏尸不言节，中寇藏于山，小寇遁于民间。故曰：民多智能，奇物滋起；法令滋章，盗贼多有。去彼取此，天殃不起。故以智治国，国之贼；不以智治国，国之德。夫无形大，有形细；无形多，有形少；无形强，有形弱；无形实，有形虚。有形者，遂事也。无形者，作始也。遂事者，成器也。作始者，朴也。有形则有声，无形则无声；有形产于无形，故无形者有形之始也。广厚有名，有名者贵全也；俭薄无名，无名者贱轻也。殷富有名，有名尊宠也；贫寡无名，无名者卑辱也；雄牡有名，有名者章明也；雌牝无名，无名者隐约也；有余者有名，有名者高贤也；不足者无名，无名者任下也。有功即有名，无功即无名。有名产于无名，无名者有名之母也。夫道，有无相生也，难易相成也。是以圣人执道，虚静微妙，以成其德，故有道即有德，有德即有功，有功即有名，有名即复归于道。功名长久，终身无咎。王公有功名，孤寡无功名，故曰圣人自谓孤寡，归其根本。功成而不有，故有功以为利，无名以为用。古者，民童蒙，不知东西，貌不离情，言不出行，行出无容，言而不文。其衣暖而无采，其兵钝而无刃；行蹎蹎，视瞑瞑；凿井而饮，耕田而食；不布施，不求德；高下不相倾，长短不相形；风齐于俗可随也，事周于能易为也；矜伪以惑世，畸形以迷众。圣人不以为民俗。

第二篇·精诚

老子曰：天致其高，地致其厚，日月照，列星朗，阴阳和，非有为焉，正其道而物自然。阴阳四时，非生万物也；雨露时降，非养草木也。神明接，阴阳和，万物生矣。夫道者：藏精于内，栖神于心；静漠恬惔，悦穆胸中；廓然无形，寂然无声；官府若无事，朝廷若无人；无隐士，无逸民，无劳役，无怨刑，天下莫不仰上之德；象生之旨，绝国殊俗，莫不重译而至，非家至而人见之也，推其诚心施之天下而已。故赏善罚暴者，正令也；其所以能行者，精诚也。令虽明，不能独行，必待精诚。故摠道以被民，而民弗从者，精诚弗至也。

老子曰：天设日月，列星辰，张四时，调阴阳；日以暴之，夜以息之，风以干之，雨露以濡之。其生物也，莫见其所养而万物长；其杀物也，莫见其所丧而万物亡。此谓神明也。是故圣人象之：其起福也，不见其所以而福起；其除祸也，不见其所由而祸除。稽之不得，察之不虚；日计不足，岁计有余。寂然无声，一言而大动天下，是以无心动化者也。故精诚内形，气动于天，景星见，黄龙下，凤皇至，醴泉出，嘉谷生，河不满溢，海不波涌。逆天暴物，即日月薄蚀，五星失行，四时相乘，昼冥宵光，山崩川涸，冬雷夏霜。天之与人，有以相通。故国之殂亡也，天文变，世俗乱，虹霓见，万物有以相连，精气有以相薄。故神明之事，不可以智巧为也，不可以强力致也。故大人：与天地合德，与日月合明，与鬼神合灵，与四时合信；怀天心，抱地气，执冲含和，不下堂而行四海；变易习俗，民化迁善，若出诸己，能以神化者也。

老子曰：夫人道者，全性保真，不亏其身；遭急迫难，精通乎天。若乃未始出其宗者，何为而不成？死生同域，不可胁凌，又况官天地、府万物、返造化？含至和而已，未尝死者也。精诚形乎内，而外喻于人心，此不传之道也。圣人在上，怀道而不言，泽及万民，故不言之教，芒乎大哉！君臣乖心，倍谲见于天，神气相应征矣，此谓不言之辩，不道之道也。夫召远者使无为焉，亲近者言无事焉，唯夜行者能有之。故却走马以粪，车轨不接于远方之外，是谓坐驰陆沉。夫天道：无私就也，无私去也；能者有余，拙者不足；顺之者利，逆之

者凶。是故以智为治者，难以持国，惟同乎太和而持自然应者，为能有之。

老子曰：夫道之与德，若韦之与革：远之即近，近之即疏；稽之不得，察之不虚。是故圣人若镜，不将不迎，应而不藏，万物而不伤。其得之也，乃失之也；其失之也，乃得之也。故通于太和者，暗若醇醉，而甘卧以游其中，若未始出其宗，是谓大通，此假不用，能成其用也。

老子曰：昔黄帝之治天下：理日月之行，治阴阳之气，节四时之度，正律历之数；别男女，明上下，使强不掩弱，众不暴寡；民保命而不夭，岁时熟而不凶；百官正而无私，上下调而无尤；法令明而不暗，辅佐公而不阿；田者让畔，道不拾遗，市不豫贾。故于此时，日月星辰，不失其行，风雨时节，五谷丰昌，凤皇翔于庭，麒麟游于郊。伏羲氏之王天下：枕石寝绳，杀秋约冬；负方州、抱圆天、阴阳所拥、沉滞不通者，窍理之；逆气戾物、伤民厚积者，绝止之。其民童蒙，不知西东：视瞑瞑，行蹎蹎；僮然自得，莫知其所由；浮游泛然，不知所本，罔养不知所如往。当此之时，禽兽虫蛇，无不怀其爪牙，藏其螫毒，功揆天地。至黄帝要妙乎太祖之下，然而不章其功，不扬其名，隐真人之道，以从天地之固然。何则？道德上通，而智故消灭也。

老子曰：天不定，日月无所载；地不定，草木无所立；身不宁，是非无所形。是故有真人而后有真知。其所持者不明，何知吾所谓知之非不知欤？积惠重货，使万民忻忻人乐其生者，仁也。举大功，显令名，体君臣，正上下，明亲疏，存危国，继绝世，立无后者，义也。闭九窍，藏志意，弃聪明，反无识，芒然仿佯乎尘垢之外，逍遥乎无事之际，含阴吐阳而与万物同和者，德也。是故道散而为德，德溢而为仁义，仁义立而道德废矣。

老子曰：神越者言华，德荡者行伪，至精芒乎中，而言行观乎外，此不免以身役物也。精有愁尽而行无穷极，所守不定而外淫于世俗之风，是故圣人内修道德而不外饰仁义，知九窍四支之宜，而游乎精神之和，此圣人之游也。

老子曰：若夫圣人之游也，即动乎至虚，游心乎太无，驰于方外，行于无门，听于无声，视于无形，不拘于世，不系于俗。故圣人所以动天下者，真人不过；贤人所以矫世者，圣人不观。夫人拘于世俗，必形系而神泄，故不免于累。使我可拘系者，必其命有在外者矣。

老子曰：人主之思：神不驰于胸中，智不出于四域。怀其仁诚之心，甘雨以时，五谷蕃殖；春生夏长，秋收冬藏；月省时考，终岁献贡；养民以公，威厉以诚；法省不烦，教化如神；法宽刑缓，囹圄空虚；天下一俗，莫怀奸心，此圣人之恩也。夫上好取而无量，即下贪功而无让，民贫苦而分争生，事力劳而无功，智诈萌生，盗贼滋彰，上下相怨，号令不行。夫水浊者鱼喁，政苛者民乱；上多欲即下多诈，上烦扰即下不定，上多求即下交争。不治其本而救之于末，无以异于凿渠而止水，抱薪而救火。圣人：事省而治，求寡而赡，不施而仁，不言而信，不求而得，不为而成；怀自然，保至真；抱道推诚，天下从之，如响之应声，影之像形。所修者本也。

老子曰：精神越于外、智虑荡于内者，不能治形；神之所用者远，则所遗者近。故不出于户以知天下，不窥于牖以知天道，其出弥远，其知弥少。此言精诚发于内，神气动于天也。

老子曰：冬日之阳，夏日之阴，万物归之，而莫之使极自

然。至精之感，弗召自来、不去而往、窈窈冥冥、不知所为者而功自成。待目而照见，待言而使命，其于治，难矣。皋陶喑而为大理，天下无虐刑，何贵乎言者也？师旷瞽而为太宰，晋国无乱政，何贵乎见者也？不言之令，不视之见，圣人所以为师也。民之化上，不从其言，从其所行。故人君好勇，弗使斗争，而国家多难，其渐必有劫杀之乱矣；人君好色，弗使风议而国家昏乱，其积至于淫泆之难矣。故圣人精诚别于内，好憎明于外，出言以副情，发号以明指。是故刑罚不足以移风，杀戮不足以禁奸，唯神化为贵。精至为神，精之所动，若春气之生，秋气之杀。故君子者其犹射者也，于此毫末，于彼寻丈矣。故理人者慎所以感之。

老子曰：悬法设赏而不能移风易俗者，诚心不抱也。故听其音则知其风，观其乐即知其俗，见其俗即知其化。夫抱真效诚者，感动天地，神逾方外，令行禁止。诚通其道，而达其意，虽无一言，天下万民、禽兽、鬼神与之变化。故太上神化，其次使不得为非，其下赏贤而罚暴。

老子曰：大道无为。无为即无有，无有者不居也。不居者即处无形。无形者不动，不动者，无言也。无言者，即静而无声。无形、无声者，视之不见，听之不闻，是谓微妙，是谓至神。绵绵若存，是谓天地之根。道无形无声，故圣人强为之形，以一字为名。天地之道，大以小为本，多以少为始。天子：以天地为品，以万物为资；功德至大，势名至贵；二德之美，与天地配。故不可不轨大道以为天下母。

老子曰：赈穷补急则名生，起利除害即功成。世无灾害，虽圣无所施其德；上下和睦，虽贤无所立其功。故至人之治，含德抱道，推诚乐施，无穷之智，寝说而不言，天下莫知贵其不言者。故道可道，非常道也，名可名，非常名也。著于竹帛、镂于金石、可传于人者，皆其粗也。三皇、五帝、三王，殊事而同心，异路而同归；末世之学者，不知"道"之所体一，"德"之所摠要，取成事之迹，跪坐而言之，虽博学多闻，不免于乱。

老子曰：心之精者，可以神化，而不可说道。圣人不降席而匡天下，情甚于枭呼。故同言而信，信在言前也；同令而行，诚在令外也。圣人在上，民化如神，情以先之。动于上不应于下者，情令殊也。三月婴儿，未知利害，而慈母爱之愈笃者，情也。故言之用者，变变乎小哉；不言之用者，变变乎大哉。信，君子之言；忠，君子之意。忠信形于内，感动应乎外，贤圣之化也。

老子曰：子之死父，臣之死君，非出死以求名也，恩心藏于中，而不违其难也。君子之憯怛非正为也，自中出者也，亦察其所行。圣人不惭于影，君子慎其独也，舍近期远，塞矣。故圣人，在上则民乐其治，在下则民慕其意，志不忘乎欲利人。

老子曰：勇士一呼，三军皆辟，其出之诚也；唱而不和，意而不载，中必有不合者也。不下席而匡天下者，求诸己也。故说之所不至者，容貌至焉；容貌所不至者，感忽至焉。感乎心，发而成形，精之至者，可形接，不可以照期。

老子曰：言有宗，事有本。失其宗本，伎能虽多，不如寡言。害众者倕而使断其指，以期大巧之不可为也。故匠人智为不以能，以时闭，不知闭也，故必杜而后开。

老子曰：圣人之从事也，所由异路而同归，存亡定倾若一，志不忘乎欲利人也。故秦楚燕魏之歌，异阴音而皆乐；九夷八狄之哭，异声而皆哀。夫歌者乐之征，哭者哀之效也，憯于中，发于外，故在所以感之矣。圣人之心，日夜不忘乎欲利人，

其泽之所及亦远矣。

老子曰：人无为而治，有为也即伤。无为而治者为无为，为者不能无为也。不能无为者，不能有为也。人无言而神，有言即伤。无言而神者载无，言则伤有神之神者。

文子曰：

名可强立，功可强成。昔南荣趎耻圣道而独亡于己，南见老子，受教一言，精神晓灵，屯闵条达，勤苦十日不食，如享太牢。是以明照海内，名立后世，智络天地，察分秋毫，称誉华语，至今不休，此谓名可强立也。故田者不强，困仓不满；官御不励，诚心不精；将相不强，功烈不成；王侯懈怠，后世无名。至人潜行，譬犹雷霆之藏也，随时而举事，因资而立功，进退无难，无所不通。

夫至人：精诚内形，德流四方；见天下有利也，喜而不忘；天下有害也，忧若有丧。夫忧民之忧者，民亦忧其忧；乐民之乐者，民亦乐其乐。故忧以天下，乐以天下，然而不王者，未之有也。圣人之法：始于不可见，终于不可及；处于不倾之地，积于不尽之仓，载于不竭之府；出令如流水之原，使民于不争之官；开必得之门，不为不可成，不求不可得，不处不可久，不行不可复。大人行可说之政，而人莫不顺其命。命顺则从小而致大，命逆则以善为害，以成为败。

夫所谓大丈夫者，内强而外明：内强如天地，外明如日月；天地无不覆载，日月无不照明。大人以善示人，不变其故，不易其常，天下听令，如草从风。政失于春，岁星盈缩，不居其常；政失于夏，荧惑逆行；政失于秋，太白不当，出入无常；政失于冬，辰星不效其乡；四时失政，镇星摇荡，日月见谪，五星悖乱，彗星出。春政不失，禾黍滋；夏政不失，雨降时；

秋政不失，民殷昌；冬政不失，国家宁康。

第三篇·十守

老子曰：天地未形，窈窈冥冥，浑而为一，寂然清澄。重浊为地，精微为天，离而为四时，分而为阴阳。精气为人，粗气为虫。刚柔相成，万物乃生。精神本乎天，骨骸根于地；精神入其门，骨骸反其根。我尚何存？故圣人：法天顺地，不拘于俗，不诱于人；以天为父，以地为母；阴阳为纲，四时为纪。天静以清，地定以宁，万物逆之死，顺之生。故静漠者，神明之宅；虚无者，道之所居。夫精神者所受于天也，骨骸者所禀于地也。道生一，一生二，二生三，三生万物。万物负阴而抱阳，冲气以为和。

老子曰：

人受天地变化而生，一月而膏，二月血脉，三月而胚，四月而胎，五月而筋，六月而骨，七月而成形，八月而动，九月而躁，十月而生。形骸已成，五藏乃分。肝主目，肾主耳，脾主舌，肺主鼻，胆主口；外为表，中为里；头员法天，足方象地。天有四时、五行、九曜、三百六十日；人有四支、五藏、九窍、三百六十节。天有风雨寒暑，人有取与喜怒。胆为云，肺为气，脾为风，肾为雨，肝为雷。人与天地相类，而心为之主。耳目者日月也，血气者风雨也。日月失行，薄蚀无光；风雨非时，毁折生灾；五星失行，州国受其殃。天地之道，至闳以大，尚由节其章光，爱其神明，人之耳目何能久熏而不息？精神何能驰骋而不乏？是故圣人守内而不失外。

夫血气者，人之华也；五藏者，人之精也。血气专乎内而不外越，则胸腹充而嗜欲寡，嗜欲寡则耳目清而听视聪达，听视聪达谓之明。五藏能属于心而无离，则气意胜，而行不僻，精神盛而气不散。以听，无不闻；以视，无不见；以为，无不成。患祸无由入，邪气不能袭。故所求多者所得少，所见大者所知小。

夫孔窍者，精神之户牖；血气者，五藏之使候。故耳目淫于声色，即五藏动摇而不定，血气滔荡而不休，精神驰骋而不守。祸福之至，虽如丘山，无由识之矣，故圣人爱而不越。

圣人诚使耳目精明玄达，无所诱慕，意气无失，清静而少嗜欲，五藏便宁，精神内守形骸而不越，即观乎往世之外，来事之内，祸福之间，可足见也。故其出弥远者其知弥少，以言精神不可使外淫也。故五色乱目，使目不明；五音入耳，使耳不聪；五味乱口，使口生创。趣舍滑心，使性飞扬，故嗜欲使人气淫，好憎使人精劳，不疾去之，则志气日耗。夫人所以不能终其天年者，以生生之厚。夫唯无以生为者，即所以得长生。

夫天地运而相通，万物摠而为一。能知一，即无一之不知也；不能知一，即无一之能知也。吾处天下，亦为一物，而物亦物也。物之与物，何以相物？欲生，不可事也；憎死，不可辞也。贱之不可憎也，贵之不可喜也。因其资而宁之，弗敢极也；弗敢极也，即至乐极也。

老子曰：所谓圣人者，因时而安其位，当世而乐其业。夫哀乐者，德之邪；好憎者，心之累；喜怒者，道之过。故其生也天行，其死也物化。静即与阴合德，动即与阳同波。故心者，形之主也；神者，心之宝也。形劳不休即蹶，精用而不已则竭，是以圣人遵之不敢越也。以无应有，必究其理；以虚受实，必穷其节；恬愉虚静，以终其命。无所疏，无所亲，抱德炀和，以顺于天。与道为际，与德为邻。不为福始，不为祸先，死生无变于己，故曰至神。神则以求无不得也，以为无不成也。

老子曰：轻天下即神无累，细万物即心不惑，齐生死则意不慑，同变化则明不眩。夫至人倚不桡之柱，行无关之途，禀不竭之府，学不死之师。往而不遂，无之而不通；屈伸俯仰，抱命不惑而宛转，祸福利害，不足以患心。夫为义者：可迫以仁，而不可劫以兵；可正以义，不可悬以利。君子死义，不可以富贵留也，为义者不可以死亡恐也，又况于无为者乎？无为者即无累，无累之人以天下为影柱：上观至人之伦，深厚道德之意；下考世俗之行，乃足以羞也。夫无以天下为者，学之建鼓也。

老子曰：尊势厚利，人之所贪，比之身则贱。故圣人：食足以充虚接气，衣足以盖形御寒。适情辞余，不贪得，不多积；清目不视，静耳不听，闭口不言，委心不虑；弃聪明，反太素，休精神，去知故。无好无憎，是谓大通。除秽去累，莫若未始出其宗，何为而不成？知养生之和者，即不可悬以利；通内外之符者，不可诱以势。无外之外至大，无内之内至贵，能知大贵，何往不遂？

老子曰：古之为道者，理情性，治心术，养以和，持以适；乐道而忘贱，安德而忘贫。性有不欲，无欲而不得；心有不乐，无乐而不为。无益于性者，不以累德；不便于生者，不以滑和；不纵身肆意，而制度可以为天下仪。量腹而食，制形而衣，容身而居，适情而行，余天下而不有，委万物而不利，岂为贫富贵贱失其性命哉？夫若然者，可谓能体道矣。

老子曰：人受气于天者，耳目之于声色也，鼻口之于芳臭

也，肌肤之于寒温也，其情一也。或以死，或以生，或为君子，或为小人，所以为制者异。神者智之渊也，神清则智明；智者心之府也，智公则心平。人莫鉴于流潦而鉴于澄水，以其清且静也。故神清意平，乃能形物之情。故用之者必假于不用者。夫鉴明者，则尘垢不污也，神清者，嗜欲不误也。故心有所至，则神慨然在之，反之于虚，则消躁藏息矣。此圣人之游也。故治天下者，必达性命之情而后可也。

老子曰：夫所谓圣人者，适情而已，量腹而食，度形而衣；节乎己，而贪污之心无由生也。故能有天下者，必无以天下为也；能有名誉者，必不以越行求之。诚达性命之情，仁义因附也。若夫神无所掩，心无所载，通洞条达，淡然无事，势力不能诱，声色不能淫，辩者不能说，智者不能动，勇者不能恐，此真人之游也。夫生生者不生，化化者不化。不达此道者，虽知统天地，明照日月，辩解连环，辞润金石，犹无益于治天下也，故圣人不失所守。

老子曰：静漠恬淡，所以养生也；和愉虚无，所以据德也。外不乱内，即性得其宜；静不动和，即德安其位。养生以经世，抱德以终年，可谓能体道矣。若然者，血脉无郁滞，五脏无积气，祸福不能矫滑，非誉不能尘垢。非有其世，孰能济焉？有其才不遇其时，身犹不能脱，又况无道乎？夫目察秋毫之末者，耳不闻雷霆之声；耳调金玉之音者，目不见太山之形。故小有所志，则大有所忘。今万物之来，擢拔吾生，攓取吾精，若泉原也，虽欲勿禀，其可得乎？今盆水若清之经日，乃能见眉睫，浊之不过一挠，即不能见方圆也。人之精神，难清而易浊，犹盆水也。

老子曰：上圣法天，其次尚贤，其下任臣。任臣者，危亡之道也；尚贤者，痴惑之原也；法天者治，天地之道也。虚静为主，虚无不受，静无不持。知虚静之道，乃能终始。故圣人以静为治，以动为乱。故曰：勿挠勿撄，万物将自清，勿惊勿害，万物将自理，是谓天道也。

　　老子曰：天子公侯，以天下一国为家，以万物为畜。怀天下之大，有万物之多，即气实而志骄。大者用兵侵小，小者倨傲凌下，用心奢广，譬犹飘风暴雨，不可长久。是以圣人以道镇之，执一无为，而不损冲气。见小守柔，退而勿有，法于江海。江海不为故功名自化，弗强故能成其王，为天下牝故能神不死，自爱故能成其贵。万乘之势，以万物为功名，权任自重，不可自轻，自轻则功名不成。夫道：大以小而成，多以少为主。故圣人以道莅天下，柔弱微妙者，见小损缺者，见少也。见小故能成其大，见少故能成其美。天之道：抑高而举下，损有余补不足。江海处地之不足，故天下归之奉之。圣人：卑谦清静辞让者，见下也；虚心无有者，见不足也。见下，故能致其高；见不足，故能成其贤。矜者不立，奢者不长；强梁者死，满足者亡；飘风暴雨不终日，小谷不能须臾盈。飘风暴雨行强梁之气，故不能久而灭；小谷处强梁之地，故不得不夺。是以圣人执雌牝，去奢骄，不敢行强梁之气。执雌牝故能立其雄牡，不敢奢骄故能长久。

　　老子曰：天道：极即反，盈即损，日月是也。圣人日损而冲气，不敢自满，日进以牝，功德不衰，天道然也。人之情性，皆好高而恶下，好得而恶亡，好利而恶病，好尊而恶卑，好贵而恶贱。众人为之故不能成，执之故不能得。是以圣人法天，弗为而成，弗持而得。与人同情而异道，故能长久。故三皇五帝有戒之器，命曰侑卮，其冲即正，其盈即覆。夫物盛则衰，

日中则移，月满则亏，乐终而悲。是故聪明广智守以愚，多闻博辩守以俭，武力勇毅守以畏，富贵广大守以狭，德施天下守以让。以五者，先王所以守天下也。服此道者，不欲盈，夫惟不盈，是以弊不新成。

　　老子曰：圣人与阴俱闭，与阳俱开，能至于无乐也，即无不乐也，无不乐即至乐极矣。是内乐外，不以外乐内，故有自乐也，即有自志贵乎天下，所以然者，因天下而为天下之要也。不在于彼，而在于我，不在于人，而在于身，身得则万物备矣。故达于心术之论者，即嗜欲好憎外也。是故无所喜，无所怒，无所乐，无所苦，万物玄同，无非无是。故士有一定之论，女有不易之行：不待势而尊，不须财而富，不须力而强；不利财货，不贪世名，不以贵为安，不以贱为危；形神气志，各居其宜。夫形者生之舍也，气者生之元也，神者生之制也。一失其位，即三者伤矣。故以神为主者，形从而利；以形为主者，神从而害。其生食饕多欲之人，颠冥乎势利，诱慕乎名位，几以过人之知，位高于世，即精神日耗以远，久淫而不还，形闭中拒，即无由入矣。是以时有盲忘自失之患。夫精神志气者，静而日充以壮，躁而日耗以老。是故圣人持养其神，和弱其气，平夷其形，而与道浮沉。如此则万物之化，无不偶也；百事之变，无不应也。

　　老子曰：所谓真人者，性合于道也。故有而若无，实而若虚，治其内不治其外，明白太素，无为而复朴，体本抱神，以游天地之根，芒然仿佯尘垢之外，逍遥乎无事之业。机械智巧不载于心，审于无瑕，不与物迁，见事之化，而守其宗。心意专于内，通达祸福于一，居不知所为，行不知所之，不学而知，弗视能见，弗为而成，弗治而辩。感而应，迫而动，不得已而往，如光之耀，如影之效，以道为循，有待而然。廓然而虚，清静而无，以千生为一化，以万异为一宗，有精而不使，有神而不用，守太浑之朴，立至精之中，其寝不梦，其智不萌，其动无形，其静无体，存而若亡，生而若死，出入无间，役使鬼神。精神之所能登假于道者也，使精神畅达，而不失于元，日夜无隙而与物为春，即是合而生时于心者也。故形有靡而神未尝化，以不化应化，千变万转，而未始有极。化者，复归于无形也；不化者，与天地俱生也。故生生者未尝生，其所生者即生；化化者未尝化，其所化者即化。此真人之游也，纯粹之道也。

第四篇·符言

老子曰：道：至高无上，至深无下；平乎准，直乎绳，圆乎规，方乎矩；包裹天地而无表里，洞同覆盖，而无所碍。是故体道者：不怒不喜，其坐无虑，寝而不梦，见物而名，事至而应。

老子曰：欲尸名者必生事，事生即舍公而就私，倍道而任己，见誉而为善，立而为贤，即治不顺理而事不顺时。治不顺理则多责，事不顺时则无功。妄为要中，功成不足以塞责，事败足以灭身。

老子曰：无为名尸，无为谋府，无为事任，无为智主。藏于无形，行于无怠；不为福先，不为祸始；始于无形，动于不得已；欲福先无祸，欲利先远害。故无为而宁者，失其所宁即危，无为而治者，失其所治即乱。故不欲碌碌如玉，落落如石。其文好者皮必剥，其角美者身必杀，甘泉必竭，直木必伐。华荣之言后为怨；石有玉，伤其山，黔首之患固在言前。

老子曰：时之行，动以从，不知道者福为祸；天为盖，地为轸，善用道者终无尽；地为轸，天为盖，善用道者终无害。陈彼五行必有胜，天之所覆无不称。故知不知，上也；不知知，病也。

老子曰：山生金，石生玉，反相剥；木生虫，还自食；人生事，还自贼。夫好事者未尝不中，争利者未尝不穷；善游者溺，善骑者堕。各以所好，反自为祸。得在时，不在争；治在道，不在圣。土处下，不争高，故安而不危；水流下，不争疾，故去而不迟。是以圣人：无执故无失，无为故无败。

老子曰：一言，不可穷也；二言，天下宗也；三言，诸侯雄也；四言，天下双也。贞信，则不可穷；道德，则天下宗；举贤德，诸侯雄；恶少爱众天下双。

老子曰：人有三死，非命亡焉：饮食不节，简贱其身，病共杀之；乐得无已，好求不止，刑共杀之；以寡犯众，以弱凌强，兵共杀之。

老子曰：其施厚者其报美，其怨大者其祸深。薄施而厚望、畜怨而无患者，未之有也。察其所以往者，即知其所以来矣。

老子曰：原天命，治心术，理好憎，适情性，即治道通矣。原天命，即不惑祸福；治心术，即不妄喜怒；理好憎，即不贪无用；适情性，即欲不过节。不惑祸福，即动静顺理；不妄喜怒，即赏罚不阿；不贪无用，即不以欲害性；欲不过节，即养生知足。凡此四者，不求于外，不假于人，反己而得矣。

老子曰：不求可非之行，不憎人之非己；修足誉之德，不求人之誉己。不能使祸无至，信己之不迎也；而不能使福必来，信己之不让也。祸之至，非己之所生，故穷而不忧；福之来，非己之所成，故通而不矜。是故闲居而乐，无为而治。

老子曰：

道者：守其所已有，不求其所以未得；求其所未得，即所有者亡；循其所已有，即所欲者至。治未固于不乱而事为治者，必危；行未免于无非而急求名者，必锉。故福莫大于无祸，利莫大于不丧。故物或益之而损，损之而益。

夫道：不可以劝就利者，而可以安神避害。故常无祸，不常有福；常无罪，不常有功。道曰："芒芒昧昧，从天之威，与天同气。"无思虑也，无设储也。来者不迎，去者不将。人虽东西南北，独立中央。故处众枉，不失其直；与天下并流，不离其域。不为善，不避丑，遵天之道；不为始，不专己，循天之理；不豫谋，不弃时，与天为期；不求得，不辞福，从天之则。内无奇福，外无奇祸，故祸福不生，焉有人贼？故至德：言同路，事同福，上下一心无歧道旁见者，退障之于邪，开道之于善而民向方矣。

老子曰：为善即劝，为不善即观；劝即生责，观即生患。故道不可以进而求名，可以退而修身。故圣人不以行求名，不以知见誉，治随自然，己无所与。为者有不成，求者有不得，人有穷而道无通。有智而无为，与无智同功；有能而无事，与无能同德；有智若无智，有能若无能，道理达而人才灭矣。人与道不两明。人爱名即不用道，道胜人则名息，道息人而名章即危亡。

老子曰：使信士分财，不如定分而探筹，何则？有心者之于平，不如无心者也。使廉士守财，不如闭户而全封；以为有欲者之于廉，不如无欲者也。人举其疵则怨，鉴见其丑则自善。人能接物而不与己，则免于累矣。

老子曰：凡事人者，非以宝币，必以卑辞，币殚而欲不厌。

卑体免辞，论说而交不结；约束誓盟，约定而反先日。是以君子不外饰仁义而内修道德，修其境内之事，尽其地力之广，劝民守死，坚其城郭，上下一心，与之守社稷，即为民者不伐无罪，为利者不攻难得，此必全之道，必利之理。

老子曰：圣人不胜其心，众人不胜其欲；君子行正气，小人行邪气。内便于性、外合于义、循理而动、不系于物者，正气也；推于滋味、淫于声色、发于喜怒、不顾后患者，邪气也。邪与正相伤，欲与性相害，不可两立，一起一废，故圣人损欲而从性。目好色，耳好声，鼻好香，口好味，合而说之，不离利害嗜欲也。耳目鼻口，不知所欲，皆心为之制，各得其所。由此观之，欲不可胜，亦明矣。

老子曰：治身养性者：节寝处，适饮食，和喜怒，便动静，内在己者得，而邪气无由入。饰其外者伤其内，扶其情者害其神，见其文者蔽其真，夫须臾无忘其为贤者必困其性，百步之中无忘其为容者必累其形。故羽翼美者，伤其骸骨；枝叶茂者，害其根荄。能两美者，天下无之。

老子曰：天有明，不忧民之晦也；地有财，不忧民之贫也。至德道者，若丘山嵬然不动；行者以为期，直己而足物，不为人赐；用之者，亦不受其德，故安而能久。天地无与也，故无夺也；无德也，故无怨也。善怒者，必多怨；善与者，必善夺。唯随天地之自然，而能胜理。故誉见即毁随之，善见即恶从之。利为害始，福为祸先。不求利即无害，不求福即无祸；身以全为常，富贵其寄也。

老子曰：圣人无屈奇之服，诡异之行。服不杂，行不观；通而不华，穷而不慑，荣而不显，隐而不辱，异而不怪。同用无以名之，是谓大通。

老子曰：道者直己而待命。时之至，不可迎而反也；时之去，不可足而援也。故圣人不进而求，不退而让。随时三年，时去我走；去时三年，时在我后；无去无就，中立其所。天道无亲，唯德是与：福之至，非己之所求，故不伐其功；祸之来，非己之所生，故不悔其行；中心其恬，不累其德；狗吠不惊，自信其情，诚无非分。故通道者不惑，知命者不忧。帝王之崩，藏骸于野，其祭也，祀之于明堂，神贵于形也。故神制形则从，形胜神则穷。聪明虽用，必反诸神，谓之大通。

老子曰：古之存己者：乐德而忘贱，故名不动志；乐道而忘贫，故利不动心。是以谦而能乐，静而能澹。以数算之寿，忧天下之乱，犹忧河水之涸，泣而益之也。故不忧天下之乱而乐其身治者，可与言道矣。

老子曰：人有三怨：爵高者，人妒之；官大者，主恶之；禄厚者，人怨之。夫爵益高者，意益下；官益大者，心益小；禄益厚者，施益博。修此三者怨不作。故贵以贱为本，高以下为基。

老子曰：言者，所以通己于人也；闻者，所以通人于己也。既瘖且聋，人道不通，故有瘖聋之病者，莫知事通，岂独形骸有瘖聋哉？心并有之，塞也。莫知所通，此瘖聋之类也。夫道之为宗也，有形者皆生焉：其为亲也亦戚矣，飡谷食气者皆寿焉，其为君也亦惠矣；诸智者学焉，其为师也亦明矣。人皆以无用害有用，故知不博而日不足。以博弈之日问道，闻见深矣。问与不问，犹瘖聋之比于人也。

老子曰：人之情：心服于德，不服于力；德在与，不在求。是以圣人之欲贵于人者，先贵于人；欲尊于人者，先尊于人；欲胜人者，先自胜；欲卑人者，先自卑。故贵贱尊卑，道以制之。

夫古之圣王，以其言下人，以其身后人，即天下乐推而不厌，戴而不重，此德重有余，而气顺也。故知与之为取，后之为先，即几于道矣。

老子曰：德少而宠多者，讥；才下而位高者，危；无大功而有厚禄者，微。故物或益之而损，或损之而益。众人皆知利利，而不知病病；唯圣人知病之为利，利之为病。故再实之木，其根必伤；掘藏之家，其后必殃。夫大利者反为害，天之道也。

老子曰：小人从事曰苟得，君子曰苟义。为善者：非求名者也，而名从之；名不与利期，而利归之；所求者同，所极者异。故动有益，则损随之。言无常是、行无常宜者，小人也；察于一事，通于一能，中人也；兼覆而并有之、技能而才使之者，圣人也。

老子曰：生所假也，死所归也。故世治即以义卫身，世乱即以身卫义。死之日，行之终也，故君子慎一，用之而已矣。故生所受于天也，命所遭于时也。有其才不遇其世，天也。求之有道，得之在命。君子能为善，不能必得其福；不忍而为非，而未必免于祸。故君子逢时即进，得之以义，何幸之有？不时即退，让之以礼，何不幸之有？故虽处贫贱而犹不悔者，得其所贵也。

老子曰：人有顺逆之气生于心：心治则气顺，心乱则气逆。心之治乱在于道德：得道则心治，失道则心乱；心治则交让，心乱则交争；让则有德，争则生贼；有德则气顺，贼生则气逆；气顺则自损以奉人，气逆则损人以自奉。夫气者，可道而制也。天之道，其犹响之报声也：德积则福生，祸积则怨生；官败于官茂，孝衰于妻子；患生于忧解，病甚于且愈。故慎终如始，无败事也。

老子曰：举枉与直，如何不得？举直与枉，勿与遂往，所谓同污而异泥者。

老子曰：圣人同死生，愚人亦同死生。圣人同死生，明于分理；愚人同死生，不知利害之所在。道悬天，物布地，和在人。人主不和，即天气不下，地气不上，阴阳不调，风雨不时，人民疾饥。

老子曰：得万人之兵，不如闻一言之当；得隋侯之珠，不如得事之所由；得和氏之璧，不如得事之所适。天下虽大，好用兵者亡；国虽安，好战者危。故小国寡民，虽有什佰之器而勿用。

老子曰：能成霸王者，必胜者也；能胜敌者，必强者也。能强者，必用人力者也；能用人力者，必得人心者也；能得人心者，必自得者也；自得者，必柔弱者也。能胜不如己者，至于若己者而格；柔胜出于若己者，其事不可度。故能以众不胜成大胜者，惟圣人能之。

第五篇·道德

文子问道，老子曰：

学问不精，听道不深。凡听者：将以达智也，将以成行也，将以致功名也。不精不明，不深不达。故上学以"神听"，中学以"心听"，下学以"耳听"。以耳听者，学在皮肤；以心听者，学在肌肉；以神听者，学在骨髓。故听之不深，即知之不明；知之不明，即不能尽其精；不能尽其精，即行之不成。凡听之理：虚心清静，损气无盛，无思无虑；目无妄视，耳无苟听；专精积稸，内意盈并；既以得之，必固守之，必长久之。

夫道者，原产有始：始于柔弱，成于刚强；始于短寡，成于众长。十围之木始于把，百仞之台始于下，此天之道也。圣人法之，卑者所以自下也，退者所以自后也，俭者所以自小也，损者所以自少也。卑则尊，退则先，俭则广，损则大，此天道所成也。

夫道者，德之元，天之根，福之门；万物待之而生，待之而成，待之而宁。夫道无为无形，内以修身，外以治人，功成事立，与天为邻，无为而无不为；莫知其情，莫知其真，其中有信。天子有道，则天下服，长有社稷；公侯有道，则人民和睦，不失其国；士庶有道则全其身，保其亲。强大有道，不战而克；小弱有道，不争而得；举事有道，功成得福；君臣有道则忠惠，父子有道则慈孝，士庶有道则相爱。故有道则知，无道则苛。由是观之，道之于人，无所不宜也。

夫道者，小行之小得福，大行之大得福，尽行之天下服，服则怀之。故帝者天下之适也，王者天下之往也；天下不适不往，不可谓帝王。故帝王不得人不能成，得人失道亦不能守。夫失道者：奢泰骄佚，慢倨矜傲；见余自显，执雄坚强，作难结怨；为兵主，为乱首。小人行之，身受大殃；大人行之，国家灭亡；浅及其身，深及子孙。夫罪莫大于无道，怨莫深于无德，天道然也。

老子曰：天行道者，使人虽勇刺之不入，虽巧击之不中。夫刺之不入，击之不中，而犹辱也，未若使人虽勇不能刺，虽巧不能击。夫不敢者，非无其意也，未若本无其意；夫无其意者，未有受利害之心也，不若使天下丈夫、女子莫不欢然皆欲爱利之。若然者，无地而为君，无官而为长，天下莫不愿安利之。

故勇于敢则杀，勇于不敢则活。

文子问德，老子曰：畜之养之，遂之长之，兼利无择，与天地合。此之谓德。何谓仁？曰：为上不矜其功，为下不羞其病；于大不矜，于小不偷；兼爱无私，久而不衰。此之谓仁也。何谓义？曰：为上则辅弱，为下则守节；达不肆意，穷不易操；一度顺理，不私枉桡。此之谓义也。何谓礼？曰：为上则恭严，为下则卑敬；退让守柔，为天下雌；立于不敢，设于不能。此之谓礼也。故修其德则下从令，修其仁则下不争，修其义则下平正，修其礼则下尊敬。四者既修，国家安宁。故物生者道也，长者德也，爱者仁也，正者义也，敬者礼也。不畜不养，不能遂长；不慈不爱，不能成遂；不正不匡，不能久长；不敬不宠，不能贵重。故德者民之所贵也，仁者民之所怀也，义者民之所畏也，礼者民之所敬也。此四者，文之顺也，圣人之所以御万物也。君子：无德则下怨，无仁则下争，无义则下暴，无礼则下乱。四经不立，谓之无道。无道不亡者，未之有也。

老子曰：至德之世，贾便其市，农乐其野；大夫安其职，处士修其道，人民乐其业。是以风雨不毁折，草木不夭无；河出图，洛出书。及世之衰也，赋敛无度，杀戮无止；刑谏者，杀贤士。是以山崩川涸，蠕动不息，野无百蔬。故世治则愚者不得独乱，世乱则贤者不能独治。圣人和愉宁静，生也；至德道行，命也。故生遭命而后能行，命得时而后能明。必有其世，而后有其人。

文子问圣智，老子曰：闻而知之，圣也；见而知之，智也。圣人尝闻祸福所生，而择其道；智者尝见祸福成形，而择其行。圣人知天道吉凶，故知祸福所生；智者先见成形，故知祸福之门。闻未生，圣也；先见成形，智也；无闻见者，愚迷。

老子曰：君好义则信时而任己，秉智而用惠。物博智浅，以浅赡博，未之有也。独任其智，失必多矣。好智，穷术也；好勇，危亡之道也。好与则无定分，上之分不定，则下之望无止，若多敛则与民为雠。少取而多与，其数无有。故好与，来怨之道也。由是观之，财不足任，道术可因，明矣。

文子问曰：古之王者，以道莅天下，为之奈何？

老子曰：执一无为，因天地与之变化。天下，大器也：不可执也，不可为也；为者败之，执者失之。执一者，见小也，小故能成其大也；无为者，守静也，守静能为天下正。处大，满而不溢；居高，贵而无骄。处大不溢，盈而不亏；居上不骄，高而不危。盈而不亏，所以长守富也；高而不危，所以长守贵也。富贵不离其身，禄及子孙。古之王道，具于此矣。

老子曰：民：有道所同行，有法所同守，义不能相固，威不能相必，故立君以"一"之。君执一即治，无常即乱。君道者，非所以有为也，所以无为也。智者不以德为事，勇者不以力为暴，仁者不以位为惠，可谓"一"矣。"一"也者，无适之道也，万物之本也。君数易法，国数易君，人以其位，达其好憎，下之任惧不可胜理。故君失"一"，其乱甚于无君也，君必执一，而后能群矣。

文子问曰：王道有几？

老子曰："一"而已矣。

文子曰：古有以道王者，有以兵王者，何其一也？

曰：以道王者，德也；以兵王者，亦德也。用兵有五：有义兵，有应兵，有忿兵，有贪兵，有骄兵。诛暴救弱谓之义；敌来加己，不得已而用之，谓之应；争小故不胜其心，谓之忿；

利人土地，欲人财货，谓之贪；恃其国家之大，矜其人民之众，欲见贤于敌国者，谓之骄。义兵王，应兵胜，恣兵败，贪兵死，骄兵灭，此天道也。

老子曰：释道而任智者，危；弃数而用才者，困。故守分循理，失之不忧，得之不喜。成者非所为，得者非所求；入者有受而无取，出者有授而无与；因春而生，因秋而杀；所生不德，所杀不怨。则几于道矣。

文子问曰：王者得其欢心，为之奈何？

老子曰：若江海即是也。淡兮无味，用之不既，先小而后大。夫欲上人者，必以其言下之；欲先人者，必以其身后之。天下必效其欢爱，进其仁义，而无苛气。居上而民不重，居前而众不害，天下乐推而不厌。虽绝国殊俗，蜎飞蠕动，莫不亲爱，无之而不通，无往而不遂，故为天下贵。

老子曰：执一世之法籍，以非传代之俗，譬犹胶柱调瑟。圣人者：应时权变，见形施宜；世异则事变，时移则俗易；论世立法，随时举事。上古之王，法度不同，非古相反也，时务异也。是故不法其已成之法，而法其所以为法者，与化推移。圣人法之可观也，其所以作法不可原也；其言可听也，其所以言不可形也。三皇五帝，轻天下，细万物，齐死生，同变化；抱道推诚，以镜万物之情；上与道为友，下与化为人。今欲学其道，不得清明玄圣，守其法籍，行其宪令，必不能以为治矣。

文子问政，老子曰：御之以道，养之以德；无示以贤，无加以力；损而执一，无处可利，无见可欲，方而不割，廉而不刿，无矜无伐。御之以道，则民附；养之以德，则民服；无示以贤，则民足；无加以力，则民朴。无示以贤者，俭也；无加以力，不敢也。下以聚之，赂以取之，俭以自全，不敢自安。不下

则离散，弗养则背叛；示以贤则民争，加以力则民怨；离散则国势货，民背叛则上无威；人争则轻为非，下怨其上则位危。四者诚修，正道几矣。

老子曰：上言者，下用也；下言者，上用也；上言者，常用也；下言者，权用也。唯圣人为能知权，言而必信，期而必当。天下之高行，直而证父，信而死女，孰能贵之？故圣人论事之曲直，与之屈伸，无常仪表，祝则名君，溺则捽父，势使然也。夫权者，圣人所以独见。夫先迕而后合者之谓权，先合而后迕者不知权。不知权者，善反丑矣。

文子问曰：夫子之言，非道德无以治天下，上世之王，继嗣因业，亦有无道，各没其世而无祸败者，何道以然？

老子曰：自天子以下，至于庶人，各自生活，然其活有厚薄，天下时有亡国破家，无道德之故也。有道德则夙夜不懈，战战兢兢，常恐危亡；无道德则纵欲怠惰，其亡无时。使桀纣循道行德，汤武虽贤，无所建其功也。夫道德者，所以相生养也，所以相畜长也，所以相亲爱也，所以相敬贵也。夫聋虫虽愚，不害其所爱。诚使天下之民，皆怀仁爱之心，祸灾何由生乎？夫无道而无祸害者，仁未绝，义未灭也。仁虽未绝，义虽未灭，诸侯以轻其上矣。诸侯轻上，则朝廷不恭，纵令不顺。仁绝义灭，诸侯背叛；众人力政，强者陵弱，大者侵小，民人以攻击为业；灾害生，祸乱作，其亡无日，何期无祸也？

老子曰：法烦刑峻，即民生诈，上多事下多态，求多即得寡，禁多即胜少；以事生事，又以事止事，譬犹扬火而使无焚也；以智生患，以智备之，譬犹挠水而欲求清也。

老子曰：人主：好仁即无功者赏，有罪者释；好刑即有功者废，无罪者及；无好憎者：诛而无怨，施而不德，放准循绳，身无与事，若天若地，何不覆载？合而和之，君也；别而诛之，法也。民以受诛无所怨憾，谓之道德。

老子曰：天下是非无所定，世各是其所善，而非其所恶。夫求是者：非求道理也，求合于己者也；非去邪也，去迕于心者。今吾欲择是而居之，择非而去之，不知世所谓是非也。故治大国，若烹小鲜，勿挠而已。夫趣合者，即言中而益亲，身疏而谋，当即见疑。今吾欲正身而待物，何知世之所从规我者乎？若与俗遽走，犹逃雨无之而不濡。欲在于虚，则不能虚。若夫不为虚，而自虚者，此所欲而无不致。故通于道者，如车轴不运于己，而与毂致于千里，转于无穷之原。故圣人体道反至，不化以待化，动而无为。

老子曰：夫亟战而数胜者，则国必亡。亟战则民罢，数胜则主骄，以骄主使罢民，而国不亡者，则寡矣。主骄则恣，恣则极物；民罢则怨，怨则极虑。上下俱极而不亡者，未之有也。故功遂身退，天之道也。

平王问文子曰：吾闻子得道于老聃。今贤人虽有道，而遭淫乱之世，以一人之权，而欲化久乱之民，其庸能乎？

文子曰：夫道德者，匡邪以为正，振乱以为治，化淫败以为朴；淳德复生，天下安宁，要在一人。人主者，民之师也；上者，下之仪也。上美之则下食之。上有道德，则下有仁义；下有仁义，则无淫乱之世矣。积德成王，积怨成亡；积石成山，积水成海。不积而能成者，未之有也。积道德者，天与之，地助之，鬼神辅之；凤皇藉其庭，麒麟游其郊，蛟龙宿其沼。故以道莅天下，天下之德也；无道莅天下，天下之贼也。以一人与天下为雠，虽欲长久，不可得也。尧舜以是昌，桀纣以是亡。

平王曰：寡人敬闻命矣。

第六篇·上德

老子曰：主者，国之心也。心治则百节皆安，心扰即百节皆乱。故其身治者，支体相遗也；其国治者，君臣相忘也。

老子学于常枞，见舌而守柔，仰视屋树，退而目川，观影而知持后。故圣人虚无因循，常后而不先，譬若积薪燎，后者处上。

老子曰：鸣铎以声自毁，膏烛以明自煎；虎豹之文来射，猿狖之捷来格。故勇武以强梁死，辩士以智能困。能，以智而知，未能以智不知。故勇于一能，察于一辞，可与曲说，未可与广应。

老子曰：道以无有为体，视之不见其形，听之不闻其声，谓之幽冥。幽冥者，所以论道而非道也。夫道者，内视而自反，故人不小觉，不大迷；不小惠，不大愚。莫鉴于流潦，而鉴于止水，以其内保之，止而不外荡。月望日夺光，阴不可以承阳；日出星可见，不能与之争光；末不可以强于本，枝不可以大于干；上重下轻，其覆必易。一渊不两蛟，一雌不二雄；一即定，两即争。玉在山而草木润，珠生渊而岸不枯；蚯蚓无筋骨之强，爪牙之利，上食晞堁，下饮黄泉，用心一也。清之为明，杯水可见眸子；浊之为害，河水不见太山。兰芷不为莫服而不芳；舟在江海，不为莫乘不浮；君子行道，不为莫知而休止。性之有也。以清入浊必困辱，以浊入清必覆倾。天二气即成虹，地二气即泄藏，人二气则生病。阴阳不能常，且冬且夏；月不知昼，日不知夜。川广者鱼大，山高者木修，地广者德厚。故鱼不可以无饵钓，兽不可以空器召。山有猛兽，林木为之不斩；园有螫虫，葵藿为之不采；国有贤臣，折冲千里。通于道者，若车之转于毂中，不运于己，与之致于千里，终而复始，转无穷之原也。故举枉与直，何如不得？举直与枉，勿与遂往。有鸟将来，张罗而待之，得鸟者罗之一目，今为一目之罗，则无时得鸟。故事或不可前规，物或不可预虑，故圣人畜道待时也。故欲致鱼者先通谷，欲来鸟者先树木；水积而鱼聚，木茂而鸟集。为鱼得者，非挈而入渊也；为猿得者，非负而上木也；纵之所利而已。足所践者浅，然待所不践而后能行；心所知者褊，然待所不知而后能明。川竭而谷虚；丘夷而渊塞；唇亡而齿寒；河水深，其壤在山。水静则清，清则平，平则易，易则见物之形，形不可并，故可以为正。使叶落者，风摇之也；使水浊者，物挠之也。璧瑗之器，礛诸之功也；莫邪断割，砥砺之力也。虮与骥致千里而不飞，无糇粮之资而不饥。狡兔得而猎犬烹，高鸟尽而良弓藏。名成功遂身退，天道然也。怒出于不怒，为出于不为。视于无有，则得所见；听于无声，则得所闻。飞鸟反乡，兔走归窟，狐死首丘，寒螀得木。各依其所生也。水火相憎，鼎鬲在其间；五味以和，骨肉相爱也；谗人间之，父子相危也。犬豕不择器而食，愈肥其体，故近死；凤皇翔于千仞，莫之能致。椎固有柄，不能自椓；目见百步之外，不能自见其眦。因高为山，即安而不危；因下为池，即渊深而鱼鳖归焉。沟池：涝即溢，旱即枯；河海之源，渊深而不竭。鳖无耳，而目不可以蔽，精于明也；瞽无目，而耳不可以蔽，精于聪也。混混之水浊，可以濯吾足乎？泠泠之水清，可以濯吾缨乎？约丝麻等之为缟也，或为冠，或为袜，冠则戴枝之，袜则足蹍之。金之势胜木，一刃不能残一林之木；土之势胜水，一掬不能塞江河；水之势火，一酌不能救一车之薪。冬有雷，

夏有雹，寒暑不变其节；霜雪麃麃，日出而流。倾，易覆也；倚，易翻也；几，易助也；湿，易雨也。兰芷以芳，不得见霜；蟾蜍辟兵，寿在五月之望。精泄者，中易残；华非其时者，不可食。舌之与齿，孰先弊焉？绳之与矢，孰先直焉？使影曲者，形也；使响浊者，声也。与死同病者，难为良医；与亡国同道者，不可为忠谋。使倡吹竽，使工捻窍，虽中节，不可使决，君形亡焉。聋者不歌，无以自乐；盲者不观，无以接物。步于林者，不得直道；行于险者，不得履绳。海内其所出，故能大。日不并出，狐不二雄，神龙不匹，猛兽不群，鸷鸟不双。盖非橑不蔽日，轮非辐不追疾，橑轮未足恃也。弧弓能射，而非弦不发；发矢之为射，十分之一。饥马在厩，漠然无声；投刍其旁，争心乃生。三寸之管无当，天下不能满；十石而有塞，百斗而足。循绳而断即不过，悬衡而量即不差。悬古法以类，有时而遂；杖格之澧，有时而施；是而行之，谓之断；非而行之，谓之乱。农夫劳而君子养，愚者言而智者择。见之明白，处之如玉石；见之黯黮，必留其谋。百星之明，不如一月之光；十牖毕开，不如一户之明。螣蛇不可为足，虎不可为翼。今有六尺之席，卧而越之。下才不难，立而逾之；上才不易，势施异也。助祭者得尝，救斗者得伤；蔽于不祥之木，为雷霆所扑。日月欲明，浮云蔽之；河水欲清，沙土秽之；丛兰欲修，秋风败之；人性欲平，嗜欲害之。蒙尘而欲无眯，不可得洁。黄金龟纽，贤者以为佩；土壤布地，能者以为富。故与弱者金玉，不如与之尺素。毂虚而中，立三十辐，各尽其力。使一辐独入，众辐皆弃，何近远之能至？橘柚有乡，萑苇有丛；兽同足者相从游，鸟同翼者相从翔。欲观九州之地，足无千里之行，无政教之原，而欲为万民上者，难矣！凶凶者获，提提者射。故大白若辱，广德若不足。君子有酒，小人鞭缶；虽不可好，亦可以丑。人之性，便衣绵帛；或射之，即被甲；为所不便，以得其便也。三十辐共一毂，各直一凿，不得相入，犹人臣各守其职也。善用人者：若蚈之足，众而不相害；若舌之与齿，坚柔相磨而不相败。石，生而坚；芷生而芳。少而有之，长而逾明。扶之与提，谢之与让，得之与失，诺之与已，相去千里。再生者，不获；华太早者，不须霜而落。污其准，粉其颡。腐鼠在阼，烧薰于堂；入水而增濡，怀臭而求芳：虽善者不能为工。冬冰可折，夏木可结，时难得而易失；木方盛，终日采之而复生，秋风下霜，一夕而零。质的张而矢射集，林木茂而斧斤入，非或召之也，形势之所致。乳犬之噬虎，伏鸡之搏狸，恩之所加，不量其力。夫待利而登溺者，亦必以将溺之矣。舟能浮能沈，愚者不知足焉。骐骥驱之不进，引之不止，人君不以取道里。水虽平，必有波；衡虽正，必有差；尺虽齐，必有危；非规矩不能定方员，非准绳无以正曲直；用规矩者，亦有规矩之心。太山之高，倍而不见；秋毫之末，视之可察。竹木有火，不钻不熏；土中有水，不掘不出。矢之疾，不过二里；跬步不休，跛鳖千里。累土不止，丘山从成；临河欲鱼，不如归而织网。弓先调而后求劲，马先顺而后求良，人先信而后求能。巧冶不能销木，良匠不能斫冰，物有不可，如之何君子不留意？使人无渡河，可；使河无波，不可。无辜不辜，甀终不堕井矣。刺我行者，欲我交；訾我货者，欲我市。行一棋，不足以见知；弹一弦，不足以为悲。今有一炭然，掇之烂指，相近也，万石俱熏，去之十步而不死。同气而异积，有荣华者，必有愁悴。上有罗纨，下必有麻蒯，木大者根瞿，山高者基扶。

老子曰：鼓不藏声，故能有声；镜不没形，故能有形。金

石有声，不动不鸣；管箫有音，不吹无声。是以圣人内藏，不为物唱，事来而制，物至而应。天行不已，终而复始，故能长久；轮复其所转，故能致远。天行"一"不差，故无过矣。天气下，地气上；阴阳交通，万物齐同；君子用事，小人消亡，天地之道也。天气不下，地气不上，阴阳不通，万物不昌，小人得势，君子消亡，五谷不植，道德内藏。天之道，衰多益寡；地之道，损高益下；鬼神之道，骄溢与下；人之道，多者不与；圣人之道，卑而莫能上也。天明日明，而后能照四方；君明臣明，域中乃安；域有四明，乃能长久；明其施明者，明其化也。天道为文，地道为理，"一"为之和，时为之使；以成万物，命之曰道。大道坦坦，去身不远：修之于身，其德乃真；修之于物，其德不绝。天覆万物，施其德而养之，与而不取，故精神归焉。与而不取者，上德也，是以有德。高莫高于天也，下莫下于泽也。天高泽下，圣人法之；尊卑有叙，天下定矣。地载万物而长之，与而取之，故骨骸归焉；与而取者，下德也。下德不失德，是以无德。地承天，故定宁。地定宁，万物形；地广厚，万物聚。定宁无不载，广厚无不容。地势深厚，水泉入聚；地道方广，故能久长。圣人法之，德无不容。阴难阳，万物昌；阳服阴，万物湛。物昌无不赡也，物湛无不乐也，物乐无不治矣。阴害物，阳自屈，阴进阳退，小人得势，君子避害，天道然也。阳气动，万物缓而得其所，是以圣人顺阳道。夫顺物者，物亦顺之；逆物者，物亦逆之。故不失物之情性。洿泽盈，万物节成；洿泽枯，万物节苓。故雨泽不行，天下荒亡。阳上而复下，故为万物主。不长有，故能终而复始。终而复始，故能长久。能长久，故为天下母。阳气蓄而复能施，阴气积而复能化，未有不畜积而能化者也，故圣人慎所积。阳灭阴，万物肥；阴灭阳，万物衰。故王公尚阳道，则万物昌；尚阴道，则天下亡。阳不下阴，则万物不成；君不下臣，德化不行，故君下臣则聪明，不下臣则暗聋。日出于地，万物蓄息；公王居民上，以明道德。日入于地，万物休息；小人居民上，万物逃匿。雷之动也，万物启；雨之润也，万物解。大人施行，有似于此。阴阳之动有常节，大人之动不极物。雷动地，万物缓，风摇树，草木败。大人去恶就善，民不远徙。民有去就也，去尤甚，就少逾。风不动，火不出；大人不言，小人无述。火之出也必待薪，大人之言必有信。有信而真，何往不成？河水深，壤在山；丘陵高，下入渊。阳气盛，变为阴；阴气盛，变为阳。故欲不可盈，乐不可极。忿无恶言，怒无作色，是谓计得。火上炎，水下流。圣人之道，以类相求。偩阳，天下和同；偩阴，天下溺沉。

老子曰：积薄成厚，积卑成高：君子日汲汲以成辉，小人日怏怏以至辱。其消息也，虽未能见，故见善如不及，宿不善如不祥。苟向善，虽过无怨；苟不向善，虽忠来恶。故怨人不如自怨，勉求诸人，不如求诸己。声自召也，类自求也，名自命也，人自官也，无非己者。操锐以刺，操刃以击，何怨于人？故君子慎微。万物负阴而抱阳，冲气以为和，和居中央。是以木实生于心，草实生于荚，卵胎生于中央。不卵不胎，生而须时。地平则水不流，轻重均则衡不倾，物之生化也，有感以然。

老子曰：山致其高，而云雨起焉；水致其深，而蛟龙生焉；君子致其道，而德泽流焉。夫有阴德者，必有阳报；有隐行者，必有昭名。树黍者，不获稷；树怨者，无报德。

第七篇·微明

老子曰：道：可以弱，可以强；可以柔，可以刚；可以阴，可以阳；可以幽，可以明；可以苞裹天地，可以应待无方。知之浅不知之深，知之外不知之内，知之粗不知之精，知之乃不知，不知乃知之。孰知知之为不知，不知之为知乎？夫道不可闻，闻而非也；道不可见，见而非也；道不可言，言而非也。孰知形之不形者乎？故天下皆知善之为善也，斯不善矣。知者不言，言者不知。

文子问曰：人可以微言乎？

老子曰：何为不可？唯知言之谓乎？夫知言之谓者，不以言言也。争鱼者濡，逐兽者趋，非乐之也。故至言去言，至为去为；浅知之人所争者，末矣。夫言有宗，事有君；夫唯无知，是以不吾知。

文子问曰：为国亦有法乎？

老子曰：今夫挽车者，前呼邪轷，后亦应之，此挽车劝力之歌也，虽郑卫胡楚之音，不若此之义也。治国有礼，不在文辩。法令滋彰，盗贼多有。

老子曰：道无正而可以为正，譬若山林而可以为材。材不及山林，山林不及云雨，云雨不及阴阳，阴阳不及和，和不及道。道者：所谓无状之状，无物之象也，无达其意，天地之间，可陶冶而变化也。

老子曰：圣人：立教施政，必察其终始，见其造恩。故民知书则德衰，知数而仁衰，知券契而信衰，知机械而实衰。瑟不鸣，而二十五弦各以其声应；轴不运于己，而三十辐各以其力旋。弦有缓急，然后能成曲；车有劳佚，然后能致远。

使有声者，乃无声者也；使有转者，乃无转也。上下异道，易治即乱。位高而道大者，从；事大而道小者，凶。小德害义，小善害道；小辩害治，苛峭伤德。大正不险，故民易导；至治优游，故下不贼；至忠复素，故民无伪匿。

老子曰：相坐之法立，则百姓怨；减爵之令张，则功臣叛。故察于刀笔之迹者，不知治乱之本；习于行阵之事者，不知庙战之权。圣人先福于重关之内，虑患于冥冥之外，愚者惑于小利而忘大害。故事有利于小而害于大，得于此而忘于彼。故仁莫大于爱人，智莫大于知人；爱人即无怨刑，知人即无乱政。

老子曰：江河之大溢，不过三日；飘风暴雨，日中不出，须臾止。德无所积，而不忧者，亡其及也。夫忧者，所以昌也；喜者，所以亡也。故善者以弱为强，转祸为福。道：冲而之又不满也。

老子曰：清静恬和，人之性也；仪表规矩，事之制也；知人之性，则自养不悖；知事之制，则其举措不乱。发一号，散无竞，总一管，谓之心。见本而知末，执一而应万，谓之术；居知所为，行知所之，事知所乘，动知所止，谓之道。使人高贤称誉己者，心之力也；使人卑下诽谤己者，心之过也。言出于口，不可止于人；行发于近，不可禁于远。事者，难成易败；名者，难立易废。凡人皆轻小害，易微事，以至于患。夫祸之至也，人自生之；福之来也，人自成之。祸与福同门，利与害相邻；自非至精，莫之能分。是故智虑者，祸福之门户也；动静者，利害之枢机也。不可不慎察也。

老子曰：人皆知治乱之机，而莫知全生之具，故圣人：论世而为之事，权事而为之谋。圣人能阴能阳，能柔能刚，能弱能强，随时动静，因资而立功，睹物往而知其反，事一而察其变。化则为之象，运则为之应，是以终身行之无所困。故事：或可言而不可行者，或可行而不可言者；或易为而难成者，或难成而易败者。所谓可行而不可言者，取舍也；可言而不可行者，诈伪也；易为而难成者，事也；难成而易败者，名也。此四者，圣人之所留心也，明者之所独见也。

老子曰：道者：敬小慎微，动不失时；百射重戒，祸乃不滋；计福勿及，虑祸过之。同日被相，蔽者不伤，愚者有备，与智者同功。夫积爱成福，积憎成祸。人皆知救患，莫知使患无生。夫使患无生易，施于救患难。今人不务使患无生，而务施救于患，虽神人不能为谋。患祸之所由来，万万无方。圣人：深居以避患，静默以待时；小人：不知祸福之门，动而陷于刑；虽曲为之备，不足以全身。故上士先避患而后就利，先远辱而后求名。故圣人常从事于无形之外，而不留心于已成之内。是以祸患无由至，非誉不能尘垢。

老子曰：凡人之道，心欲小，志欲大；智欲圆，行欲方；能欲多，事欲少。所谓心小者，虑患未生，戒祸慎微，不敢纵其欲也；志大者，兼包万国，一齐殊俗，是非辐辏，中为之毂也；智圆者，终始无端，方流四远，渊泉而不竭也。行方者，直立而不挠，素白而不污，穷不易操，达不肆志也；能多者，文武备具，动静中仪，举错废置，曲得其宜也。事少者，乘要以偶众，执约以治广，处静以持躁也。故心小者，禁于微也；志大者，无不怀也；智圆者，无不知也；行方者，有不为也；能多者，无不治也；事少者，约所持也。故圣人之于善也：无小而不行；其于过也，无微而不改；行不用巫觋，而鬼神不敢先。可谓至贵矣。然而战战栗栗，日慎一日，是以无为而一之成也。

愚人之智，固已少矣，而所为之事又多，故动必穷。故以政教化，其势易而必成；以邪教化，其势难而必败。舍其易而必成，从事于难而必败，愚惑之所致。

老子曰：福之起也，绵绵；祸之生也；纷纷。祸福之数，微而不可见。圣人见其始终，故不可不察。明主之赏罚，非以为己，以为国也。适于己，而无功于国者，不施赏焉；逆于己，而便于国者，不加罚焉。故义载乎宜，谓之君子；遗义之宜，谓之小人。通智得而不劳，其次劳而不病，其下病而不劳。古之人味而不舍也，今之人舍而不味也。纣为象箸，而箕子唏；鲁以偶人葬，而孔子叹。见其所始，即知其所终。

老子曰：仁者，人之所慕也；义者，人之所高也。为人所慕、为人所高、或身死国亡者，不周于时也。故知仁义，而不知世权者，不达于道也。五帝贵德，三王用义，五伯任力。今取帝王之道，施五伯之世，非其道也。故善否同，非誉在俗；趋行等，逆顺在时。知天地之所为，知人之所行，即有以经于世矣。知天而不知人，即无以与俗交；知人而不知天，即无以与道游。直志适情，即坚强贼之；以身役物，即阴阳食之。得道之人，外化而内不化。外化，所以知人也；内不化，所以全身也。故内有一定之操，而外能屈伸，与物推移，万举而不陷。所贵乎道者，贵其龙变也。守一节，推一行，虽以成满，犹不易拘于小好，而塞于大道。道者，寂寞以虚无，非有为于物也，不以有为于己也。是故举事而顺道者，非道者之所为也，道之所施也。天地之所覆载，日月之所照明，阴阳之所煦，雨露之所润，道德之所扶，皆同一和也。是故能戴大圆者，履大方；镜大清者，视大明；立太平者，处大堂。能游于冥冥者，与日月同光。无形而生于有形，是故真人托期于灵台，而归居于物

之初；视于冥冥，听于无声；冥冥之中，独有晓焉；寂寞之中，独有照焉；其用之乃不用，不用而后能用之也；其知之乃不知，不知而后能知之也。道者，物之所道也；德者，生之所扶也；仁者，积恩之证也；义者，比于心而合于众适者也。道灭而德兴，德衰而仁义生。故上世道而不德；中世守德而不怀；下世绳绳，唯恐失仁。故君子，非义无以生，失义则失其所以生；小人非利无以活，失利则失其所以活。故君子惧失义，小人惧失利。观其所惧，祸福异矣。

　　老子曰：事或欲利之，适足以害之；惑欲害之，乃足以利之。夫病湿而强食之热，病渴而强饮之寒，此众人之所养也，而良医所以为病也。悦于目，悦于心，愚者之所利，有道者之所避。圣人者，先迕而后合；众人，先合而后迕。故祸福之门，利害之反，不可不察也。

　　老子曰：有功离仁义者，即见疑；有罪有仁义者，必见信。故仁义者，事之常顺也，天下之尊爵也。虽谋得计当，虑患解，图国存，其事有离仁义者，其功必不遂也；言虽无中于策，其计无益于国，而心周于君，合于仁义者，身必存。故曰：言百计常不当者，不若舍趋而审仁义也。

　　老子曰：教本乎君子，小人被其泽；利本乎小人，君子享其功。使君子小人各得其宜，则通功易事，而道达矣。人：多欲即伤义，多忧即害智。故治国，乐所以存；虐国，乐所以亡。水下流，而广大；君下臣，而聪明；君不与臣争，而治道通。故君根本也，臣枝叶也；根本不美而枝叶茂者，未之有也。

　　老子曰：慈父之爱子者，非求其报，不可内解于心；圣主之养民，非为己用也，性不得已也。及恃其力、赖其功勋而必穷，有以为则恩不接矣。故用众人之所爱，则得众人之力；

举众人之所喜，则得众人之心。故见其所始，则知其所终。

老子曰：人以义爱，党以群强。是故德之所施者博，即威之所行者远；义之所加者薄，即武之所制者小。

老子曰：以不义得之，又不布施，患及其身；不能为人，又无以自为，可谓愚人，无以异于枭爱其子也。故持而盈之，不如其已；揣而锐之，不可长保。德之中有道，道之中有德，其化不可极。阳中有阴，阴中有阳；万事尽然，不可胜明。福至祥存，祸至祥先。见祥而不为善，即福不来；见不祥而行善，即祸不至。利与害同门，祸与福同邻，非神、圣莫之能分，故曰祸兮福所倚，福兮祸所伏，孰知其极？故疾之将死者，不可为良医；国之将亡者，不可为忠谋。修之身，然后可以治民；居家理，然后可移于官长。故曰：修之身，其德乃真；修之家，其德乃余；修之国，其德乃丰。民之所以生活，衣与食也。事周于衣食，则有功；不周于衣食，则无功。事无功德不长，故随时而不成，无更其刑；顺时而不成，无更其理。时将复起，是谓道纪。帝王富其民，霸王富其地；危国富其吏，治国若不足，亡国困仓虚。故曰：上无事而民自富，上无为而民自化。起师十万，日费千金，师旋之后，必有凶年。故兵者不祥之器，非君子之宝也。和大怨，必有余怨，奈何其为不善也？古者亲近不以言说，来远不以言使；近者悦，远者来。与民同欲即和，与民同守即固，与民同念者知；得民力者富，得民誉者显。行有召寇，言有致祸；无先人言，后人而已；附耳之语，流闻千里。言者祸也，舌者机也；出言不当，驷马不追。昔者中黄子曰：天有五方，地有五行，声有五音，物有五味，色有五章，人有五位，故天地之间有二十五人也。上五有神人、真人、道人、至人、圣人，次五有德人、贤人、智人、善人、辩人，

中五有公人、忠人、信人、义人、礼人，次五有士人、工人、虞人、农人、商人，下五有众人、奴人、愚人、肉人、小人，上五之与下五，犹人之与牛马也。圣人者，以目视，以耳听，以口言，以足行。真人者，不视而明，不听而聪，不行而从，不言而公。故圣人所以动天下者，真人未尝过焉；贤人所以矫世俗者，圣人未尝观焉。所谓道者：无前无后，无左无右，万物玄同，无是无非。

第八篇·自然

何谓自然？

老子曰：清虚者，天之明也；无为者，治之常也。去恩惠，舍圣智，外贤能，废仁义，灭事故，弃佞辩，禁奸伪，即贤、不肖者齐于道矣。静即同，虚即通；至德无为，万物皆容；虚静之道，天长地久；神微周盈，于物无宰。十二月运行，周而复始，金、木、水、火、土，其势相害，其道相待。故至寒伤物，无寒不可；至暑伤物，无暑不可。故可与不可皆可，是以大道无所不可。可在其理，见可不趋，见不可不去。可与不可，相为左右，相为表里。凡事之要，必从"一"始。时为之纪，自古及今，未尝变易，谓之天理。上执大明，下用其光，道生万物，理于阴阳，化为四时，分为五行，各得其所，与时往来，法度有常，下及无能。上道不倾，群臣一意，天地之道，无为而备，无求而得，是以知其无为而有益也。

老子曰：朴，至大者无形状；道，至大者无度量。故天圆不中规，地方不中矩。往古来今谓之宙，四方上下谓之宇，道在中而莫知其所。故其见不远者，不可与言大；其知不博者，不可与论至。夫禀道与物通者，无以相非。故三皇五帝法籍殊方，其得民心一也。若夫规矩勾绳，巧之具也，而非所以巧也。故无弦虽师文不能成其曲，徒弦则不能独悲。故弦，悲之具也，非所以为悲也。至于神和，游于心手之间，放意写神，论变而形于弦者，父不能以教子，子亦不能受之于父，此不传之道也。故肃者，形之君也；而寂寞者，音之主也。

老子曰：天地之道，以德为主，道为之命，物以自正，至微甚内，不以事贵。故不待功而立，不以位为尊，不待名而显，不须礼而庄，不用兵而强。故道立而不教，明照而不察。道立而不教者，不夺人能也；明照而不察者，不害其事也。夫教道者，逆于德，害于物。故阴阳四时，金木水火土，同道而异理，万物同情而异形，智者不相教，能者不相受。故圣人立法，以导民之心，各使自然。故生者无德，死者无怨。天地不仁，以万物为刍狗，圣人不仁，以百姓为刍狗。夫慈爱仁义者，近狭之道也。狭者入，大而迷；近者行，远而惑。圣人之道，入大不迷，行远不惑，常虚自守，可以为极，是谓天德。

老子曰：圣人天覆地载，日月照临，阴阳和，四时化，怀万物而不同，无故无新，无疏无亲。故能法天者，天不一时，地不一材，人不一事。故绪业多端，趋行多方。故用兵者，或轻或重，或贪或廉。四者相反，不可一也。轻者欲发，重者欲止，贪者欲取，廉者不利，非其有也。故勇者可令进斗，不可令持坚；重者可令固守，不可令凌敌；贪者可令攻取，不可令分财；廉者可令守分，不可令进取；信者可令持约，不可令应变。五者，圣人兼用而材使之。夫天地不怀一物，阴阳不产一类。故海不让水潦，以成其大；山不让枉桡，以成其崇峦；圣人不辞

负薪之言，以广其名。夫守一隅而遗万方，取一物而弃其余，即所得者寡，而所治者浅矣。

老子曰：天之所覆，地之所载，日月之所照，形殊性异，各有所安。乐所以为乐者，乃所以为悲也；安所以为安者，乃所以为危也。故圣人之牧民也，使各便其性，安其居，处其宜。为其所能，周其所适，施其所宜，如此则万物一齐，无由相过。天下之物，无贵无贱。因其所贵而贵之，物无不贵；因其所贱而贱之，物无不贱。故不尚贤者，言不放鱼于木，不沉鸟于渊。昔尧之治天下也，舜为司徒，契为司马，禹为司空，后稷为田畴，奚仲为工师，其导民也，水处者渔，林处者采，谷处者牧，陆处者田，地宜其事，事宜其械，械宜其材，皋泽织网，陵阪耕田。如是，外民得以所有易所无，以所工易所拙。是以离叛者寡，听从者众，若风之过萧，忽然而感之，各以清浊应，物莫不就其所利，避其所害。是以邻国相望，鸡狗之声相闻，而足迹不接于诸侯之境，车轨不结于千里之外，皆安其居也。故乱国若盛，治国若虚；亡国若不足，存国若有余。虚者，非无人也，各守其职也；盛者，非多人也，皆徼于末也；有余者，非多财也，欲节事寡也；不足者，非无货也，民鲜而费多也。故先王之法：非所作也，所因也；其禁诛，非所为也，所守也。上德之道也。

老子曰：以道治天下，非易人性也，因其所有而条畅之，故因即大，作即小。古之渎水者，因水之流也，生稼者，因地之宜也，征伐者，因民之欲也，能因则无敌于天下矣。物必有自然，而人事有治。故先王之制法，因民之性而为之节文。无其性，不可使顺教；无其资，不可使遵道。人之性有仁义之资，其非圣人为之法度，不可使向方。因其所恶以禁奸，故刑罚不用，威行如神，因其性，即天下听从，怫其性，即法度张而不用。道德者，功名之本也，民之所怀也，民怀之则功名立。古之善为君者法江海：江海无以为成其大，窊下以成其广，故能长久。为天下溪谷，其德乃足。无为，故能取百川；不求，故能得；不行，故能至。是以取天下而无事。不自贵，故富；不自见，故明；不自矜，故长。处不有之地，故为天下王。不争，故莫能与之争，终不为大，故能成其大。江海近于道，故能长久与天地相保。王公修道，功成不有，不有即强固，强固而不以暴人。道深即德深，德深即功名遂成，此谓玄德，深矣，远矣，其与物反矣！天下有始，莫知其理，唯圣人能知其所以。非雄非雌，非牝非牡，生而不死，天地以成，阴阳以形，万物以生。故阴与阳，有圆有方，有短有长，有存有亡。道为之命，幽沉而无事，于心甚微，于道甚当，死生同理，万物变化，合于一道。简生忘死，何往不寿？去事与言，慎无为也。守道周密，于物不宰。至微无形，天地之始，万物同于道，而殊于形。至微无物，故能周恤；至大无外，故为万物盖；至细无内，故为万物贵。道之存生，德之安形，至道之度，去好去恶，无有知故，易意和心，无以道迕。夫天地专而为一，分而为二，反而合之，上下不失，专而为一，分而为五，反而合之，必中规矩。夫道，至亲不可疏，至近不可远，求之近者，往而复反。

老子曰：帝者有名，莫知其情。帝者贵其德，王者尚其义，霸者通于理。圣人之道，于物无有。道狭，然后任智；德薄，然后任刑；明浅，然后任察。任智者，中心乱；任刑者，上下怨；任察者，下求善以事其上即弊。是以圣人因天地以变化，其德乃天覆而地载。道之以时，其养乃厚，厚养即治。虽有神圣，夫何以易之？去心智，故省刑罚；反清静，物将自正。道之

为君如尸，俨然玄默，而天下受其福。一人被之不褒，万人被之不裖，是故重为惠。重为暴，即道迕矣，为惠者，布施也。无功而厚赏，无劳而高爵，即守职者懈于官，而游居者亟于进矣。夫暴者妄诛，无罪而死亡，行道者而被刑，即修身不劝善，而为邪行者，轻犯上矣。故为惠者，即生奸；为暴者，即生乱。奸乱之俗，亡国之风也。故国有诛者，而主无怒也；朝有赏者，而君无与也。诛者不怨君，罪之当也；赏者不德上，功之致也。民知诛赏之来，皆生于身，故务功修业，不受赐于人。是以朝廷芜而无迹，田野辟而无秽。故太上，下知而有之。王道者，处无为之事，行不言之教；清静而不动，一度而不摇；因循任下，责成不劳；谋无失策，举无过事；言无文章，行无仪表；进退应时，动静循理；美丑不好憎，赏罚不喜怒。名各自命，类各自以；事由自然，莫出于己。若欲狭之，乃是离之；若欲饰之，乃是贼之。天气为魂，地气为魄。反之玄妙，各处其宅；守之勿失，上通太一；太一之精，通合于天。天道默默，无容无则，大不可极，深不可测，常与人化，智不能得，轮转无端，化逐如神，虚无因循，常后而不先。其听治也，虚心弱志，清明不暗，是故群臣辐凑并进，无愚、智，贤、不肖，莫不尽其能。君得所以制臣，臣得所以事君，即治国之所以明矣。

　　老子曰：知而好问者，圣；勇而好问者，胜。乘众人之智者，即无不任也；用众人之力者，即无不胜也。用众人之力者，乌获不足恃也；乘众人之势者，天下不足用也。无权不可为之势，而不循道理之数，虽神圣人不能以成功。故圣人举事，未尝不因其资而用之也：有一形者，处一位；有一能者，服一事；力胜其任，即举者不重也；能胜其事，即为者不难也。圣人兼而用之，故人无弃人，物无弃材。

老子曰：所谓无为者：非谓其引之不来，推之不去，迫而不应，感而不动，坚滞而不流，卷握而不散；谓其私志不入公道，嗜欲不挂正术，循理而举事，因资而立功，推自然之势，曲故不得容，事成而身不伐，功立而名不有，若夫水用舟，涉用屐，泥用辅，山用樏，夏渎冬陂，因高为山，因下为池，非吾所为也。圣人：不耻身之贱，恶道之不行也；不忧命之短，忧百姓之穷也。故常虚而无为，抱素见朴，不与物杂。

老子曰：古之立帝王者，非以奉养其欲也；圣人践位者，非以逸乐其身也。为天下之民强陵弱，众暴寡，诈者欺愚，勇者侵怯；又为其怀智诈，不以相教，积财不以相分。故立天子，以齐一之。谓一人之明，不能遍照海内，故立三公九卿以辅翼之；为绝国殊俗，不得被泽，故立诸侯以教诲之。是以天地四时，无不应也。官无隐事，国无遗利，所以衣寒、食饥，养老弱，息劳倦，无不以也。神农憔悴，尧瘦癯，舜黧黑，禹胼胝，伊尹负鼎而干汤，吕望鼓刀而入周，百里奚转鬻，管仲束缚，孔子无黔突，墨子无暖席，非以贪禄慕位，将欲事起于天下之利，除万民之害也。自天子至于庶人，四体不勤，思虑不困，于事求赡者，未之闻也。

老子曰：所谓天子者，有天道以立天下也。立天下之道，执一以为保，反本无为，虚静无有，忽恍无际，远无所止，视之无形，听之无声，是谓大道之经。

老子曰：道者，体圆而法方，背阴而抱阳，左柔而右刚，履幽而戴明，变化无常，得"一"之原，以应无方，是谓神明。天圆而无端，故不得观其形；地方而无涯，故莫能窥其门。天化，遂无形状；地生，长无计量。夫物有胜，唯道无胜。所以无胜者，以其无常形势也。轮转无形，象日月之运行，若春秋之代谢，

日月之昼夜，终而复始，明而复晦。制形而无形，故功可成；物物而不物，故胜而不屈。庙战者，帝；神化者，王。庙战者，法天道；神化者，明四时。修正于境内，而远方怀德；制胜于未战，而诸侯宾服也。古之得道者：静而法天地，动而顺日月，喜怒而合四时，号令而比雷霆，音气不戾八风，诎伸不获五度。因民之欲，乘民之力，为之去残除害。夫同利者相死，同情者相成，同行者相助。循己而动，天下为斗。故善用兵者，用其自为用；不能用兵者，用其为己用。用其自为用，天下莫不可用；用其为己用，无一人之可用也。

第九篇·下德

老子曰：治身：太上养神，其次养形。神清意平，百节皆宁，养生之本也。肥肌肤，充腹肠，供嗜欲，养生之末也。治国：太上养化，其次正法。民交让争、处卑，财利争受少，事力争就劳，日化上而迁善，不知其所以然，治之本也。利赏而劝善，畏刑而不敢为非，法令正于上，百姓服于下，治之末也。上世养本，而下世事末。

老子曰：欲治之主不世出，可与治之臣不万一。以不世出求不万一，此至治所以千岁不一也。盖霸王之功，不世立也。顺其善意，防其邪心，与民同出一道，即民可善，风俗可美。所贵圣人者，非贵其随罪而作刑也，贵其知乱之所生也。若开其锐端而纵之，放僻淫佚而弃之，以法随之以刑，虽残贼天下，不能禁其奸也。

老子曰：身处江海之上、心在魏阙之下者，即重生，重生即轻利矣。犹不能自胜，即从之，神无所害也。不能自胜而强不从，是谓重伤。重伤之人，无寿类矣。故曰：知和曰常，知常曰明，益生曰祥，心使气曰强，是谓玄同，用其光，复归其明。

老子曰：天下莫易于为善，莫难于为不善。所谓为善者，静而无为，适情辞余，无所诱惑，循性保真，无变于己，故曰：为善易也。所谓为不善难者，篡弑矫诈，躁而多欲，非人之性也，故曰：为不善难也。今之以为大患者，由无常厌度量生也。故利害之地，祸福之际，不可不察也。圣人无欲也，无避也：事或欲之，适足以失之；事或避之，适足以就之。志则有所欲，即忘其所为。是以圣人审动静之变，适受与之度，理好憎之情，和喜怒之节。夫动静得即患不侵也，受与适即罪不累也，好憎理即忧不近也，喜怒节即怨不犯也。体道之人，不苟得，不让祸，其有不弃，非其有不制。恒满而不溢，常虚而易赡。故自当以道术度量，即食充虚，衣圉寒，足以温饱七尺之形；无道术度量，而以自要尊贵，即万乘之势，不足以为快，天下之富，不足以为乐。故圣人心平志易，精神内守，物不能惑。

老子曰：胜人者有力，自胜者强。能强者，必用人力者也；能用人力者，必得人心者也；能得人心者，必自得者也。未有得己，而失人者也；未有失己，而得人者也。故为治之本，务在安人；安人之本，在于足用；足用之本，在于不夺时；不夺时之本，在于省事；省事之本，在于节用；节用之本，在于去骄；去骄之本，在于虚无。故知生之情者，不务生之所无以为；知命之情者，不忧命之所无奈何。目悦五色，口肥滋味，耳淫五声，七窍交争，以害一性。日引邪欲，竭其天和，身且不能治，奈治天下何？所谓得天下者，非谓其履势位，称尊号，言其运天下心，得天下力也。有南面之名，无一人之誉，此失天下也。故桀纣不为王，汤武不为放。故天下得道，守在四夷；天下失道，守在诸侯。诸侯得道，守在四境；诸侯失道，守在左右。故曰：无恃其不吾夺也，恃吾不可夺也。行可夺之道，而非篡弑之行，无益于持天下矣。

老子曰：善治国者，不变其故，不易其常。夫怒者，逆德也；兵者，凶器也；争者，人之所乱也。阴谋逆德，好用凶器，治人之乱，逆之至也。非祸人，不能成祸，不如挫其锐，解其纷，和其光，同其尘。人之性情，皆愿贤己而疾不及人。愿贤己，则争心生，疾不及人，则怨争生，怨争生，则心乱而气逆。故古之圣王，退争怨，争怨不生，则心治而气顺。故曰不尚贤，使民不争。

老子曰：治物者不以物，以和；治和者不以和，以人；治人者不以人，以君；治君者不以君，以欲；治欲者不以欲，以性；治性者不以性，以德；治德者不以德，以道。以道，本人之性，无邪秽，久湛于物即忘其本，忘其本即合于若性。衣食礼俗者，非人之性也，所受于外也。故人性欲平，嗜欲害之，唯有道者，能遗物反己。有以自鉴，则不失物之情；无以自鉴，则动而惑荧。夫纵欲失性，动未尝正，以治生则失身，以治国则乱人，故不闻道者，无以反性。古者圣人得诸己，故令行禁止。凡举事者，必先平意清神，神清意平，物乃可正。听失于非誉，目淫于彩色，而欲得事正，即难矣，是以贵虚。故水激则波起，气乱则智昏。昏智不可以为正，波水不可以为平，故圣王执一，以理物之情性。夫"一"者至贵，无适于天下，圣王托于无适，故为天下命。

老子曰：阴阳陶冶万物，皆乘一气而生。上下离心，气乃上蒸；君臣不和，五谷不登；春肃秋荣，冬雷夏霜。皆贼气之所生也。天地之间，一人之身也；六合之内，一人之形也。故明于性者，天地不能胁也；审于符者，怪物不能惑也。圣人，由近以知远，以万里为一同，气蒸乎天地。礼义廉耻不设，万民莫不相侵暴虐，犹在乎混冥之中也。廉耻陵迟，及至世之衰。害多而财寡，事力劳而养不足，民贫苦而忿争生，是以贵仁。人鄙不齐，比周朋党，各推其与，怀机械巧诈之心，是以贵义。男女群居，杂而无别，是以贵礼。性命之情，淫而相迫，于不得已，即不和，是以贵乐。故仁义礼乐者，所以救败也，非通治之道也。诚能使神明定于天下，而心反其初，即民性善。民性善，即天地阴阳从而包之，即财足而人赡，贪鄙忿争之心，不得生焉。仁、义不用，而道、德定于天下，而民不淫于彩色。故德衰，然后饰仁义；和失，然后调声；礼淫，然后饰容。故知道、德，然后知仁、义之不足行也；知仁、义，然后知礼、乐之不足修也。

老子曰：清静之治者：和顺以寂寞，质真而素朴，闲静而不躁。在内而合乎道，出外而同乎义，其言略而循理，其行悦而顺情，其心和而不伪，其事素而不饰，不谋所始，不议所终，安即留，激即行。通体乎天地，同精乎阴阳，一和乎四时，明朗乎日月。与道化者为人，机械诈伪，莫载乎心，是以天覆以德，地载以乐，四时不失序，风雨不为虐，日月清静而扬光，五星不失其行，此清静之所明也。

老子曰：治世之职易守也，其事易为也，其礼易行也，其责易偿也。是以人不兼官，官不兼事，士农工商，乡别州异。故农与农言藏，士与士言行，工与工言巧，商与商言数。是以士无遗行，工无苦事，农无废功，商无折货。各安其性。异

形殊类，易事而不悖，失处而贱，得势而贵。夫先知远见之人，才之盛也，而治世不以责于民，博闻强志，口辩辞给之人，知之溢也，而明主不以求于下。傲世贱物，不从流俗，士之伉行也，而治世不以为化民。故高不可及者，不以为人量；行不可逮者，不可为国俗。故人才不可专用而度量，道术可世传也。故国治可与愚守也，而军旅可以法同也，不待古之英俊，而人自足者，因其所有而并用之也。末世之法：高为量，而罪不及也；重为任，而罚不胜也，为其难，而诛不敢也。民困于三责，即饰智而诈上，犯邪而行危，虽峻法严刑，不能禁其奸。兽穷即触，鸟穷即啄，人穷即诈，此之谓也。

老子曰：雷霆之声，可以钟鼓象也；风雨之变，可以音律知也；大可睹者，可得而量也；明可见者，可得而蔽也；声可闻者，可得而调也；色可察者，可得而别也。夫至大，天地不能函也；至微，神明不能见也。及至建律历，别五色，异清浊，味甘苦，即朴散而为器矣。立仁义、修礼乐，即德迁而为伪矣。民饰智以惊愚，设诈以攻上，天下有能持之，而未能有治之者也。夫智能弥多，而德滋衰，是以至人淳朴而不散。夫至人之治，虚无寂寞，不见可欲，心与神处，形与性调，静而体德，动而理通，循自然之道，缘不得已矣。漠然无为而天下和，淡然无欲而民自朴，不忿争而财足，施者不得，受者不让，德反归焉，而莫之惠。不言之辩，不道之道，若或通焉，谓之天府。取焉而不损，酌焉而不竭，莫知其所由出，谓之摇光。摇光者，资粮万物者也。

老子曰：天爱其精，地爱其平，人爱其情。天之精，日月星辰、雷霆风雨也；地之平，水火金木土也；人之情，思虑聪明喜怒也。故闭其四关，止五遁，即与道沦。神明藏于无形，精气反于真。目明而不以视，耳聪而不以听，口当而不以言，心条通而不以思虑，委而不为，知而不矜，直性命之情而知，故不得害。精存于目，即其视明；在于耳，即其听聪；留于口，即其言当；集于心，即其虑。故闭四关，即终身无患。四支九窍，莫死莫生，是谓真人。地之生财，大本不过五行，圣人节五行，即治不荒。

老子曰：衡之于左右，无私轻重，故可以为平；绳之于内外，无私曲直，故可以为正；人主之于法，无私好憎，故可以为命。德无所立，怨无所藏，是任道而合人心者也。故为治者，智不与焉。水戾破舟，木击折轴，不怨木石，而罪巧拙者，智不载也。故道有智则乱，德有心则险，心有目则眩。夫权衡规矩，一定而不易，常一而不邪，方行而不留。一日形之，万世传之，无为之为也。

老子曰：人之言曰：国有亡主，世无亡道，人有穷，而理无不通。故无为者，道之宗也。得道之宗，并应无穷。故不因道理之数，而专己之能，其穷中远。夫人君不出户以知天下者，因物以识物，因人以知人也。故积力之所举，则无不胜也；众智之所为，则无不成也。千人之众，无绝粮；万人之群，无废功。工无异伎，士无兼官，各守其职，不得相予，人得所宜，物得所安。是以器械不恶，职事不慢也。夫责少，易偿也；职寡，易守也；任轻，易劝也。上操约少之分，下效易为之功，是以居日久而不相厌也。

老子曰：帝者体太一，王者法阴阳，霸者则四时，君者用六律。体太一者，明于天地之情，通于道德之伦，聪明照于日月，精神通于万物，动静调于阴阳，喜怒和于四时，覆露皆道，博洽而无私，蜎飞蠕动，莫不仰德而生，德流方外，名声传乎

后世。法阴阳者，承天地之和：德与天地参光，明与日月并照，精神与鬼神齐灵，戴圆履方，抱表寝绳，内能理身，外得人心，发施号令，天下从风。则四时者：春生夏长，秋收冬藏，取与有节，出入有量，喜怒刚柔，不离其理，柔而不脆，刚而不折，宽而不肆，肃而不悖，优游委顺，以养群类，其德含愚而容不肖，无所私爱也。用六律者：生之与杀也，赏之与罚也，与之以夺也，非此无道也，伐乱禁暴，举贤废不肖，匡邪以为正，攘险以为平，矫枉以为直，明于施舍、开塞之道，乘时因势，以服役人心者也。帝者，体阴阳即侵；王者，法四时即削；霸者，用六律即辱；君者，失准绳即废。故小而行大，即穷塞而不亲；大而行小，即狭隘而不容。

老子曰：地广民众，不足以为强；甲坚兵利，不可以恃胜；城高池深，不足以为固；严刑峻法，不足以为威。为存政者，虽小必存；为亡政者，虽大必亡。故善守者无与御，善战者无与斗。乘时势，因民欲，而天下服。故善为政者，积其德；善用兵者，畜其怒。德积而民可用也，怒畜而威可立也。故文之所加者深，则权之所服者大；德之所施者博，则威之所制者广，则我强而敌弱矣。故善用兵者，先弱敌而后战，故费不半，而功十倍。故千乘之国，行文德者王；万乘之国，好用兵者亡。是故胜兵先胜而后求战，败兵先战而后求胜，此不明于道也。

第十篇·上仁

老子曰：君子之道，静以修身，俭以养生。静即下不扰，下不扰即民不怨。下扰即政乱，民怨即德薄。政乱，贤者不为谋；德薄，勇者不为斗。乱主则不然：一日有天下之富，处一主之势，竭百姓之力，以奉耳目之欲，志专于宫室台榭，沟池苑囿，猛兽珍怪。贫民饥饿，虎狼厌刍豢；百姓冻寒，宫室衣绮绣。故人主畜兹无用之物，而天下不安其性命矣。

老子曰：非憺漠无以明德，非宁静无以致远，非宽大无以并覆，非正平无以制断。以天下之目视，以天下之耳听，以天下之心虑，以天下之力争。故号令能下究，而臣情得上闻，百官条通，群臣辐凑。喜不以赏赐，怒不以罪诛；法令察而不苛，耳目通而不暗；善否之情，日陈于前而不逆。故贤者尽其智，不肖者竭其力；近者安其性，远者怀其德。得用人之道也。夫乘舆马者，不劳而致千里；乘舟楫者，不游而济江海。使言之而是，虽商夫刍荛，犹不可弃也，言之而非，虽在人君卿相，犹不可用也。是非之处，不可以贵贱、尊卑论也。其计可用，不羞其位；其言可行，不贵其辩。暗主则不然：群臣尽诚效忠者希，不用其身也，而亲习邪枉，贤者不能见也，疏远卑贱，竭力尽忠者，不能闻也。有言者，穷之以辞；有谏者，诛之以罪。如此而欲安海内，存万方，其离聪明，亦以远矣。

老子曰：能尊生，虽富贵，不以养伤身；虽贫贱，不以利累形。今受先祖之遗爵，必重失之，生之所由来之矣，而轻失之。岂不惑哉？贵以身治天下，可以寄天下；爱以身治天下，所以托天下矣。

文子问治国之本，老子曰：本在于治身，未尝闻身治而国乱者也，身乱而国治者未有也。故曰：修之身，其德乃真。道之所以至妙者，父不能以教子，子亦不能受之于父。故道可道，非常道也，名可名，非常名也。

文子问曰：何行而民亲其上？

老子曰：使之以时，而敬慎之，如临深渊，如履薄冰。天地之间，善即吾畜也，不善即吾仇也。昔者夏商之臣，反仇桀纣，而臣汤武，宿沙之民，自攻其君，归神农氏。故曰：人之所畏，不可不畏也。

老子曰：

治大者，道不可以小；地广者，制不可以狭；位高者，事不可以烦；民众者，法不可以苛。事烦难治，法苛难行，求多难赡。寸而度之，至丈必差；铢而称之，至石必过；石称丈量，径而寡失。大较易为智，曲辩难为慧。故无益于治、有益于乱者，圣人不为也；无益于用、有益于费者，智者不行也。故功不厌约，事不厌省，求不厌寡。功约易成，事省易治，求寡易赡。任于众人则易，故小辩害义，小义破道，道小必不通。通必简，河以逶迤故能远，山以陵迟故能高，道以优游故能化。夫通于一伎，审于一事，察于一能，可以曲说，不可以广应也。夫调音者，小弦急，大弦缓；立事者，贱者劳，贵者佚。

道之言曰：芒芒昧昧，因天之威，与天同气。同气者帝，同义者王，同功者霸，无一焉者亡。故不言而信，不施而仁，不怒而威，是以天心动化者也。施而仁，言而信，怒而威，是以精诚为之者也；施而不仁，言而不信，怒而不威，是以外貌为之者也。故有道以理之，法虽少，足以治，无道以理之，法虽众，足以乱。

老子曰：鲸鱼失水，则制于蝼蚁；人君舍其所守，而与臣争事，则制于有司。以无为持位，守职者以听从取容，臣下藏智而不用，反以事专其上。人君者：不任能而好自为，则智日困，而自负责；数穷于下，则不能申理；行堕于位，则不能持制。智不足以为治，威不足以行刑，则无以与下交矣；喜怒形于心，嗜欲见于外，则守职者离正而阿上，有司枉法而从风；赏不当功，诛不应罪，则上下乖心，君臣相怨；百官烦乱，而智不能解，非誉萌生，而明不能照。非己之失，而反自责，则人主愈劳，人臣愈佚。是以代大匠斫者，希有不伤其手矣。与马逐走，筋绝不能及也。上车摄辔，马服衡下，伯乐相之，王良御之，明主求之，无御相之劳，而致千里。善乘人之贤也。人君之道，无为而有就也，有立而无好也。有为即议，有好即谀；议即可夺，谀即可诱。夫以建而制于人者，不能持国，故善建者不拔，言建之无形也，唯神化者，物莫能胜。中欲不出谓之扃，外邪不入谓之塞。中扃外闭，何事之不节？外闭中扃，何事之不成？故不用之，不为之，而有用之，而有为之。不伐之言，不夺之事，循名责实，使自有司，以不知为道，以禁苛为主。如此，则百官之事，各有所考。

老子曰：食者民之本也，民者国之基也。故人君者，上因天时，下尽地理，中用人力。是以群生以长，万物蕃殖，春伐枯槁，夏收百果，秋蓄蔬食，冬取薪杪，以为民资，生无乏用，死无传尸。先王之法，不掩群而取鱿，不涸泽而渔，不焚林而猎；豺未祭兽，置罘不得通于野；獭未祭鱼，网罟不得入于水；鹰隼未击，罗网不得张于皋；草木未落，斤斧不得入于山林；昆虫未蛰，不得以火田；育孕不牧，觳卵不探；鱼不长尺不得取，犬豕不期年不得食。是故万物之发生，若蒸气出。先王之所以应时修备，富国利民之道也，非目见而足行之，欲利民不忘乎心，则民自备矣。

老子曰：古者明君，取下有节，自养有度，必计岁而收，量民积聚，知有余不足之数，然后取奉。如此，即得承所受于天地，而离于饥寒之患。其慴怛于民也：国有饥者，食不重味；

民有寒者，冬不被裘。与民同苦乐，即天下无哀民。暗王即不然，取民不裁其力，求下不量其积，男女不得耕织之业，以供上求，力勤财尽，有旦无暮，君臣相疾。且人之为生也：一人跖耒而耕，不益十亩，中田之收，不过四石，妻子老弱仰之而食，或时有灾害之患，无以供上求，即人主慇之矣。贪主暴君，涸渔其下，以适无极之欲，则百姓不被天和、履地德矣。

老子曰：天地之气，莫大于和，和者，阴阳调，日夜分。故万物春分而生，秋分而成。生与成，必得和之精。故积阴不生，积阳不化；阴阳交接，乃能成和。是以圣人之道，宽而栗，严而温，柔而直，猛而仁。夫太刚则折，太柔则卷。道正，在于刚柔之间。夫绳之为度也，可卷而怀也，引而申之，可直而布也，长而不横，短而不穷，直而不刚，故圣人体之。夫恩推即懦，懦即不威；严推即猛，猛即不和；爱推即纵，纵即不令；刑推即祸，祸即无亲。是以贵和也。

老子曰：国之所以存者，得道也；所以亡者，理塞也。故圣人见化，以观其徵，德有昌衰，风为先萌。故得生道者，虽小必大；有亡徵者，虽成必败。国之亡也，大不足恃；道之行也，小不可轻。故存在得道，不在于小；亡在失道，不在于大。故乱国之主：务于地广，而不务于仁义；务在高位，而不务于道德。是舍其所以存，造其所以亡也。若上乱三光之明，下失万民之心，孰不能承，故审其己者，不备诸人也。古之为君者，深行之谓之道德，浅行之谓之仁义，薄行之谓之礼智。此六者，国家之纲维也。深行之，则厚得福；浅行之，则薄得福；尽行之，天下服。古者修道德即正天下，修仁义即正一国，修礼智即正一乡。德厚者大，德薄者小。故位：不以雄武立，不以坚强胜，不以贪竞得，立在天下推己，胜在天下自服，得在天下与之，不在于自取。故雌牝即立，柔弱即胜，仁义即得，不争即莫与之争。故道之在于天下也，譬犹江海也。天之道，为者败之，执者失之。夫欲名之大而求之争之，吾见其不得已，而虽执而得之不留也。夫名不可求而得也，在天下与之，与之者归之天下所归者，德也。故云：上德者天下归之，上仁者海内归之，上义者一国归之，上礼者一乡归之。无此四者，民不归也。不归用兵，即危道也。故曰：兵者，不祥之器，不得已而用之。杀伤人，胜而勿美，故曰：死地，荆棘生焉，以悲哀泣之，以丧礼居之。是以君子务于道德，不重用兵也。

　　文子问：仁义礼何以为薄于道德也？

　　老子曰：为仁者，必以哀乐论之；为义者，必以取与明之。四海之内，哀乐不能遍，竭府库之财货，不足以赡万民。故知不如修道而行德，因天地之性，万物自正而天下赡，仁义因附，是以大丈夫居其厚，不居其薄。夫礼者，实之文也；仁者，恩之效也。故礼因人情而制，不过其实，仁不溢恩，悲哀抱于情，送死称于仁。夫养生，不强人所不能及，不绝人所不能，度量不失其适，非誉无由生矣。故制乐足以合欢，喜不出于和。明于死生之分，通于侈俭之适也。末世即不然：言与行相悖，情与貌相反，礼饰以烦，乐扰以淫，风俗溺于世，非誉华于朝。故至人废而不用也。与骥逐走即人不胜骥，托于车上即骥不胜人。故善用道者，乘人之资以立功，以其所能，托其所不能。主兴之以时，民报之以财；主遇之以礼，民报之以死。故有危国无安君，有忧主无乐臣。德过其位者，尊；禄过其德者，凶。德贵无高，义取无多。不以德贵者，窃位也；不以义取者，盗财也。圣人安贫乐道，不以欲伤生，不以利累己，故不违义而妄取。古者无德不尊，无能不官，无功不赏，无罪不诛，其进

人也以礼，其退人也以义。小人之世：其进人也，若上之天；其退人也，若内之渊，言古者以疾今也。相马失之瘦，选士失之贫，豚肥充厨，骨骺不官。君子察实，无信谗言。君过而不谏，非忠臣也；谏而不听，君不明也；民沉溺而不忧，非贤君也。故守节死难，人臣之职也；衣寒食饥，慈父之恩也。以大事小，谓之变人；以小犯大，谓之逆天；前虽登天，后必入渊。故乡里以齿，老穷不遗；朝廷以爵，尊卑有差。夫崇贵者，为其近君也；尊老者，谓其近亲也；敬长者，谓其近兄也。生而贵者骄，生而富者奢。故富贵不以明道自鉴，而能无为非者，寡矣。学而不厌，所以治身也；教而不倦，所以治民也。贤师良友，舍而为非者，寡矣。知贤之谓智，爱贤之谓仁，尊贤之谓义，敬贤之谓礼，乐贤之谓乐。古之善为天下者，无为而无不为也。故为天下有容：能得其容，无为而有功；不得其容，动作必凶。为天下容曰：豫兮其若冬涉大川，犹兮其若畏四邻；俨兮其若容，涣兮其若冰之液；敦兮其若朴，混兮其若浊；广兮其若谷。此为天下容。豫兮其若冬涉大川者，不敢行也；犹兮其若畏四邻者，恐自伤也；俨兮其若容者，谦恭敬也；涣兮其若冰之液者，不敢积藏也；敦兮其若朴者，不敢廉成也；混兮其若浊者，不敢明清也；广兮其若谷者，不敢盛盈也。进不敢行者，退不敢先也。恐自伤者，守柔弱不敢矜也；谦恭敬者，自卑下尊敬人也；不敢积藏者，自损弊不敢坚也；不敢廉成者，自亏缺不敢全也；不敢清明者，处浊辱而不敢新鲜也；不敢盛盈者，见不足而不敢自贤也。夫道：退故能先，守柔弱故能矜，自卑下故能高人，自损弊故实坚，自亏缺故盛全，处浊辱故新鲜，见不足故能贤。道无为而无不为也。

第十一篇·上义

老子曰：凡学者，能明于天人之分，通于治乱之本，澄心清意以存之，见其终始，反其虚无，可谓达矣。治之本，仁义也，其末，法度也。人之所生者，本也；其所不生者，末也。本末，一体也，其两爱之，性也。先本后末，谓之君子；先末后本，谓之小人。法之生也，以辅义，重法弃义，是贵其冠履，而忘其首足也。重仁义者，广崇也。不益其厚，而张其广者，毁；不广其基，而增其高者，覆。故不大其栋，不能任重。任重莫若栋，任国莫若德。人主之有民，犹城之有基，木之有根。根深则本固，基厚则上安。故事不本于道德者，不可以为经；言不合于先王者，不可以为道。便说掇取，一行一切之术，非天下通道也。

老子曰：治人之道，其犹造父之御驷马也，齐辑之乎辔衔，正度之乎胸膺，内得于中，外合乎马志。故能取道致远，气力有余，进退还曲，莫不如意，诚得其术也。今夫权势者，人主之车舆也；大臣者，人主之驷马也。身不可离车舆之安，手不可失驷马之心。故驷马不调，造父不能以取道；君臣不和，圣人不能以为治。执道以御之，中才可尽；明分以示之，奸邪可止。物至而观其变，事来而应其化，近者不乱，即远者治矣。不用适然之教，而得自然之道，万举而不失矣。

老子曰：凡为道者，塞邪隧，防未然，不贵其自是也，贵其不得为非也。故曰：勿使可欲，无日不求；勿使可夺，无日不争。如此，则人欲释，而公道行矣。有余者止于度，不足者逮于用，故天下可一也。夫释职事而听非誉，弃功劳而

用朋党，即奇伎逃亡，守职不进，民俗乱于国，功臣争于朝。故有道以御人，无道则制于人矣。

老子曰：治国有常，而利民为本；政教有道，而令行为古。苟利于民，不必法古；苟周于事，不必循俗。故圣人法与时变，礼与俗化；衣服器械，各便其用；法度制令，各因其宜。故变古未可非，而循俗未足多也。诵先王之书，不若闻其言；闻其言，不若得其所以言；得其所以言者，言不能言也。故道可道，非常道也；名可名，非常名也。圣人所由曰道，犹金石也，一调不可更；事犹琴瑟也，曲终改调。法制礼乐者，治之具也，非所以为治也，故曲士不可与论至道者，讯寤于俗，而束于教。

老子曰：天下几有常法哉。当于世事，得于人理，顺于天地，详于鬼神，即可以正治矣。昔者三皇无制令而民从，五帝有制令而无刑罚，夏后氏不负言，殷人誓，周人盟。末世之衰也，忍垢而轻辱，贪得而寡羞。故法度制令者，论民俗而节缓急；器械者，因时变而制宜适。夫制于法者，不可与远举；拘礼之人，不可使应变。必有独见之明，独闻之聪，然后能擅道而行。夫知法之所由生者，即应时而变；不知治道之源者，虽循终乱。今为学者，循先袭业，握篇籍，守文法，欲以为治，犹持方枘而内圆凿也，欲得宜适，亦难矣。夫存危治乱，非智不能；道先称古，虽愚有余。故不用之法，圣人不行也；不验之言，明主不听也。

文子问曰：法安所生？

老子曰：法生于义，义生于众适。众适合乎人心，此治之要也。法非从天下也，非从地出也，发乎人间，反己自正也。诚达其本，不乱于末；知其要，不惑于疑。有诸己，不非人；无诸己，不责于所立；立于下者，不废于上；禁于民者，不行于身。故人主之制法也，先以自为检式，故禁胜于身，即令行于民。夫法者，天下之准绳也，人主之度量也；县法者，法不法也。法定之后，中绳者赏，缺绳者诛。虽尊贵者不轻其赏，卑贱者不重其刑。犯法者，虽贤必诛；中度者，虽不肖无罪。是故公道行而私欲塞也。古之置有司也，所以禁民使不得恣也；其立君也，所以制有司使不得专行也；法度道术，所以禁君使无得横断也。人莫得恣，即道胜而理得矣，故反朴无为。无为者，非谓其不动也，言其从己出也。

老子曰：善赏者，费少而劝多；善罚者，刑省而禁奸；善与者，用约而为德；善取者，入多而无怨。故圣人因民之所喜以劝善，因民之所憎以禁奸。赏一人，而天下趋之；罚一人，而天下畏之。是以至赏不费，至刑不滥，圣人守约而治广，此之谓也。

老子曰：臣道者：论事处当，为事先唱，守职明分，以立成功。故君臣异道即治，同道即乱。各得其宜，处有其当，即上下有以相使也。故枝不得大于干，末不得强于本，言轻重大小，有以相制也。夫得威势者：所持甚小，所任甚大；所守甚约，所制甚广。十围之木，持千钧之屋，得所势也；五寸之关，能制开阖，所居要也。下必行之令，顺之者利，逆之者害，天下莫不听从者，顺也；发号令行禁止者，以众为势也。义者，非能尽利于天下之民也，利一人而天下从之；暴者，非能尽害于海内也，害一人而天下叛之。故举措废置，不可不审也。

老子曰：屈寸而伸尺，小枉而大直，圣人为之。今人君之论臣也：不计其大功，总其略行，而求其小善，即失贤之道也。故人有厚德，无问其小节；人有大誉，无疵其小故。夫人情：莫不有所短，成其大略是也，虽有小过，不以为累也，成其

大略非也，闾里之行，未足多也。故小谨者，无成功；疵行者，不容众；体大者，节疏，度巨者，誉远。论臣之道也。

老子曰：自古及今，未有能全其行者也，故君子不责备于一人：方而不割，廉而不刿，直而不肆，博达而不訾。道德文武，不责备于人，以力自修以道。不责于人，易偿也；自修以道，则无病矣。夫夏后氏之璜，不能无瑕；明月之珠，不能无秽。然天下宝之者，不以小恶妨大美。今志人之所短，忘人之所长，而欲求贤于天下，即难矣。夫众人之见，位之卑，身之贱，事之污辱，而不知其大略。故论人之道，贵即观其所举，富即观其所施，穷即观其所不受，贱即观其所不为；视其所患难，以知其所勇；动以喜乐，以观其守；委以货财，以观其仁；振以恐惧，以观其节。如此，则人情可知矣。

老子曰：屈者所以求伸也，枉者所以求直也。屈寸伸尺，小枉大直，君子为之。百川并流，不注海者，不为谷；趋行殊方，不归善者，不为君子。善言贵乎可行，善行贵乎仁义。夫君子之过，犹日月之蚀，不害于明。故智者不妄为，勇者不妄杀，择是而为之，计礼而行之。故事成而功足恃也，身死而名足称也。虽有智能，必以仁义为本而后立；智能并行，圣人以仁义为准绳。中绳者，谓之君子；不中绳者，谓之小人。君子虽死亡，其名不灭；小人虽得势，其罪不除。左手据天下之图，而右手刎其喉，虽愚者不为，身贵于天下也。死君亲之难者，视死如归，义重于身也。故天下大利也，比之身即小；身之所重也，比之仁义即轻。此以仁义为准绳者也。

老子曰：道德之备，犹日月也，夷狄蛮貊，不能易其指。趣舍同，即非誉在俗；意行均，即穷达在时。事周于世即功成，务合于时即名立。是故立功名之人，简于世而谨于时。时之至也，间不容息。古之用兵者，非利土地而贪宝赂也，将以存亡平乱，为民除害也。贪叨多欲之人，残贼天下，万民骚动，莫宁其所。有圣人勃然而起，讨强暴，平乱世，为天下除害，以浊为清，以危为宁，故不得不中绝。赤帝为火灾，故黄帝擒之；共工为水害，故颛顼诛之。教人以道，导之以德，而不听，即临之以威武；临之不从，则制之以兵革。杀无罪之民，养不义之主，害莫大焉；聚天下之财，赡一人之欲，祸莫深焉；肆一人之欲，而长海内之患，此天伦所不取也。所为立君者，以禁暴乱也。今乘万民之力，反为残贼，是以虎傅翼，何谓不除？夫畜鱼者，必去其蝙獭，养禽兽者，必除其豺狼，又况牧民乎？是故兵革之所为起也。

老子曰：为国之道：上无苛令，官无烦治，士无伪行，工无淫巧，其事任而不扰，其器完而不饰。乱世即不然：为行者，相揭以高；为礼者，相矜以伪。车舆极于雕琢，器用遂于刻镂。求货者，争难得以为宝；诋文者，逐烦挠以为急。士为诡辩，久稽而不决，无益于治，有益于乱；工为奇器，历岁而后成，不周于用。故神农之法曰：丈夫丁壮不耕，天下有受其饥者；妇人当年不织，天下有受其寒者。故身亲耕，妻亲织，以为天下先。其导民也，不贵难得之货，不重无用之物。是故耕者不强，无以养生；织者不力，无以衣形；有余不足，各归其身；衣食饶裕，奸邪不生。安乐无事，天下和平，智者无所施其策，勇者无所错其威。

老子曰：霸王之道，以谋虑之，以策图之，挟义而动，非以图存也，将以存亡也。故闻敌国之君，有暴虐其民者，即举兵而临其境，责以不义，刺以过行。兵至其郊，令军帅曰：无伐树木，无掘坟墓，无败五谷，无焚积聚，无捕民虏，无聚

六畜。乃发号施令曰：其国之君，逆天地，侮鬼神；决狱不平，杀戮无罪；天之所诛，民之所雠也；兵之来也，以废不义，而授有德也。有敢逆天道、乱民之贼者，身死族灭；以家听者禄以家，以里听者赏以里，以乡听者封以乡，以县听者侯以县。克其国不及其民，废其君，易其政，尊其秀士，显其贤良，振其孤寡，恤其贫穷，出其囹圄，赏其有功，百姓开户而纳之，渍米而储之，惟患其不来也。义兵至于境，不战而止；不义之兵，至于伏尸流血；相交以前，故为地战者，不能成其王；为身求者，不能立其功。举事以为人者，众助之；以自为者，众去之。众之所动，虽弱必强；众之所去，虽大必亡。

老子曰：上义者：治国家，理境内；行仁义，布德施惠；立正法，塞邪道；群臣亲附，百姓和辑；上下一心，群臣同力；诸侯服其威，四方怀其德；修政庙堂之上，折冲千里之外；发号行令，而天下响应。此其上也。地广民众，主贤将良，国富兵强；约束信，号令明；两敌相当，未交兵接刃，而敌人奔亡。此其次也。知土地之宜，习险隘之利，明苛政之变，察行阵之事，白刃合，流矢接，舆死扶伤，流血千里，暴骸满野。义之下也。兵之胜败，皆在于政：政胜其民，下附其上，即兵强；民胜其政，下叛其上，即兵弱。仁义足以怀天下之民，事业足以当天下之急，选举足以得贤士之心，谋虑足以决轻重之权，此上义之道也。

老子曰：国之所以强者，必死也；所以必死者，义也；义之所以行者，威也。是故令之以文，齐之以武，是谓必取；威义并行，是谓必强。白刃交接，矢石若雨，而士争先者，赏信而罚明也。上视下如子，下事上如父；上视下如弟，下事上如兄；上视下如子，必王四海；下事上如父，必政天下；

上视下如弟，即必难为之死；下事上如兄，即必难为之亡。故父子兄弟之寇，不可与之斗。是故义君，内修其政，以积其德；外塞于邪，以明其势；察其劳佚，以知饥饱；战期有日，视死若归，恩之加也。

第十二篇·上礼

老子曰：上古真人呼吸阴阳，而群生莫不仰其德以和顺。当此之时，领理隐密，自成纯朴，纯朴未散，而万物大优。及世之衰也，至伏羲氏，昧昧懋懋，皆欲离其童蒙之心，而觉悟乎天地之间，其德烦而不一。及至神农皇帝，核领天下，纪纲四时，和调阴阳，于是万民莫不竦身而思，戴德而视，故治而不和。下至夏殷之世，嗜欲达于物，聪明诱于外，性命失其真。施及周室，浇醇散朴，离道以为伪，险德以为行，智巧萌生，狙学以拟圣，华诬以胁众，琢饰诗书，以贾名誉，各欲以行其智伪，以容于世，而失大宗之本。故世有丧，性命衰渐，所由来久矣。是故至人之学也，欲以反性于无，游心于虚。世俗之学，擢德攘性，内愁五藏，暴行越知，以譊名声于世，此至人所不为也。擢德自见也，攘性绝生也，若夫至人定乎死生之意，通乎荣辱之理，举世誉之而不益劝，举世非之而不加沮，得至道之要也。

老子曰：古者，被发而无卷领，以王天下，其德生而不杀，与而不夺，天下非其服，同怀其德。当此之时，阴阳和平，万物蕃息，飞鸟之巢可俯而探也，走兽可系而从也。及其衰也，鸟兽虫蛇，皆为民害，故铸铁锻刃，以御其难。故民迫其难，则求其便；因其患，则操其备。各以其智，去其所害，就其所利。常故不可循，器械不可因，故先王之法度，有变易者也。故曰：名可名，非常名也。五帝异道，而德覆天下；三王殊事，而名后世。因时而变者也。譬犹师旷之调五音也，所推移上下，无常尺寸以度，而靡不中者。故通于乐之情者，能作音，有本主于中；而知规矩钩绳之所用者，能治人。故先王之制，不宜即废之；末世之事，善即著之。故圣人之制礼乐者，不制于礼乐。制物者，不制于物；制法者，不制于法。故曰：道可道，非常道也。

老子曰：昔者之圣王：仰取象于天，俯取度于地，中取法于人。调阴阳之气，和四时之节，察陵陆水泽肥硗高下之宜，以立事生财，除饥寒之患，辟疾疢之灾。中受人事，以制礼乐，行仁义之道，以治人伦。列金木水火土之性，以立父子之亲而成家；听五音清浊六律相生之数，以立君臣之义而成国；察四时孟仲季之序，以立长幼之节而成官。列地而州之，分国而治之，立大学以教之，此治之纲纪也。得道则举，失道则废。夫物未尝有张而不弛，盛而不败者也，惟圣人可盛而不败。圣人初作乐也，以归神杜淫，反其天心。至其衰也，流而不反，淫而好色，不顾正法，流及后世，至于亡国。其作书也，以领理百事，愚者以不忘，智者以记事。及其衰也，为奸伪以解有罪，而杀不辜。其作囿也，以成宗庙之具，简士卒以戒不虞。及其衰也，驰骋弋猎，以夺民时，以罢民力。其上贤也，以平教化，正狱讼。贤者在位，能者在职，泽施于下，万民怀德。至其衰也，朋党比周，各推其所与，废公趣私，外内相举，奸人在位，贤者隐处。天地之道，极则反，益则损，故圣人治弊而改制，事终而更为，其美在和，其失在权。圣人之道曰：非修礼义，廉耻不立；民无廉耻，不可以治；不知礼义，法不能正；非崇善废丑，不向礼义。无法，不可以为治；不知礼义，不可以行法。法：能杀不孝者，不能使人孝；能刑盗者，不能使人廉。圣王在上，明好恶以示人，经非誉以导之，亲贤而进之，贱不肖而退之，刑错而不用，礼义修而任贤德也。故天下之高，以为三公；一州之高，以为九卿；一国之高，以为二十七大夫；一乡之高，以为八十一元士。智过万人者，谓之英；千人者，谓之俊；百人者，谓之杰；十人者，谓之豪。明于天地之道，通于人情之理，大足以容众，惠足以怀远，智足以知权：人英也。德足以教化，行足以隐义，信足以得众，明足以照下：人俊也。行可以为仪表，智足以决嫌疑，信可以守约，廉可以使分财，作事可法，出言可道：人杰也。守职不废，处义不比，见难不苟免，见利不苟得：人豪也。英俊豪杰，各以大小之材：处其位，由本流末；以重制轻，上唱下和；四海之内，一心同归；背贪鄙，向仁义；其于化民，若风之靡草。今使不肖临贤，虽严刑不能禁其奸，小不能制大，弱不能使强，天地之性也。故圣人举贤以立功，不肖之主，举其所与同。观其所举，治乱分矣；察其党与，贤不肖可论也。

　　老子曰：为礼者，雕琢人性，矫拂其情：目虽欲之禁以度，心虽乐之节以礼；趣翔周旋，屈节卑拜；肉凝而不食，酒澄而不饮；外束其形，内愁其德；钳阴阳之和，而迫性命之情。故终身为哀人。何则？不本其所以欲，而禁其所欲；不原其所以乐，而防其所乐。是犹圈兽而不塞其垣，禁其野心，决江河之流，而壅之以手。故曰：开其兑，济其事，终身不救。夫礼者，遏情闭欲，以义自防，虽情心困噎，形性饥渴，以不得已自强，故莫能终其天年。礼者，非能使人不欲也，而能止之；乐者，

非能使人勿乐也，而能防之。夫使天下畏刑，而不敢盗窃，岂若使无有盗心哉？故知其无所用，虽贪者皆辞之；不知其所用，廉者不能让之。夫人之所以亡社稷，身死人手，为天下笑者，未尝非欲也，如冬日之扇，夏日之裘，无用于己，万物变为尘垢矣。故扬汤止沸，沸乃益甚，知其本者，去火而已。

老子曰：循性而行谓之道，得其天性谓之德。性失然后贵仁义，仁义立而道德废，纯朴散而礼乐饰，是非形而百姓眩，珠玉贵而天下争。夫礼者，所以别尊卑贵贱也；义者，所以和君臣、父子、兄弟、夫妇人道之际也。末世之礼，恭敬而交；为义者，布施而得。君臣以相非，骨肉以生怨也。故水积，则生相食之虫；土积，则生自肉之兽；礼乐节，则生诈伪。末世之为治：不积于养生之具，浇天下之醇，散天下之朴，滑乱万民，以清为浊，性命飞扬，皆乱以营，贞信漫烂。人失其性，法与义相背，行与利相反，贫富之相倾，人君之与仆虏，不足以论。夫有余则让，不足则争。让则礼义生，争则暴乱起。故多欲则事不省，求赡则争不止。故世治则小人守正，而利不能诱也；世乱则君子为奸，而法不能禁也。

老子曰：衰世之主：钻山石，挈金玉，掷砻蜃，消铜铁，而万物不滋。刳胎焚郊，覆巢毁卵，凤凰不翔，麒麟不游；构木为台，焚林而畋，竭泽而渔；积壤而丘处，掘地而井饮；浚川而为池，筑城而为固。拘兽以为畜，则阴阳缪戾，四时失序，雷霆毁折，雹霜为害，万物焦夭，处于太半，草木夏枯，三川绝而不流。分山川溪谷，使有壤界；计人众寡，使有分数；设机械险阻，以为备；制服色等，异贵贱；差贤不肖，行赏罚。则兵革起，而忿争生，虐杀不辜，诛罚无罪，于是兴矣。

老子曰：世之将丧性命，犹阴气之所起也。主暗昧而不明，道废而不行，德灭而不扬，举事戾于天，发号逆四时，春秋缩其和，天地除其德，人君处位而不安，大夫隐遁而不言，群臣推上意而坏常，疏骨肉而自容，邪人诣而阴谋遽，载骄主而像其乱人，以成其事。是故君臣乖而不亲，骨肉疏而不附，田无立苗，路无缓步，金积折廉，璧袭无赢，壳龟无腹，蓍筮日施。天下不合而为一家，诸侯制法，各异习俗，悖拔其根，而弃其本；凿五刑为刻削，争于锥刀之末。斩刈百姓，尽其太半；举兵为难，攻城滥杀，覆高危安。大冲车，高重垒，除战队，使阵死路。犯严敌，百往一反，名声苟盛，兼国有地，伏尸数十万，老弱饥寒而死者，不可胜计。自此之后，天下未尝得安其性命，乐其习俗也。贤圣勃然而起，持以道德，辅以仁义。近者进其智，远者怀其德；天下混而为一，子孙相代辅佐；黜谗佞之端，息未辩之说；除刻削之法，去烦苛之事；屏流言之迹，塞朋党之门；消智能，循大常；髊枝体，黜聪明；大通混冥，万物各复归其根。夫圣人，非能生时，时至而不失也，是以不得中绝。

老子曰：鄋水之深十仞，而不受尘垢，金石在中，形见于外，非不深且清也，鱼鳖蛟龙，莫之归也；石上不生五谷，秃山不游麋鹿，无所荫蔽也。故为政以苛为察，以切为明，以刻下为忠，以计多为功，如此者，譬犹广革者也，大败大裂之道也。其政闷闷，其民淳淳；其政察察，其民缺缺。

老子曰：以政治国，以奇用兵。先为不可胜之政，而后求胜于敌。以未治而攻人之乱，是犹以火应火，以水应水也。同莫足以相治，故以异为奇。奇静为躁，奇治为乱，奇饱为饥，奇逸为劳。奇正之相应，若水火金木之相伐也，何往而不胜？故德均，则众者胜寡；力敌，则智者制愚；智同，则有数者禽无数。

第四卷　《列子·通虚经》

《列子·通虚经》者，为战国列子所著也，今存八篇，述故事一百又二。其奇思妙想"以故事阐述思想、以思想连贯故事"，峰回路转、耐人寻味，智慧光芒，言古照今。夫列子者，终生致力道德学问、尊"循名求实，无为而治"之旨，才颖逸而性冲澹、曲弥高而思寂寞，浩浩乎如冯虚御风、飘飘乎如遗世独立，其生命最达观，其胸怀最磊落。

天瑞第一

子列子居郑圃，四十年人无识者。国君卿大夫示之犹众庶也。国不足，将嫁于卫。

弟子曰："先生往无反期，弟子敢有所谒，先生将何以教？先生不闻壶丘子林之言乎？"

子列子笑曰："壶子何言哉？虽然，夫子尝语伯昏瞀人，吾侧闻之，试以告女。其言曰：有生不生，有化不化。不生者能生生，不化者能化化。生者不能不生，化者不能不化，故常生常化。常生常化者，无时不生，无时不化。阴阳尔，四时尔，不生者疑独，不化者往复。往复其际不可终，疑独其道不可穷。《黄帝书》曰：谷神不死，是谓玄牝。玄牝之门，是谓天地之根。绵绵若存，用之不勤。故生物者不生，化物者不化。自生自化，自形自色，自智自力，自消自息，谓之生化，形色、智力、消息者，非也。"

子列子曰："昔者圣人因阴阳以统天地。夫有形者生于无形，则天地安从生？故曰：有太易，有太初，有太始，有太素。太易者，未见气也；太初者，气之始也；太始者，形之始也；

太素者，质之始也。气形质具而未相离，故曰浑沦。浑沦者，言万物相浑沦而未相离也。视之不见，听之不闻，循之不得，故曰易也。易无形埒，易变而为一，一变而为七，七变而为九。九变者，究也，乃复变而为一。一者，形变之始也。清轻者上为天，浊重者下为地，冲和气者为人，故天地含精，万物化生。"

子列子曰："天地无全功，圣人无全能，万物无全用。故天职生覆，地职形载，圣职教化，物职所宜。然则天有所短，地有所长，圣有所否，物有所通。何则？生覆者不能形载，形载者不能教化，教化者不能违所宜，宜定者不出所位。故天地之道，非阴则阳；圣人之教，非仁则义；万物之宜，非柔则刚：此皆随所宜而不能出所位者也。故有生者，有生生者；有形者，有形形者；有声者，有声声者；有色者，有色色者；有味者，有味味者。生之所生者死矣，而生生者未尝终；形之所形者实矣，而形形者未尝有；声之所声者闻矣，而声声者未尝发；色之所色者彰矣，而色色者未尝显；味之所味者尝矣，而味味者未尝呈：皆无为之职也。能阴能阳，能柔能刚，能短能长，能圆能方，能生能死，能暑能凉，能浮能沉，能宫能商，能出能没，能玄能黄，能甘能苦，能膻能香。无知也，无能也；而无不知也，而无不能也。"

子列子适卫，食于道，从者见百岁髑髅，攓蓬而指，顾谓弟子百丰曰："唯予与彼知而未尝生未尝死也。此过养乎？此过欢乎？种有几：若蛙为鹑，得水为继，得水土之际，则为蛙蠙之衣；生于陵屯，则为陵舄。陵舄得郁栖，则为乌足。乌足之根为蛴螬，其叶为蝴蝶。蝴蝶胥也，化而为虫，生灶下，其状若脱，其名曰鸲掇，鸲掇千日化而为鸟，其名曰乾余骨。乾余骨之沫为斯弥。斯弥为食醯颐辂。食醯颐辂生乎食醯黄軦，

食醯黄軦生乎獣。九猷生乎瞀芮，瞀芮生乎腐蠸，羊肝化为地皋，马血之为转邻也，人血之为野火也。鹞之为鹯，鹯之为布谷，布谷久复为鹞也。燕之为蛤也，田鼠之为鹑也，朽瓜之为鱼也，老韭之为苋也，老羭之为猨也，鱼卵之为虫也。亶爰之兽，自孕而生，曰类。河泽之鸟视而生，曰鹢，纯雌其名大腰，纯雄其名稚蜂。思士不妻而感，思女不夫而孕。后稷生乎巨迹，伊尹生乎空桑。厥昭生乎湿，醯鸡生乎酒。羊奚比乎不箰，不箰久竹生青宁，青宁生程，程生马，马生人。人久入于几。万物皆出于机，皆入于几。"

《黄帝书》曰：形动不生形而生影，声动不生声而生响，无动不生无而生有。形，必终者也，天地终乎？与我偕终。终进乎？不知也。道终乎本无始，进乎本不久。有生则复于不生，有形则复于无形。不生者，非本不生者；无形者，非本无形者也。生者，理之必终者也。终者不得不终，亦如生者之不得不生。而欲恒其生，画其终，惑于数也。精神者，天之分；骨骸者，地之分。属天清而散，属地浊而聚。精神离形，各归其真，故谓之鬼。鬼者，归也，归其真宅。

黄帝曰：精神入其门，骨骸反其根，我尚我存？人自生至终，大化有四：婴孩也，少壮也，老耄也，死亡也。其在婴孩，气专志一，和之至也，物不伤焉，德莫加焉。其在少壮，则血气飘溢，欲虑充起，物所攻焉，德故衰焉。其在老耄，则欲虑柔焉，体将休焉，物莫先焉，虽未及婴孩之全，方于少壮，间矣。其在死亡也，则之于息焉，反其极矣。

孔子游于太山，见荣启期行乎郕之野，鹿裘带索，鼓琴而歌。

孔子问曰："先生所以乐，何也？"

对曰："吾乐甚多。天生万物，唯人为贵。而吾既得为人，

第四卷《列子·通虚经》

是一乐也。男女之别，男尊女卑，故以男为贵，吾既得为男矣，是二乐也。人生有不见日月，不免襁褓者，吾既已行年九十矣，是三乐也。贫者士之常也，死者人之终也，处常待终，当何忧哉？"

孔子曰："善乎？能自宽者也。"

林类年且百岁，底春被裘，拾遗穗于故畦，并歌并进。

孔子适卫，望之于野，顾谓弟子曰："彼叟可与言者，试往讯之！"

子贡请行。

逆之垅端，面之而叹曰："先生曾不悔乎，而行歌拾穗？"

林类行不留，歌不辍。

子贡叩之，不已，乃仰而应曰："吾何悔邪？"

子贡曰："先生少不勤行，长不竞时，老无妻子，死期将至，亦有何乐而拾穗行歌乎？"

林类笑曰："吾之所以为乐，人皆有之，而反以为忧。少不勤行，长不竞时，故能寿若此。老无妻子，死期将至，故能乐若此。"

子贡曰："寿者人之情，死者人之恶。子以死为乐，何也？"

林类曰："死之与生，一往一反。故死于是者，安知不生于彼？故吾安知其不相若矣？吾又安知营营而求生非惑乎？亦又安知吾今之死不愈昔之生乎？"

子贡闻之，不喻其意，还以告夫子。

夫子曰："吾知其可与言，果然，然彼得之而不尽者也。"

子贡倦于学，告仲尼曰："愿有所息。"

仲尼曰："生无所息。"

子贡曰："然则赐息无所乎？"

仲尼曰："有焉耳，望其圹，皋如也，宰如也，坟如也，鬲如也，则知所息矣。"

子贡曰："大哉死乎！君子息焉，小人伏焉。"

仲尼曰："赐！汝知之矣。人胥知生之乐，未知生之苦；知老之惫，未知老之佚；知死之恶，未知死之息也。晏子曰：'善哉，古之有死也！仁者息焉，不仁者伏焉。'死也者，德之徼也。古者谓死人为归人。夫言死人为归人，则生人为行人矣。行而不知归，失家者了。一人失家，一世非之；天下失家，莫知非焉。有人去乡土、离六亲、废家业、游于四方而不归者，何人哉？世必谓之为狂荡之人矣。又有人钟贤世，矜巧能，修名誉，夸张于世而不知已者，亦何人哉？世必以为智谋之士。此二者，胥失者也。而世与一不与一，唯圣人知所与，知所去。"

或谓子列子曰："子奚贵虚？"

列子曰："虚者无贵也。"

子列子曰："非其名也，莫如静，莫如虚。静也虚也，得其居矣；取也与也，失其民矣。事之破为而后有舞仁义者，弗能复也。"

粥熊曰："运转亡已，天地密移，畴觉之哉？故物损于彼者盈于此，成于此者亏于彼。损盈成亏，随世随死。往来相接，间不可省，畴觉之哉？凡一气不顿进，一形不顿亏，亦不觉其成，不觉其亏。亦如人自世至老，貌色智态，亡日不异，皮肤爪发，随世随落，非婴孩时有停而不易也。间不可觉，俟至后知。"

杞国有人忧天地崩坠、身亡所寄、废寝食者。

又有忧彼之所忧者，因往晓之，曰："天，积气耳，亡处亡气。若屈伸呼吸，终日在天中行止，奈何忧崩坠乎？"

其人曰："天果积气，日月星宿，不当坠耶？"

晓之者曰："日月星宿，亦积气中之有光耀者。只使坠，亦不能有气中伤。"

其人曰："奈地坏何？"

晓者曰："地之积块耳，充塞四虚，亡处亡块。若躇步跐蹈，终日在地上行止，奈何忧其坏？"

其人舍然大喜，晓之者亦舍然大喜。

长庐子闻而笑曰："虹霓也，云雾也，风雨也，四时也，此积气之成乎天者也。山岳也，河海也，金石也，火木也，此积形之成乎地者也。知积气也，知积块也，奚谓不坏？夫天地，空中之一细物，有中之最巨者。难终难穷，此固然矣；难测难识，此固然矣。忧其坏者，诚为大远；言其不坏者，亦为未是。天地不得不坏，则会归于坏。遇其坏时，奚为不忧哉？"

子列子闻而笑曰："言天地坏者亦谬，言天地不坏者亦谬。坏与不坏，吾所不能知也。虽然，彼一也，此一也。故生不知死，死不知生；来不知去，去不知来。坏与不坏，吾何容心哉？"

舜问乎烝曰："道可得而有乎？"

曰："汝身非汝有也，汝何得有夫道？"

舜曰："吾身非吾有，孰有之哉？"

曰："是天地之委形也。生非汝有，是天地之委和也。性命非汝有，是天地之委顺也。孙子非汝有，是天地之委蜕也。故行不知所往，处不知所持，食不知所以。天地强之阳气也，又胡可得而有邪？"

齐之国氏大富，宋之向氏大贫，自宋之齐请其术。

国氏告之曰："吾善为盗。始吾为盗也，一年而给，二年而足，三年大穰。自此以往，施及州闾。"

向氏大喜，喻其为盗之言，而不喻其为盗之道，遂逾垣凿室，手目所及，亡不探也。未及时，以赃获罪，没其先居之财。向氏以国氏之谬己也，往而怨之。

国氏曰："若为盗若何？"

向氏言其状，国氏曰："嘻！若失为盗之道至此乎？今将告若矣。吾闻天有时，地有利。吾盗天地之时利，云雨之滂润，山泽之产育，以生吾禾，殖吾稼，筑吾垣，建吾舍，陆盗禽兽，水盗鱼鳖，亡非盗也。夫禾稼、土木、禽兽、鱼鳖，皆天之所生，岂吾之所有？然吾盗天而亡殃。夫金玉珍宝，谷帛财货，人之所聚，岂天之所与？若盗之而获罪，孰怨哉？"

向氏大惑，以为国氏之重罔己也，过东郭先生问焉。

东郭先生曰："若一身庸非盗乎？盗阴阳之和以成若生，载若形，况外物而非盗哉？诚然，天地万物不相离也，仞而有之，皆惑也。国氏之盗，公道也，故亡殃；若之盗，私心也，故得罪。有公私者，亦盗也；亡公私者，亦盗也。公公私私，天地之德。知天地之德者，孰为盗邪？孰为不盗邪？"

黄帝第二

黄帝即位十有五年，喜天之戴己，养正命，娱耳目，供鼻口，焦然肌色皯黣，昏然五情爽惑。又十有五年，忧天下之不治，竭聪明，进智力，营百姓，焦然肌色皯黣，昏然五情爽惑。

黄帝乃喟然赞曰："朕之过淫矣。养一己其患如此，治万物其患如此。"

于是放万机，舍宫寝，去直待，彻钟县，减厨膳，退而间居大庭之馆，斋心服形，三月不亲政事。

昼寝而梦，游于华胥氏之国。华胥氏之国在弇州之西，台州之北，不知斯齐国几千万里，盖非舟车足力之所及，神游而已。其国无师长，自然而已；其民无嗜欲，自然而已。不知乐生，不知恶死，故无夭殇；不知亲己，不知疏物，故无爱憎；不知背逆，不知向顺，故无利害：都无所爱憎，都无所畏忌；入水不溺，入火不热；斫挞无伤痛，指擿无痟痒；乘空如履实，寝虚若处床。云雾不硋其视，雷霆不乱其听，美恶不滑其心，山谷不踬其步，神行而已。

黄帝既寤，怡然自得，召天老、力牧、太山稽，告之曰："朕闲居三月，斋心服形，思有以养身治物之道，弗获其术。疲而睡，所梦若此，今知至道不可以情求矣。朕知之矣，朕得之矣，而不能以告若矣。"

又二十有八年，天下大治，几若华胥氏之国，而帝登假，百姓号之，二百余年不辍。

列姑射山在海河洲中，山上有神人焉，吸风饮露，不食五谷；心如渊泉，形如处女；不偎不爱，仙圣为之臣；不畏不怒，愿悫为之使；不施不惠，而物自足；不聚不敛，而己无愆。阴阳常调，日月常明，四时常若，风雨常均，字育常时，年谷常丰，而土无札伤，人无夭恶，物无疵厉，鬼无灵响焉。

列子师老商氏，友伯高子，进二子之道，乘风而归。尹生闻之，从列子居，数月不省舍，因间请蕲其术者，十反而十不告。尹生怼而请辞，列子又不命。尹生退，数月，意不已，又往从之。

列子曰："汝何去来之频？"

尹生曰："曩章戴有请于子，子不我告，固有憾于子。今复脱然，是以又来。"

列子曰："曩吾以汝为达，今汝之鄙至此乎。姬，将告汝所学于夫子者矣。自吾之事夫子友若人也，三年之后，心不敢念是非，口不敢言利害，始得夫子一眄而已。五年之后，心更念是非，口更言利害，夫子始一解颜而笑。七年之后，从心之所念，更无是非，从口之所言，更无利害，夫子始一引吾并席而坐。九年之后，横心之所念，横口之所言：亦不知我之是非利害欤，亦不知彼之是非利害欤，亦不知夫子之为我师，若人之为我友：内外进矣，而后眼如耳，耳如鼻，鼻如口，无不同也。心凝形释骨肉都融，不觉形之所倚，足之所履，随风东西，犹木叶干壳，竟不知风乘我邪？我乘风乎？今女居先生之门，曾未浃时，而怼憾者再三。女之片体，将气所不受；汝之一节，将地所不载。履虚乘风，其可几乎？"

尹生甚怍，屏息良久，不敢复言。

列子问关尹曰："至人潜行不空，蹈火不热，行乎万物之上而不慄。请问何以至于此？"

关尹曰："是纯气之守也，非智巧果敢之列。姬，吾语女。凡有貌像声色者，皆物也。物与物何以相远也？夫奚足以至乎先？是形色而已。则物之造乎不形，而止乎无所化。夫得是而穷之者，得而正焉？彼将处乎不深之度，而藏乎无端之纪，游乎万物之所终始。壹其性，养其气，含其德，以通乎物之所造。夫若是者，其天守全，其神无郤，物奚自入焉？夫醉者之坠于车也，虽疾不死。骨节与人同，而犯害与人异，其神全也。乘亦弗知也，坠亦弗知也。死生惊惧不入乎其胸，是故遻物而不慴。彼得全于酒而犹若是，而况得全于天乎？圣人藏于天，故物莫之能伤也。"

列御寇为伯昏无人射，引之盈贯，措杯水其肘上，发之，镝矢复沓，方矢复寓。当是时也，犹象人也。

伯昏无人曰："是射之射，非不射之射也。当与汝登高山，履危石，临百仞之渊，背逡巡，足二分，垂在外。"

揖御寇而进之。御寇伏地，汗流至踵。

伯昏无人曰："夫至人者，上窥青天，下潜黄泉，挥斥八极，神气不变。今汝怵然有恂目之志，尔于中也殆矣夫。"

范氏有子曰子华，善养私客，举国服之，有宠于晋君，不仕而居三卿之右：目所偏视，晋国爵之；口所偏肥，晋国黜之。游其庭者侔于朝，子华使其侠客以智鄙相攻，疆弱相凌。虽伤破于前，不用介意。终日夜以此为戏乐，国殆成俗。禾生、子伯、范氏之上客。出行，经坰外，宿于田叟商丘开之舍。中夜，禾生、子伯二人相与言子华之名势：能使存者亡，亡者存；富者贫，贫者富。商丘开先窘于饥寒，潜于牖北听之，因假粮荷畚之子华之门。子华之门徒皆世族也，缟衣乘轩，缓步阔视。顾见商丘开年老力弱，面目黎黑，衣冠不检，莫不眲之。既而狎侮欺诒，挡㧙挨抌，亡所不为。

商丘开常无愠容，而诸客之技单，愈于戏笑。

遂与商丘开俱乘高台，于众中漫言曰："有能自投下者赏百金。"

众皆竞应。商丘开以为信然，遂先投下，形若飞鸟，扬于地，骫骨无为毁。范氏之党以为偶然，未讵怪也。

因复指河曲之淫隈曰："彼中有宝珠，泳可得也。"

商丘开复从而泳之，既出，果得珠焉，众眆同疑。子华昉令豫肉食衣帛之次。俄而范氏之藏大火。

子华曰："若能入火取绵者，从所得多少赏若。"

商丘开往无难色，入火往还，埃不漫，身不焦。

范氏之党以为有道，乃共谢之曰："吾不知子之有道而诞子，吾不知子之神人而辱子。子其愚我也，子其聋我也，子其盲我也，敢问其道。"

商丘开曰："吾亡道。虽吾之心，亦不知所以。虽然，有一于此，试与子言之。曩子二客之宿吾舍也，闻誉范氏之势：能使存者亡，亡者存；富者贫，贫者富。吾诚之无二心，故不远而来。及来，以子党之言皆实也，唯恐诚之之不至，行之之不及，不知形体之所措，利害之所存也，心一而已。物亡迕者，如斯而已。今昉知子党之诞诞我，我内藏猜虑，外矜观听，追幸昔日之不焦溺也，怛然内热，惕然震悸矣，水火岂复可近哉？"

自此之后，范氏门徒路遇乞儿、马医，弗敢辱也，必下车而揖之。

宰我闻之，以告仲尼，仲尼曰："汝弗知乎？夫至信之人，可以感物也。动天地，感鬼神，横六合，而无逆者，岂但履危险、入水火而已哉？商丘开信伪物犹不逆，况彼我皆诚哉？小子识之！"

周宣王之牧正有役人梁鸯者，能养野禽兽，委食于园庭之内，虽虎狼雕鹗之类，无不柔驯者。雄雌在前，孳尾成群，异类杂居，不相搏噬也。王虑其术终于其身，令毛丘园传之。

梁鸯曰："鸯，贱役也，何术以告尔？惧王之谓隐于尔也，且一言我养虎之法：凡顺之则喜，逆之则怒，此有血气者之性也。然喜怒岂妄发哉？皆逆之所犯也。夫食虎者：不敢以生物与之，为其杀之之怒也；不敢以全物与之，为其碎之之怒也。时其饥饱，达其怒心。虎之与人异类，而媚养己者，顺也；故其杀者，逆也。然则吾岂敢逆之使怒哉？亦不顺之使喜也。

夫喜之复也必怒，怒之复也常喜，皆不中也。今吾心无逆顺者也，则鸟兽之视吾，犹其侪也。故游吾园者，不思高林旷泽；寝吾庭者，不愿深山幽谷，理使然也。"

颜回问乎仲尼曰："吾尝济乎觞深之渊矣，津人操舟若神，吾问焉，曰：'操舟可学邪？'曰：'可。能游者可教也，善游者数能。乃若夫没人，则未尝见舟而谡操之者也。'吾问焉，而不告。敢问何谓也？"

仲尼曰：'噫！吾与若玩其文也久矣，而未达其实，而固得道与。能游者之可教也，轻水也；善游者之数能也，忘水也。乃若夫没人之未尝见舟也而谡操之也，彼视渊若陵，视舟之覆犹其车郤也。覆郤万物方陈乎前而不得入其舍。恶往而不暇？以瓦抠者巧，以钩抠者惮，以黄金钩抠者惛。巧一也，而有所矜，则重外也。凡重外者拙内。"

孔子观于吕梁，悬水三十仞，流沫三十里，鼋鼍鱼鳖之所不能游也。见一丈夫游之，以为有苦而欲死者也，使弟子并流而承之。数百步而出，被发行歌，而游于塘下。

孔子从而问之，曰："吕梁悬水三十仞，流沫三十里，鼋鼍鱼鳖所不能游，向吾见子道之，以为有苦而欲死者，使弟子并流将承子。子出而被发行歌，吾以子为鬼也。察子，则人也。请问蹈水有道乎？"

曰："亡，吾无道。吾始乎故，长乎性，成乎命，与齐俱入，与汩偕出。从水之道而不为私焉，此吾所以道之也。"

孔子曰："何谓始乎故，长乎性，成乎命也？"

曰："吾生于陵安于陵，故也；长于水而安于水，性也；不知吾所以然而然，命也。"

仲尼适楚，出于林中，见佝偻者承蜩，犹掇之也。

仲尼曰："子巧乎！有道邪？"

曰："我有道也。五六月，累垸二而不坠，则失者锱铢；累三而不坠，则失者十一；累五而不坠，犹掇之也。吾处身也，若橛株驹；吾执臂也，若槁木之枝。虽天地之大，万物之多，而唯蜩翼之知。吾不反不侧，不以万物易蜩之翼，何为而不得？"

孔子顾谓弟子曰："用志不分，乃凝于神。其佝偻丈人之谓乎！"

丈人曰："汝逢衣徒也，亦何知问是乎？修汝所以，而后载言其上。"

海上之人有好沤鸟者，每旦之海上，从沤鸟游，沤鸟之至者百数而不止。

其父曰："吾闻沤鸟皆从汝游，汝取来，吾玩之。"

明日之海上，沤鸟舞而不下也。

故曰：至言去言，至为无为；齐智之所知，则浅矣。

赵襄子率徒十万，狩于中山，藉芿燔林，扇赫百里，有一人从石壁中出，随烟烬上下，众谓鬼物。火过，徐行而出，若无所经涉者，襄子怪而留之，徐而察之：形色七窍，人也；气息音声，人也。问奚道而处石？奚道而入火？

其人曰："奚物而谓石？奚物而谓火？"

襄子曰："而向之所出者，石也；而向之所涉者，火也。"

其人曰："不知也。"

魏文侯闻之，问子夏曰："彼何人哉？"

子夏曰："以商所闻夫子之言，和者大同于物，物无得伤阂者，游金石，蹈水火，皆可也。"

文侯曰："吾子奚不为之？"

子夏曰："刳心去智，商未之能。虽然，试语之有暇矣。"

文侯曰："夫子奚不为之？"

子夏曰："夫子能之而能不为者也。"

文侯大说。

有神巫自齐来处于郑，命曰季咸，知人死生、存亡、祸福、寿夭，期以岁、月、旬、日，如神。郑人见之，皆避而走。

列子见之而心醉，而归以告壶丘子，曰："始吾以夫子之道为至矣，则又有至焉者矣。"

壶子曰："吾与汝玩其文，未既其实，而固得道与？众雌而无雄，而又奚卵焉？而以道与世抗，必信矣，夫故使人得而相汝。尝试与来，以予示之。"

明日，列子与之见壶子，

出而谓列子曰："嘻！子之先生死矣，弗活矣，不可以旬数矣。吾见怪焉，见湿灰焉。"

列子入，涕泣沾襟，以告壶子，壶子曰："向吾示之以地文，萌乎不震不止，是殆见吾杜德几也。尝又与来！"

明日，又与之见壶子，出而谓列子曰："幸矣，子之先生遇我也，有瘳矣；全然有生矣，吾见杜权矣。"

列子入告壶子，壶子曰："向吾示之以天壤，名实不入，而机发于踵，此为杜权。是殆见吾善者几也。尝又与来！"

明日，又与之见壶子，出而谓列子曰："子之先生不齐，吾无得而相焉。试斋，将且复相之。"

列子入告壶子，壶子曰："向吾示之以太冲莫胜，是殆见吾衡气几也。鲵旋之潘为渊，止水之潘为渊，流水之潘为渊，滥水之潘为渊，沃水之潘为渊，汛水之潘为渊，雍水之潘为渊，汧水之潘为渊，肥水之潘为渊，是为九渊焉。尝又与来！"

明日又与之见壶子，立未定，自失而走。

壶子曰："追之！"

列子追之而不及，反以报壶子，曰："已灭矣，已失矣，吾不及也。"

壶子曰："向吾示之以未始出吾宗。吾与之虚而猗移，不知其谁何，因以为茅靡，因以为波流，故逃也。"

然后列子自以为未始学而归，三年不出，为其妻爨，食豕如食人，于事无亲，雕瑑复朴，块然独以其形立；纷然而封哉，壹以是终。

子列子之齐，中道而反，遇伯昏瞀人。

伯昏瞀人曰："奚方而反？"

曰："吾惊焉。"

"恶乎惊？"

"吾食于十浆，而五浆先馈。"

伯昏瞀人曰："若是则汝何为惊已？"

曰："夫内诚不解，形谍成光，以外镇人心，使人轻乎贵老，而虀其所患。夫浆人特为食羹之货，多余之赢；其为利也薄，其为权也轻，而犹若是。而况万乘之主，身劳于国，而智尽于事；彼将任我以事，而效我以功，吾是以惊。"

伯昏瞀人曰："善哉，观乎！汝处己，人将保汝矣。"

无几何而往，则户外之屦满矣。伯昏瞀人北面而立，敦杖蹙之乎颐，立有间，不言而出。

宾者以告列子，列子提履徒跣而走，暨乎门，问曰："先生既来，曾不废药乎？"

曰："已矣。吾固告汝曰：人将保汝，果保汝矣。非汝能使人保汝，而汝不能使人无汝保也，而焉用之感也？感豫出异，且必有感也，摇而本身，又无谓也。与游者，莫汝告也。

彼所小言，尽人毒也。莫觉莫悟，何相孰也？"

杨朱南之沛，老聃西游于秦，邀于郊。至梁而遇老子。

老子中道仰天而叹曰："始以汝为可教，今不可教也。"

杨朱不答。

至舍，进涫漱巾栉，脱屦户外，膝行而前，曰："向者夫子仰天而叹曰：'始以汝为可教，今不可教。'弟子欲请夫子辞，行不闲，是以不敢。今夫子闲矣，请问其过。"

老子曰："而睢睢而盱盱，而谁与居？大白若辱，盛德若不足。"

杨朱蹴然变容曰："敬闻命矣！"

其往也，舍迎将家，公执席，妻执栉，舍者避席，炀者避灶。其反也，舍者与之争席矣。

杨朱过宋，东之于逆旅。逆旅人有妾二人，其一人美，其一人恶；恶贵而美者贱。杨子问其故。

逆旅小子对曰："其美者自美，吾不知其美也；其恶者自恶，吾不知其恶也。"

杨子曰："弟子记之！行贤而去自贤之心，安往而不爱哉？"

天下有常胜之道，有常不胜之道。常胜之道曰柔，常不胜之道曰强。二者易知，而人未之知。故上古之言：强，先不己若者；柔，先出于己者。先不己若者，至于若己，则殆矣。先出于己者，亡所殆矣。以此胜一身若徒，以此任天下若徒，谓不胜而自胜，不任而自任也。

粥子曰："欲刚，必以柔守之；欲强，必以弱保之。积于柔必刚，积于弱必强。观其所积，以知祸福之乡。强胜不若己者，至于若己者刚；柔胜出于己者，其力不可量。"

老聃曰："兵强则灭，木强则折；柔弱者生之徒，坚强者

死之徒。"

状不必童而智童，智不必童而状同。圣人取童智而遗同状，众人近童状而疏童智。状与我童者，近而爱之；状与我异者，疏而畏之。有七尺之骸，手足之异，戴发含齿，倚而趣者，谓之人，而人未必无兽心。虽有兽心，以状而见亲矣。傅翼戴角，分牙布爪，仰飞伏走，谓之禽兽，而禽兽未必无人心。虽有人心，以状而见疏矣。庖牺氏、女娲氏、神农氏、夏后氏，蛇身人面，牛首虎鼻：此有非人之状，而有大圣之德；夏桀、殷纣、鲁桓、楚穆，状貌七窍，皆同于人，而有禽兽之心。而众人守一状以求至智，未可几也。

黄帝与炎帝战于阪泉之野，帅熊、罴、狼、豹、貙、虎为前驱，以雕、鹖、鹰、鸢为旗帜，此以力使禽兽者也。尧使夔典乐，击石拊石，百兽率舞；箫韶九成，凤皇来仪，此以声致禽兽者也。然则禽兽之心，奚为异人？形音与人异，而人不知接之之道焉。圣人无所不知，无所不通，故得引而使之焉。禽兽之智有自然与人同者，其齐欲摄生，亦不假智于人也。牝牡相偶，母子相亲，避平依险，违寒就温。居则有群，行则有列；小者居内，壮者居外；饮则相携，食则鸣群。太古之时，则与人同处，与人并行。帝王之时，始惊骇散乱矣。逮于末世，隐伏逃窜，以避患害。今东方介氏之国，其国人数数解六畜之语者，盖偏知之所得。太古神圣之人，备知万物情态，悉解异类音声。会而聚之，训而受之，同于人民。故先会鬼神魑魅，次达八方人民，末聚禽兽虫蛾，言血气之类心智不殊远也。神圣知其如此，故其所教训者无所遗逸焉。

宋有狙公者，爱狙。养之成群，能解狙之意，狙亦得公之心。损其家口，充狙之欲。俄而匮焉，将限其食。

王问所从来，左右曰："王默存耳。"

由此穆王自失者三月而复，更问化人。

化人曰："吾与王神游也，形奚动哉？且曩之所居，奚异王之宫？曩之所游，奚异王之圃？王闲恒有，疑暂亡，变化之极，徐疾之间，可尽模哉？"

王大悦，不恤国事，不乐臣妾，肆意远游，命驾八骏之乘，右服骅骝而左绿耳，右骖赤骥而左白义，主车则造父为御，泰丙为右，次车之乘，右服渠黄而左逾轮，左骖盗骊而右山子，柏夭主车，参百为御，奔戎为右。驰驱千里，至于巨蒐氏之国。巨蒐氏乃献白鹄之血以饮王，具牛马之湩以洗王之足，及二乘之人。已饮而行，遂宿于昆仑之阿，赤水之阳。别日升昆仑之丘，以观黄帝之宫，而封之以诒后世。遂宾于西王母，觞于瑶池之上。西王母为王谣，王和之，其辞哀焉。

西观日之所入，一日行万里。

王乃叹曰："於乎！予一人不盈于德而谐于乐，后世其追数吾过乎！"

穆王几神人哉！能穷当身之乐，犹百年乃徂，世以为登假焉。

老成子学幻于尹文先生，三年不告。老成子请其过而求退。

尹文先生揖而进之于室，屏左右而与之言曰："昔老聃之徂西也，顾而告予曰：有生之气，有形之状，尽幻也。造化之所始，阴阳之所变者，谓之生，谓之死。穷数达变，因形移易者，谓之化，谓之幻。造物者其巧妙，其功深，固难穷难终。因形者其巧显，其功浅，故随起随灭。知幻化之不异生死也，始可与学幻矣。吾与汝亦幻也，奚须学哉？"

老成子归，用尹文先生之言深思三月，遂能存亡自在，幡校四时。冬起雷，夏造冰；飞者走，走者飞。终身不箸其术，

故世莫传焉。

子列子曰："善为化者，其道密庸，其功同人。五帝之德，三王之功，未必尽智勇之力，或由化而成，孰测之哉？"

觉有八徵，梦有六侯。奚谓八徵？一曰故，二曰为，三曰得，四曰丧，五曰哀，六曰乐，七曰生，八曰死。此八征者，形所接也。奚谓六侯？一曰正梦，二曰愕梦，三曰思梦，四曰寤梦，五曰喜梦，六曰惧梦。此六侯者，神所交也。不识感变之所起者，事至则惑其所由然，识感变之所起者，事至则知其所由然。知其所由然，则无所怛。一体之盈虚消息，皆通于天地，应于物类。故阴气壮，则梦涉大水而恐惧；阳气壮，则梦涉大火而燔炳；阴阳俱壮，则梦生杀。甚饱则梦与，甚饥则梦取。是以，以浮虚为疾者，则梦扬；以沈实为疾者，则梦溺。藉带而寝则梦蛇，飞鸟衔发则梦飞。将阴梦火，将疾梦食。饮酒者忧，歌舞者哭。

子列子曰："神遇为梦，形接为事。故昼想夜梦，神形所遇。故神凝者，想梦自消，信觉不语，信梦不达。物化之往来者也。古之真人，其觉自忘，其寝不梦，几虚语哉？"

西极之南隅有国焉，不知境界之所接，名古莽之国。阴阳之气所不交，故寒暑亡辨；日月之光所不照，故昼夜亡辨。其民不食不衣而多眠。五旬一觉，以梦中所为者实，觉之所见者妄。四海之齐谓中央之国，跨河南北，越岱东西，万有余里。其阴阳之审度，故一寒一暑；昏明之分察，故一昼一夜。其民有智有愚。万物滋殖，才艺多方。有君臣相临，礼法相持。其所云为，不可称计。一觉一寐，以为觉之所为者实，梦之所见者妄。东极之北隅有国曰阜落之国。其土气常燠，日月余光之照。其土不生嘉苗，其民食草根木实，不知火食。性刚悍，强弱相藉，贵胜而不尚义；多驰步，少休息，常觉而不眠。

第四卷《列子·通虚经》

周之尹氏大治产，其下趣役者侵晨昏而弗息。有老役夫筋力竭矣，而使之弥勤。昼则呻呼而即事，夜则昏惫而熟寐。精神荒散，昔昔梦为国君，居人民之上，总一国之事，游燕宫观，恣意所欲，其乐无比，觉则复役。

人有慰喻其勤者，役夫曰："人生百年，昼夜各分。吾昼为仆虏，苦则苦矣；夜为人君，其乐无比。何所怨哉？"

尹氏心营世事，虑钟家业，心形俱疲，夜亦昏惫而寐。昔昔梦为人仆，趋走作役，无不为也；数骂杖挞，无不至也。眠中哼呓呻呼，彻旦息焉。尹氏病之，以访其友。

友曰："若位足荣身，资财有余，胜人远矣。夜梦为仆，苦逸之复，数之常也。若欲觉梦兼之，岂可得邪？"

尹氏闻其友言，宽其役夫之程，减己思虑之事，疾并少间。

郑人有薪于野者，遇骇鹿，御而击之，毙之。恐人见之也，遽而藏诸隍中，覆之以蕉，不胜其喜。俄而遗其所藏之处，遂以为梦焉，顺途而咏其事。傍人有闻者，用其言而取之。

既归，告其室人曰："向薪者梦得鹿而不知其处，吾今得之，彼直真梦者矣。"

室人曰："若将是梦见薪者之得鹿邪？讵有薪者邪？今真得鹿，是若之梦真邪？"

夫曰："吾据得鹿，何用知彼梦我梦邪？"

薪者之归，不厌失鹿，其夜真梦藏之之处，又梦得之之主。爽旦，案所梦而寻得之。遂讼而争之，归之士师。

士师曰："若初真得鹿，妄谓之梦，真梦得鹿，妄谓之实。彼真取若鹿，而与若争鹿。室人又谓梦仞人鹿，无人得鹿。今据有此鹿，请二分之。"

以闻郑君，郑君曰："嘻！士师将复梦分人鹿乎？"

访之国相，国相曰："梦与不梦，臣所不能辨也。欲辨觉梦，唯黄帝、孔丘。今亡黄帝、孔丘，熟辨之哉？且恂士师之言可也。"

宋阳里华子中年病忘，朝取而夕忘，夕与而朝忘；在途则忘行，在室而忘坐；不识先后，不识今古。阖室毒之：谒史而卜之，弗占；谒巫而祷之，弗禁；谒医而攻之，弗已。鲁有儒生自媒能治之，华子之妻子以居产之半请其方。

儒生曰："此固非封兆之所占，非祈请之所祷，非药石之所攻。吾试化其心，变其虑，庶几其瘳乎！"

于是试露之，而求衣；饥之，而求食；幽之，而求明。儒生欣然告其子曰："疾可已也。然吾之方密，传世不以告人。试屏左右，独与居室七日。"

从之。莫知其所施为也，积年之疾一朝都除。华子既悟，乃大怒，黜妻罚子，操戈逐儒生，宋人执而问其以。

华子曰："曩吾忘也，荡荡然不觉天地之有无。今顿识既往，数十年来存亡、得失、哀乐、好恶，扰扰万绪起矣。吾恐将来之存亡、得失、哀乐、好恶之乱吾心如此也，须臾之忘；可复得乎？"

子贡闻而怪之，以告孔子，孔子曰："此非汝所及乎！"
顾谓颜回纪之。

秦人逢氏有子，少而惠，及壮而有迷罔之疾：闻歌以为哭，视白以为黑，飨香以为朽，尝甘以为苦，行非以为是；意之所之，天地、四方、水火、寒暑，无不倒错者焉。

杨氏告其父曰："鲁之君子多术艺，将能已乎？汝奚不访焉？"

其父之鲁，过陈，遇老聃，因告其子之证。

老聃曰："汝庸知汝子之迷乎？今天下之人皆惑于是非，昏于利害。同疾者多，固莫有觉者。且一身之迷不足倾一家，一家之迷不足倾一乡，一乡之迷不足倾一国，一国之迷不足倾天下。天下尽迷，孰正之哉？向使天下之人其心尽如汝子，汝则反迷矣。哀乐、声色、臭味、是非，孰能正之？且吾之此言未必非迷，而况鲁之君子，迷之邮者，焉能解人之迷哉？荣汝之粮，不若遄归也。"

燕人生于燕，长于楚，及老而还本国。

过晋国，同行者诳之，指城曰："此燕国之城。"

其人愀然变容，指社曰："此若里之社。"

乃谓然而叹，指舍曰："此若先人之庐。"

乃涓然而泣，指垅曰："此若先人之冢。"

其人哭不自禁。

同行者哑然大笑，曰："予昔绐若，此晋国耳。"

其人大惭。及至燕，真见燕国之城社，真见先人之庐冢，悲心更微。

仲尼第四

仲尼闲居，子贡入待，而有忧色。子贡不敢问，出告颜回。颜回援琴而歌。

孔子闻之，果召回入，问曰："若奚独乐？"

回曰："夫子奚独忧？"

孔子曰："先言尔志。"

曰："吾昔闻之夫子曰：'乐天知命故不忧'，回所以乐也。"

孔子愀然有间曰:"有是言哉?汝之意失矣。此吾昔日之言尔,请以今言为正也。汝徒知乐天知命之无忧,未知乐天知命有忧之大也。今告若其实。修一身,任穷达,知去来之非我,亡变乱于心虑,尔之所谓乐天知命之无忧也。曩吾修《诗》、《书》,正礼乐,将以治天下,遗来世,非但修一身,治鲁国而已。而鲁之君臣日失其序,仁义益衰,情性益薄。此道不行一国与当年,其如天下与来世矣?吾始知《诗》、《书》、《礼》、《乐》无救于治乱,而未知所以革之之方:此乐天知命者之所忧也。虽然,吾得之矣。夫乐而知者,非古人之谓所乐知也。无乐无知,是真乐真知;故无所不乐,无所不知,无所不忧,无所不为。《诗》、《书》、《礼》、《乐》,何弃之有?革之何为?"

颜回北面拜手曰:"回亦得之矣。"

出告子贡,子贡茫然自失,归家淫思七日,不寝不食,以至骨立。颜回重往喻之,乃反丘门,弦歌诵书,终身不辍。

陈大夫聘鲁,私见叔孙氏,叔孙氏曰:"吾国有圣人。"

曰:"非孔丘邪?"

曰:"是也。"

"何以知其圣乎?"

叔孙氏曰:"吾常闻之颜回,曰:孔丘能废心而用形。"

陈大夫曰:"吾国亦有圣人,子弗知乎?"

曰:"圣人孰谓?"

曰:"老聃之弟子有亢仓子者,得聃之道,能以耳视而目听。"

鲁侯闻之大惊,使上卿厚礼而致之,亢仓子应聘而至,鲁侯卑辞请问之。

亢仓子曰:"传之者妄。我能视听不用耳目,不能易耳目之用。"

鲁侯曰:"此增异矣。其道奈何?寡人终愿闻之。"

亢仓子曰:"我体合于心,心合于气,气合于神,神合于无。其有介然之有,唯然之音,虽远在八荒之外,近在眉睫之内,来干我者,我必知之。乃不知是我七孔四支之所觉,心腹六脏之知,其自知而已矣。"

鲁侯大悦,他日以告仲尼,仲尼笑而不答。

商太宰见孔子曰:"丘圣者欤?"

孔子曰:"圣则丘何敢?然则丘博学多识者也。"

商太宰曰:"三王圣者欤?"

孔子曰:"三王善任智勇者,圣则丘弗知。"

曰:"五帝圣者欤?"

孔子曰:"五帝善任仁义者,圣则丘弗知。"

曰:"三皇圣者欤?"

孔子曰:"三皇善任因时者,圣则丘弗知。"

商太宰大骇,曰:"然则孰者为圣?"

孔子动容有间,曰:"西方之人,有圣者焉,不治而不乱,不言而自信,不化而自行,荡荡乎民无能名焉。丘疑其为圣。弗知真为圣欤?真不圣欤?"

商太宰嘿然心计曰:"孔丘欺我哉!"

子夏问孔子曰:"颜回之为人奚若?"

子曰:"回之仁贤于丘也。"

曰:"子贡之为人奚若?"

子曰:"赐之辨贤于丘也。"

曰："子路之为人奚若？"

子曰："由之勇贤于丘也。"

曰："子张之为人奚若？"

子曰："师之庄贤于丘也。"

子夏避席而问曰："然则四子者何为事夫子？"

曰："居！吾语汝。夫回能仁而不能反，赐能辨而不能讷，由能勇而不能怯，师能庄而不能同，兼四子之有以易吾，吾弗许也。此其所以事吾而不贰也。"

子列子既师壶丘子，友伯昏瞀人，乃居南郭。从之处者，百数而不及。虽然，子列子亦微焉，朝朝相与辨，无不闻。而与南郭子连墙二十年，不上谒请；相遇于道，目若不相见者。门之徒役以为子列子与南郭子有敌不疑。

有自楚来者问子列子曰："先生与南郭子奚敌？"

子列子曰："南郭子貌充心虚，耳无闻，目无见，口无言，心无知，形无惕。往将奚为？虽然，试与汝偕往。"

阅弟子四十人同行。见南郭子，果若欺魄焉，而不可与接。顾视子列子，形神不相偶，而不可与群。南郭子俄而指子列子之弟子末行者与言，衎衎然若专直而在雄者。子列子之徒骇之。反舍，咸有疑色。

子列子曰："得意者无言，进知者亦无言。用无言为言亦言，无知为知亦知。无言与不言，无知与不知，亦言亦知。亦无所不言，亦无所不知；亦无所言，亦无所知。如斯而已。汝奚妄骇哉？"

子列子学也，三年之后，心不敢念是非，口不敢言利害，始得老商一眄而已。五年之后，心更念是非，口更言利害，老商始一解颜而笑。七年之后，从心之所念，更无是非；从口之所言，更无利害。夫子始一引吾并席而坐。九年之后，横心之所念，横口之所言，亦不知我之是非利害欤，亦不知彼之是非利害欤，外内进矣。而后眼如耳，耳如鼻，鼻如口，无不同也。心凝形释，骨肉都融，不觉形之所倚，足之所履，心之所念，言之所藏。如斯而已，则理无所隐矣。

初，子列子好游，壶丘子曰："御寇好游，游何所好？"

列子曰："游之乐所玩无故。人之游也，观其所见；我之游也，观之所变。游乎游乎，未有能辨其游者。"

壶丘子曰："御寇之游固与人同欤，而曰固与人异欤？凡所见，亦恒见其变。玩彼物之无故，不知我亦无故。务外游，不知务内观。外游者，求备于物；内观者，取足于身。取足于身，游之至也；求备于物，游之不至也。"

于是列子终身不出，自以为不知游。

壶丘子曰："游其至乎！至游者，不知所适；至观者，不知所眡。物物皆游矣，物物皆观矣，是我之所谓游，是我之所谓观也。故曰：游其至矣乎！游其至矣乎！"

龙叔谓文挚曰："子之术微矣。吾有疾，子能已乎？"

文挚曰："唯命所听。然先言子所病之证。"

龙叔曰："吾乡誉不以为荣，国毁不以为辱；得而不喜，失而弗忧；视生如死，视富如贫；视人如豕，视吾如人；处吾之家，如逆旅之舍；观吾之乡，如戎蛮之国。凡此众疾，爵赏不能劝，刑罚不能威，盛衰、利害不能易，哀乐不能移。固不可事国君，交亲友，御妻子，制仆隶。此奚疾哉？奚方能已之乎？"

文挚乃命龙叔背明而立，文挚自后向明而望之，既而曰："嘻！吾见子之心矣，方寸之地虚矣。几圣人也！子心六孔

流通，一孔不达。今以圣智为疾者，或由此乎！非吾浅术所能已也。"

无所由而常生者，道也。由生而生，故虽终而不亡者，常也。由生而亡，不幸也。有所由而常死者，亦道也。由死而死，故虽未终而自亡者，亦常也。由死而生，幸也。故无用而生谓之道，用道得终谓之常；有所用而死者亦谓之道，用道而得死者亦谓之常。

季梁之死，杨朱望其门而歌；随梧之死，杨朱抚其尸而哭。隶人之生，隶人之死，众人且歌，众人且哭。目将眇者，先睹秋毫；耳将聋者，先闻蚋飞；口将爽者，先辨淄渑；鼻将窒者，先觉焦朽；体将僵者，先亟奔佚；心将迷者，先识是非：故物不至者则不反。

郑之圃泽多贤，东里多才。圃泽之役有伯丰子者，行过东里，遇邓析。

邓析顾其徒而笑曰："为若舞，彼来者奚若？"

其徒曰："所愿知也。"

邓析谓伯丰子曰："汝知养养之义乎？受人养而不能自养者，犬豕之类也；养物而物为我用者，人之力也。使汝之徒食而饱，衣而息，执政之功也。长幼群聚而为牢藉庖厨之物，奚异犬豕之类乎？"

伯丰子不应，伯丰子之从者越次而进曰："大夫不闻齐鲁之多机乎？有善治土木者，有善治金革者，有善治声乐者，有善治书数者，有善治军旅者，有善治宗庙者，群才备也，而无相位者，无能相使者，而位之者无知，使之者无能，而知之与能为之使焉。执政者，乃吾之所使；子奚矜焉？"

邓析无以应，目其徒而退。

公仪伯以力闻诸侯，堂豀公言之于周宣王，王备礼以聘之。公仪伯至；观形，懦夫也。

宣王心惑而疑曰："女之力何如？"

公仪伯曰："臣之力能折春螽之股，堪秋蝉之翼。"

王作色曰："吾之力者能裂犀兕之革，曳九牛之尾，犹憾其弱。女折春螽之股，堪秋蝉之翼，而力闻天下，何也？"

公仪伯长息退席，曰："善哉，王之问也！臣敢以实对。臣之师有商丘子者，力无敌于天下，而六亲不知，以未尝用其力故也。臣以死事之，乃告臣曰：'人欲见其所不见，视人所不窥，欲得其所不得，修人所不为。故学眎者先见舆薪，学听者先闻撞钟。夫有易于内者无难于外。于外无难，故名不出其一家。'今臣之名闻于诸侯，是臣违师之教，显臣之能者也。然则臣之名不以负其力者也，以能用其力者也，不犹愈于负其力者乎？"

中山公子牟者，魏国之贤公子也，好与贤人游，不恤国事，而悦赵人公孙龙，乐正子舆之徒笑之。

公子牟曰："子何笑牟之悦公孙龙也？"

子舆曰："公孙龙之为人也，行无师，学无友，佞给而不中，漫衍而无家，好怪而妄言。欲惑人之心，屈人之口，与韩檀等肄之。"

公子牟变容曰："何子状公孙龙之过欤？请闻其实。"

子舆曰："吾笑龙之诒孔穿，言：'善射者，能令后镞中前括，发发相及，矢矢相属；前矢造准而无绝落，后矢之括犹衔弦，视之若一焉。'孔穿骇之。龙曰：'此未其妙者。逢蒙之弟子曰鸿超，怒其妻而怖之。引乌号之弓，綦卫之箭，射其目。矢来注眸子而眶不睫，矢隧地而尘不扬。'是岂智者之言与？"

公子牟曰："智者之言固非愚者之所晓。后镞中前括，钧后于前。矢注眸子而眶不睫，尽矢之势也。子何疑焉？"

乐正子舆曰："子，龙之徒，焉得不饰其阙？吾又言其尤者。"

龙诳魏王曰："有意不心，有指不至，有物不尽，有影不移，发引千钧，白马非马，孤犊未尝有母，其负类反伦，不可胜言也。"

公子牟曰："子不谕至言而以为尤也，尤其在子矣。夫无意则心同，无指则皆至，尽物者常有；影不移者，说在改也；发引千钧，势至等也；白马非马，形名离也；孤犊未尝有母，非孤犊也。"

乐正子舆曰："子以公孙龙之鸣皆条也。设令发于余窍，子亦将承之。"

公子牟默然良久，告退，曰："请待余日，更谒子论。"

尧治天下五十年，不知天下治欤？不治欤？不知亿兆之愿戴己欤？不愿戴己欤？顾问左右，左右不知。问外朝，外朝不知。问在野，在野不知。

尧乃微服游于康衢，闻儿童谣曰："立我蒸民，莫匪尔极。不识不知，顺帝不则。"

尧喜问曰："谁教尔为此言？"

童儿曰："我闻之大夫。"

问大夫，大夫曰："古诗也。"

尧还宫，召舜，因禅以天下，舜不辞而受之。

关尹喜曰："在己无居，形物自著，其动若水，其静若镜，其应若响。故其道若物者也。物自违道，道不违物。善若道者，亦不用耳，亦不用目，亦不用力，亦不用心。欲若道而用视听形智以求之，弗当矣。瞻之在前，忽焉在后，用之弥满，六虚废之莫知其所。亦非有心者所能得远，亦非无心者所能得近，唯默而得之性而成之者得之。知而忘情，能而不为，真知真能也。发无知，何能情？发不能，何能为？聚块也，积尘也，虽无为而非理也。"

汤问第五

殷汤问于夏革曰："古初有物乎？"

夏革曰："古初无物，今恶得物？后之人将谓今之无物，可乎？"

殷汤曰："然则物无先后乎？"

夏革曰："物之终始，初无极已。始或为终，终或为始，恶知其纪？然自物之外、自事之先，朕所不知也。"

殷汤曰："然则上下八方有极尽乎？"

革曰："不知也。"

汤固问，革曰："无则无极，有则无尽，朕何以知之？然无极之外，复无无极，无尽之中，复无无尽。无极复无无极，无尽复无无尽。朕以是知其无极无尽也，而不知其有极有尽也。"

汤又问曰："四海之外奚有？"

革曰："犹齐州也。"

汤曰："汝奚以实之？"

革曰："朕东行至营，人民犹是也。问营之东，复犹营也。西行至豳，人民犹是也。问豳之西，复犹豳也。朕以是知四海、四荒、四极之外不异是也。故大小相含，无穷极也。含万物者，亦如含天地。含万物也，故不穷；含天地也，故无极。朕亦焉知天地之表不有大天地者乎？亦吾所不知也。然则天地亦物也。物有不足，故昔者女娲氏练五色之石以补其阙，断鳌之足以立四极。其后共工氏与颛顼争为帝，怒而触不周之山，折天柱，绝地维。天倾西北，故日月星辰就焉；地不满东南，故百川水潦归焉。"

汤又问："物有巨细乎？有修短乎？有同异乎？"

革曰：

渤海之东不知几亿万里，有大壑焉，实惟无底之谷，其下无底，名曰归墟。八纮九野之水，天汉之流，莫不注之，而无增无减焉。其中有五山焉：一曰岱舆，二曰员峤，三曰方壶，四曰瀛洲，五曰蓬莱。其山高下周旋三万里，其顶平处九千里。山之中间相去七万里，以为邻居焉。其上，台观皆金玉，禽兽皆纯缟，珠玕之树皆丛生，华实皆有滋味，食之皆不老不死。所居之人，仙圣之种，一日一夕飞相往来者，不可数焉。而五山之根无所连著，常随潮波上下往还，不得暂峙焉。仙圣毒之，诉之于帝。帝恐流于西极，失群仙圣之居，乃命禺强使巨鳌十五举首而戴之。迭为三番，六万岁一交焉，五山始峙。而龙伯之国有大人，举足不盈数步而暨五山之所，一钓而连六鳌，合负而趣，归其国，灼其骨以数焉。员峤二山流于北极，沈于大海，仙圣之播迁者巨亿计。帝凭怒，侵减龙伯之国使厄，侵小龙伯之民使短。至伏羲、神农时，其国人犹数十丈。从中州以西四十万里得僬侥国，人长一尺五寸。东北极有人名曰诤人，长九寸。

荆之南有冥灵者，以五百岁为春，五百岁为秋。上古有大

第四卷《列子·通虚经》

椿者，以八千岁为春，八千岁为秋。朽壤之上有菌芝者，生于朝，死于晦。春夏之月有蠓蚋者，因雨而生，见阳而死。

终北之北有溟海者，天池也，有鱼焉。其广数千里，其长称焉，其名为鲲。有鸟焉，其名为鹏，翼若垂天之云，其体称焉。世岂知有此物哉？大禹行而见之，伯益知而名之，夷坚闻而志之。

江浦之间生么虫，其名曰焦螟，群飞而集于蚊睫，弗相触也。栖宿去来，蚊弗觉也。离朱、子羽方昼拭眦扬眉而望之，弗见其形；虪俞、师旷方夜擿耳俯首而听之，弗闻其声。唯黄帝与容成子居空峒之上，同斋三月，心死形废；徐以神视，块然见之，若嵩山之阿；徐以气听，砰然闻之，若雷霆之声。

吴楚之国有大木焉，其名为櫾，碧树而冬青，实丹而味酸。食其皮汁，已愤厥之疾。齐州珍之，渡淮而北而化为枳焉，鸲鹆不逾济，貉逾汶则死矣，地气然也。

虽然，形气异也，情性钧已，无相易已，生皆全已，分皆足已，吾何以识其巨细？何以识其修短？何以识其同异哉？

太形王屋二山，方七百里，高万仞。本在冀州之南、河阳之北。北山愚公者，年且九十，面山而居；惩山北之塞，出入之迂也。

聚室而谋，曰："吾与汝毕力平险，指通豫南，达于汉阴，可乎？"

杂然相许，其妻献疑曰："以君之力，曾不能损魁父之丘，如太形王屋何？且焉置土石？"

杂曰："投诸渤海之尾，隐土之北。"

遂率子孙荷担者三夫，叩石垦壤，箕畚运于渤海之尾。邻人京城氏之孀妻有遗男，始龀，跳往助之。寒暑易节，始一反焉。

河曲智叟笑而止之，曰："甚矣，汝之不惠！以残年余力，曾不能毁山之一毛，其如土石何？"

北山愚公长息曰："汝心不固，固不可彻，曾不若孀妻弱子。虽我之死，有子存焉。子又生孙，孙又生子；子又有子，子又有孙：子子孙孙，无穷匮也，而山不加增，何苦而不平？"

河曲智叟亡以应。

操蛇之神闻之，惧其不已也，告之于帝。帝感其诚，命夸蛾氏二子负二山，一厝朔东，一厝雍南。自此，冀之南、汉之阴，无陇断焉。

夸父不量力，欲追日影，逐之于隅谷之际。渴欲得饮，赴饮河渭。河渭不足，将走北饮大泽。未至，道渴而死。弃其杖，尸膏肉所浸，生邓林，弥广数千里焉。

大禹曰："六合之间，四海之内，照之以日月，经之以星辰，纪之以四时，要之以太岁。神灵所生，其物异形；或夭或寿，唯圣人能通其道。"

夏革曰：

然则亦有不待神灵而生，不待阴阳而形，不待日月而明，不待杀戮而夭，不待将迎而寿，不待五谷而食，不待缯纩而衣，不待舟车而行。其道自然，非圣人之所通也。

禹之治水土也，迷而失涂，谬之一国。滨北海之北，不知距齐州几千万里，其国名曰终北，不知际畔之所齐限。无风雨霜露，不生鸟兽、虫鱼、草木之类。四方悉平，周以乔陟。当国之中有山，名壶领，状若甔甀。顶有口，状若员环，名曰滋穴。有水涌出，名曰神瀵，臭过兰椒，味过醪醴。一源分为四埒，注于山下，经营一国，亡不悉遍。土气和，亡札厉。人性婉而从物，不竞不争。柔心而弱骨，不骄不忌；长幼侪

第四卷《列子·通虚经》

居，不君不臣；男女杂游，不媒不聘；缘水而居，不耕不稼。土气温适，不织不衣；百年而死，不夭不病。其民孳阜亡数，有喜乐，亡衰老哀苦。其俗好声，相携而迭谣，终日不辍者。饥倦则饮神瀵，力志和平。过则醉，经旬乃醒。沐浴神瀵，肤色脂泽，香气经旬乃歇。

周穆王北游过其国，三年忘归。既反周室，慕其国，惝然自失。不进酒肉，不召嫔御者，数月乃复。

管仲勉齐桓公因游辽口，俱之其国，几克举。

隰朋谏曰："君舍齐国之广，人民之众，山川之观，殖物之阜，礼义之盛，章服之美；妖靡盈庭，忠良满朝。叱咤则徒卒百万，视捴则诸侯从命，亦奚羡于彼而弃齐国之社稷，从戎夷之国乎？此仲父之耄，奈何从之？"

桓公乃止，以隰朋之言告管仲。

仲曰："此固非朋之所及也，臣恐彼国之不可知之也。齐国之富奚恋？隰朋之言奚顾？"

南国之人，祝发而裸；北国之人，鞨巾而裘；中国之人，冠冕而裳。九土所资，或农或商，或田或渔，如冬裘夏葛，水舟陆车，默而得之，性而成之。

越之东有辄沐之国，其长子生则解而食之，谓之宜弟。

其大父死，负其大母而弃之，曰："鬼妻不可以同居处。"

楚之南有炎人之国，其亲戚死，剐其肉而弃之，然后埋其骨，乃成为孝子。

秦之西有仪渠之国者，其亲戚死，聚柴积而焚之。燻则烟上，谓之登遐，然后成为孝子。此上以为政，下以为俗，而未足为异也。

孔子东游，见两小儿辩斗，问其故，一儿曰："我以日始

出时去人近，而日中时远也。"

一儿曰："我以日初出远，而日中时近也。"

一儿曰："日初出大如车盖，及日中则如盘盂，此不为远者小而近者大乎？"

一儿曰："日初出沧沧凉凉，及其中如探汤，此不为近者热而远者凉乎？"

孔子不能决也，两小儿笑曰："孰为汝多知乎？"

均，天下之至理也，连于形物亦然。均发均县轻重而发绝，不均也；均也，其绝也莫绝。人以为不然，自有知其然者也。

詹何以独茧丝为纶，芒针为钩，荆筱为竿，剖粒为饵，引盈车之鱼于百仞之渊、汩流之中，纶不绝，钩不伸，竿不挠。

楚王闻而异之，召问其故，詹何曰："臣闻先大夫之言。蒲且子之弋也，弱弓纤缴，乘风振之，连双仓于青云之际。用心专，动手均也。臣因其事，放而学钓，五年始尽其道。当臣之临河持竿，心无杂虑，唯鱼之念，投纶沉钩，手无轻重，物莫能乱。鱼见臣之钩饵，犹沉埃聚沫，吞之不疑，所以能以弱制强，以轻致重也。大王治国诚能若此，则天下可运于一握，将亦奚事哉？"

楚王曰："善。"

鲁公扈、赵齐婴二人有疾，同诣扁鹊求治，扁鹊治之。

既同愈，谓公扈、齐婴曰："汝曩之所疾，自外而干府藏者，固药石之所已。今有偕生之疾，与体偕长，今为汝攻之，何如？"

二人曰："愿先闻其验。"

扁鹊谓公扈曰："汝志强而气弱，故足于谋而寡于断；齐婴志弱而气强，故少于虑而伤于专。若换汝之心，则均于善矣。"

扁鹊遂饮二人毒酒，迷死三日，剖胸探心，易而置之，投以神药，既悟如初，二人辞归。于是公扈反齐婴之室，而有其妻子，妻子弗识；齐婴亦反公扈之室，有其妻子，妻子亦弗识。二室因相与讼，求辨于扁鹊。扁鹊辨其所由，讼乃已。

匏巴鼓琴而鸟舞鱼跃，郑师文闻之，弃家从师襄游。柱指钧弦，三年不成章。

师襄曰："子可以归矣。"

师文舍其琴，叹曰："文非弦之不能钧，非章之不能成。文所存者不在弦，所志者不在声。内不得于心，外不应于器，故不敢发手而动弦。且小假之，以观其所。"

无几何，复见师襄，师襄曰："子之琴何如？"

师文曰："得之矣。请尝试之。"

于是当春而叩商弦以召南吕，凉风忽至，草木成实；及秋而叩角弦以激夹钟，温风徐回，草木发荣；当夏而叩羽弦以召黄钟，霜雪交下，川池暴沍；及冬而叩徵弦以激蕤宾，阳光炽烈，坚冰立散。将终，命宫而总四弦，则景风翔，庆云浮，甘露降，澧泉涌。

师襄乃抚心高蹈曰："微矣，子之弹也！虽师旷之清角，邹衍之吹律，亡以加之，被将挟琴执管而从子之后耳。"

薛谭学讴于秦青，未穷青之技，自谓尽之，遂辞归，秦青弗止。饯于郊衢，抚节悲歌，声振林木，响遏行云。薛谭乃谢求反，终身不敢言归。

秦青顾谓其友曰："昔韩娥东之齐，匮粮，过雍门，鬻歌假食。既去而余音绕梁欐，三日不绝，左右以其人弗去。过逆旅，逆旅人辱之。韩娥因曼声哀哭，一里老幼悲愁，垂涕相对，三日不食。遽百追之。娥还，复为曼声长歌，一里老幼善跃抃舞，

弗能自禁，忘向之悲也，乃厚赂发之。故雍门之人至今善歌哭，放娥之遗声。"

伯牙善鼓琴，钟子期善听。

伯牙鼓琴，志在高山，钟子期曰："善哉，峨峨兮若泰山！"

志在流水，钟子期曰："善哉，洋洋兮若江河！"

伯牙所念，钟子期必得之。伯牙游于泰山之阴，卒逢暴雨，止于岩下；心悲，乃援琴而鼓之。初为霖雨之操，更造崩山之音。曲每奏，钟子期辄穷其趣。

伯牙乃舍琴而叹曰："善哉，善哉！子之听夫志想象犹吾心也。吾于何逃声哉？"

周穆王西巡狩，越昆仑，至弇山。

反还，未及中国，道有献工人名偃师，穆王荐之，问曰："若有何能？"

偃师曰："臣唯命所试。然臣已有所造，愿王先观之。"

穆王曰："日以俱来，吾与若俱观之。"

翌日，偃师谒见王，王荐之曰："若与偕来者何人邪？"

对曰："臣之所造能倡者。"

穆王惊视之，趋步俯仰，信人也。巧夫锢其颐，则歌合律；捧其手，则舞应节。千变万化，惟意所适。王以为实人也，与盛姬内御并观之。技将终，倡者瞬其目而招王之左右侍妾。王大怒，立欲诛偃师。偃师大慑，立剖散倡者以示王，皆傅会革、木、胶、漆、白、黑、丹、青之所为。王谛料之，内则肝、胆、心、肺、脾、肾、肠、胃，外则筋骨、支节、皮毛、齿发，皆假物也，而无不毕具者，合会复如初见王试。废其心，则口不能言；废其肝，则目不能视；废其肾，则足不能步。

穆王始悦而叹曰："人之巧乃可与造化者同功乎？"

第四卷《列子·通虚经》

诏贰车载之以归。

夫班输之云梯，墨翟之飞鸢，自谓能之极也。弟子东门贾、禽滑厘闻偃师之巧，以告二子，二子终身不敢语艺，而时执规矩。

甘蝇，古之善射者，彀弓而兽伏鸟下。弟子名飞卫，学射于甘蝇，而巧过其师。纪昌者，又学射于飞卫。

飞卫曰："尔先学不瞬，而后可言射矣。"

纪昌归，偃卧其妻之机下，以目承牵挺。二年之后，虽锥末到眦，而不瞬也。以告飞卫。

飞卫曰："未也，必学视而后可。视小如大，视微如著，而后告我。"

昌以氂悬虱于牖，南面而望之。旬日之间，浸大也；三年之后，如车轮焉；以睹余物，皆丘山也。乃以燕角之弧、荆蓬之簳射之，贯虱之心，而悬不绝。以告飞卫。

飞卫高蹈拊膺曰："汝得之矣！"

纪昌既尽卫之术，计天下之敌己者，一人而已，乃谋杀飞卫。一日相遇于野，二人交射，中路端锋相触，而坠于地，而尘不扬。飞卫之矢先穷，纪昌遗一矢，既发，飞卫以棘刺扞之之，而无差焉。于是二子泣而投弓，相拜于途，请为父子，刻臂以誓，不得告术于人。

造父之师曰泰豆氏。造父之始从习御也，执礼甚卑，泰豆三年不告。

造父执礼愈谨，乃告之曰："古诗言：'良弓之子，必先为箕，良冶之子，必先为裘。'汝先观吾趣。趣如事，然后六辔可持，六马可御。"

造父曰："唯命所从。"

泰豆乃立木为途，仅可容足，计步而置，履之而行，趣走往还，无跌失也。造父学之，三日尽其巧。

泰豆叹曰："子何其敏也？得之捷乎？凡所御者，亦如此也。曩汝之行，得之于足，应之于心。推于御也，齐辑乎辔衔之际，而急缓乎唇吻之和，正度乎胸臆之中，而执节乎掌握之间。内得于中心，而外合于马志，是故能进退履绳而旋曲中规，取道致远而气力有余，诚得其术也。得之于衔，应之于辔；得之于辔，应之于手；得之于手，应之于心。则不以目视不以策驱，心闲体正，六辔不乱而二十四蹄所投无差，回旋进退莫不中节。然后舆轮之外可使无余辙，马蹄之外可使无余地，未尝觉山谷之险，原隰之夷，视之一也。吾术穷矣。汝其识之！"

魏黑卵以昵嫌杀丘邴章。丘邴章之子来丹谋报父之仇。丹气甚猛，形甚露，计粒而食，顺风而趋。虽怒，不能称兵以报之。耻假力于人，誓手剑以屠黑卵。黑卵悍志绝众，九抗百夫，节骨皮肉，非人类也。延颈承刀，披胸受矢，铓锷摧屈，而体无挞痕。负其材力，视来丹犹雏鷇也。

来丹之友申他曰："子怨黑卵至矣，黑卵之易子过矣，将奚谋焉？"

来丹垂涕曰："愿子为我谋。"

申他曰："吾闻卫孔周其祖得殷帝之宝剑，一童子服之，却三军之众，奚不请焉？"

来丹遂适卫，见孔周，执仆御之礼，请先纳妻子，后言所欲。

孔周曰："吾有三剑，唯子所择，皆不能杀人，且先言其状。一曰含光，视之不可见，运之不知有；其所触也，泯然无际，经物而物不觉。二曰承影，将旦昧爽之交，日夕昏明之际，北面而察之，淡淡焉若有物存，莫识其状；其所触也，窃窃然有声，

第四卷《列子·通虚经》

经物而物不疾也。三曰宵练，方昼则见影而不见光，方夜见光而不见形；其触物也，骜然而过，随过随合，觉疾而不血刃焉。此三宝者，传之十三世矣，而无施于事，匣而藏之，未尝启封。"

来丹曰："虽然，吾必请其下者。"

孔周乃归其妻子，与斋七日。晏阴之间，跪而授其下剑，来丹再拜受之以归。来丹遂执剑从黑卵。时黑卵之醉偃于牖下，自颈至腰三斩之。黑卵不觉。来丹以黑卵之死，而退。遇黑卵之子于门，击之三下，如投虚。

黑卵之子方笑曰："汝何蚩而三招予？"

来丹知剑之不能杀人也，叹而归。

黑卵既醒，怒其妻曰："醉而露我，使人嗌疾而腰急。"

其子曰："畴昔来丹之来，遇我于门，三招我，亦使我体疾而支强，彼其厌我哉！"

周穆王大征西戎，西戎献锟铻之剑，火浣之布。其剑长尺有咫，练钢赤刃，用之切玉如切泥焉。火浣之布，浣之必投于火，布则火色，垢则布色。出火而振之，皓然疑乎雪。皇子以为无此物，传之者妄。

萧叔曰："皇子果于自信，果于诬理哉？"

力命第六

力谓命曰："若之功奚若我哉？"

命曰："汝奚功于物，而欲比朕？"

力曰："寿夭、穷达、贵贱、贫富，我力之所能也。"

命曰："彭祖之智不出尧舜之上，而寿八百；颜渊之才不出众人之下，而寿四八；仲尼之德，不出诸侯之下，而困于陈、蔡；殷、纣之行，不出三仁之上，而居君位；季札无爵于吴，田恒专有齐国。夷齐饿于首阳，季氏富于展禽。若是汝力之所能，奈何寿彼而夭此？穷圣而达逆，贱贤而贵愚，贫善而富恶邪？"

力曰："若如若言，我固无功于物而物若此邪？此则若之所制邪？"

命曰："既谓之命，奈何有制之者邪？朕直而推之，曲而任之。自寿自夭，自穷自达，自贵自贱，自富自贫，朕岂能识之哉？朕岂能识之哉？"

北宫子谓西门子曰："朕与子：并世也，而人子达；并族也，而人子敬；并貌也，而人子爱；并言也，而人子庸；并行也，而人子诚；并仕也，而人子贵；并农也，而人子富；并商也，而人子利。朕衣则裋褐，食则粢粝，居则蓬室，出则徒行；子衣则文锦，食则粱肉，居则连欐，出则结驷。在家熙然有弃朕之心，在朝谭然有敖朕之色。请谒不相及，遨游不同行，固有年矣。子自以德过朕邪？"

西门子曰："予无以知其实。汝造事而穷，予造事而达，此厚薄之验欤？而皆谓与予并，汝之颜厚矣。"

北宫子无以应，自失而归，中途遇东郭先生。

先生曰："汝奚往而反，偊偊而步，有深愧之色邪？"

北宫子言其状，东郭先生曰："吾将舍汝之愧，与汝更之西门氏而问之。"

曰："汝奚辱北宫子之深乎？固且言之。"

西门子曰："北宫子言世族、年貌、言行与予并，而贱贵、贫富与予异。予语之曰：'予无以知其实。汝造事而穷，予造事而达，此将厚薄之验欤？而皆谓与予并，汝之颜厚矣。'"

东郭先生曰："汝之言厚薄不过言才德之差，吾之言厚薄异于是矣。夫北宫子厚于德，薄于命；汝厚于命，薄于德。汝之达，非智得也；北宫子之穷，非愚失也。皆天也，非人也。而汝以命厚自矜，北公子以德厚自愧，皆不识夫固然之理矣。"

西门子曰："先生止矣！予不敢复言。"

北宫子既归，衣其裋褐，有狐貉之温；进其茙菽，有稻粱之味；庇其蓬室，若广厦之荫；乘其筚辂，若文轩之饰。终身逌然，不知荣辱之在彼也，在我也。

东郭先生闻之曰："北宫子之寐久矣，一言而能寤，易悟也哉！"

管夷吾、鲍叔牙二人相友甚戚，同处于齐。管夷吾事公子纠，鲍叔牙事公子小白。齐公族多宠，嫡庶并行，国人惧乱。管仲与召忽奉公子纠奔鲁，鲍叔奉公子小白奔莒。既而公孙无知作乱，齐无君，二公子争入。管夷吾与小白战于莒道，射中小白带钩。小白既立，胁鲁杀子纠，召忽死之，管夷吾被囚。

鲍叔牙谓桓公曰："管夷吾能，可以治国。"

桓公曰："我仇也，愿杀之。"

鲍叔牙曰："吾闻贤君无私怨，且人能为其主，亦必能为人君。如欲霸王，非夷吾其弗可。君必舍之！"

遂召管仲，鲁归之，齐鲍叔牙郊迎，释其囚。桓公礼之，而位于高国之上，鲍叔牙以身下之，任以国政，号曰仲父，桓公遂霸。

管仲尝叹曰："吾少穷困时，尝与鲍叔贾，分财多自与，鲍叔不以我为贪，知我贫也。吾尝为鲍叔谋事而大穷困，鲍叔不以我为愚，知时有利不利也。吾尝三仕，三见逐于君，

鲍叔不以我为不肖，知我不遭时也。吾尝三战三北，鲍叔不以我为怯，知我有老母也。公子纠败，召忽死之，吾幽囚受辱，鲍叔不以我为无耻，知我不羞小节而耻名不显于天下也。生我者父母，知我者鲍叔也！"

此世称管鲍善交者，小白善用能者。然实无善交，实无用能也。实无善交、实无用能者，非更有善交、更有善用能也。召忽非能死，不得不死；鲍叔非能举贤，不得不举；小白非能用仇，不得不用。

及管夷吾有病，小白问之，曰："仲父之病疾矣，可不讳云。至于大病，则寡人恶乎属国而可？"

夷吾曰："公谁欲欤？"

小白曰："鲍叔牙可。"

曰："不可。其为人也，洁廉善士也，其于不己若者不比之人，一闻人之过，终身不忘。使之理国，上且钩乎君，下且逆乎民。其得罪于君也，将弗久矣。"

小白曰："然则孰可？"

对曰："勿已，则隰朋可。其为人也，上忘而下不叛，愧其不若黄帝，而哀不己若者。以德分人，谓之圣人；以财分人，谓之贤人。以贤临人，未有得人者也；以贤下人者，未有不得人者也。其于国有不闻也，其于家有不见也。勿已，则隰朋可。"

然则管夷吾非薄鲍叔也，不得不薄；非厚隰朋也，不得不厚。厚之于始，或薄之于终；薄之于始，或厚之于终。厚薄之去来，弗由我也。

邓析操两可之说，设无穷之辞，当子产执政，作竹刑。郑国用之，数难子产之治。子产屈之，执而戮之，俄而诛之。然则子产非能用竹刑，不得不用；邓析非能屈子产，不得不屈；

子产非能诛邓析，不得不诛也。

可以生而生，天福也；可以死而死，天福也。可以生而不生，天罚也；可以死而不死，天罚也。可以生，可以死，得生得死，有矣；可以生，可以死，或死或生，有矣。然而生生死死，非物非我，皆命也，智之所无奈何。故曰，窈然无际，天道自会；漠然无分，天道自运。天地不能犯，圣智不能干，鬼魅不能欺。自然者，默之成之，平之宁之，将之迎之。

杨朱之友曰季梁。季梁得疾，七日大渐。其子环而泣之，请医。

季梁谓杨朱曰："吾子不肖如此之甚，汝奚不为我歌以晓之？"

杨朱歌曰："天其弗识，人胡能觉？匪祐自天，弗孽由人。我乎汝乎！其弗知乎！医乎巫乎！其知之乎？"

其子弗晓，终谒三医。一曰矫氏，二曰俞氏，三曰卢氏，诊其所疾。

矫氏谓季梁曰："汝寒温不节，虚实失度，病由饥饱色欲。精虑烦散，非天非鬼。虽渐，可攻也。"

季梁曰："众医也，亟屏之！"

俞氏曰："女始则胎气不足，乳湩有余。病非一朝一夕之故，其所由来渐矣，弗可已也。"

季梁曰："良医也，且食之！"

卢氏曰："汝疾不由天，亦不由人，亦不由鬼。禀生受形，既有制之者矣，亦有知之者矣，药石其如汝何？"

季梁曰："神医也，重贶遣之！"

俄而季梁之疾自瘳。

生非贵之所能存，身非爱之所能厚；生亦非贱之所能夭，

身亦非轻之所能薄。故贵之或不生，贱之或不死；爱之或不厚，轻之或不薄。此似反也，非反也，此自生自死，自厚自薄。或贵之而生，或贱之而死；或爱之而厚，或轻之而薄。此似顺也，非顺也，此亦自生自死，自厚自薄。

鬻熊语文王曰："自长非所增，自短非所损，算之所亡若何？"

老聃语关尹曰："天之所恶，孰知其故？"

言迎天意，揣利害，不如其已。

杨布问曰："有人于此，年兄弟也，貌兄弟也，才兄弟也，貌兄弟也；而寿夭父子也，贵贱父子也，名誉父子也，爱憎父子也。吾惑之。"

杨子曰："古之人有言，吾尝识之，将以告若。不知所以然而然，命也。今昏昏昧昧，纷纷若若，随所为，随所不为，日去日来，孰能知其故？皆命也。夫信命者，亡寿夭；信理者，亡是非；信心者，亡逆顺；信性者，亡安危。则谓之都亡所信，都亡所不信。真矣，悫矣，奚去奚就？奚哀奚乐？奚为奚不为？《黄帝之书》云：'至人居若死，动若械。'亦不知所以居，亦不知所以不居；亦不知所以动，亦不知所以不动。亦不以众人之观易其情貌，亦不谓众人之不观不易其情貌。独往独来，独出独入，孰能碍之？"

墨尿、单至、啴咺、憋懯四人相与游于世，胥如志也。穷年不相知情，自以智之深也。巧佞、愚直、婩斫、便辟四人相与游于世，胥如志也，穷年而不相语术，自以巧之微也。狯狚、情露、謇极、凌谇四人相与游于世，胥如志也，穷年不相晓悟，自以为才之得也。眠娗、諈诿、勇敢、怯疑四人相与游于世，胥如志也，穷年不相谪发，自以行无戾也。多偶、自专、乘权、只立，四人相与游于世，胥如志也，穷年不相顾眄，自以时之适也。此众态也，其貌不一，而咸之于道，命所归也。

俛俛成者，俏成者也，初非成也。俛俛败者，俏败者也，初非败也。故迷生于俏，俏之际昧然。于俏而不昧然，则不骇外祸，不喜内福，随时动，随时止，智不能知也。信命者，于彼我无二心。于彼我而有二心者，不若目塞耳，背城面隍，亦不坠仆也。故曰：死生自命也，贫穷自时也。怨夭折者，不知命者也；怨贫穷者，不知时者也。当死不惧，在穷不戚，知命安时也。其使多智之人，量利害，料虚实，度人情，得亦中，亡亦中。其少智之人，不量利害，不料虚实，不度人情，得亦中，亡亦中。量与不量，料与不料，度与不度，奚以异？唯亡所量，亡所不量，则全而亡丧。亦非知全，亦非笑丧。自全也，自亡也，自丧也。

齐景公游于牛山，北临其国城而流涕曰："美哉国乎！郁郁芊芊，若何滴滴去此国而死乎？使古无死者，寡人将去斯而之何？"

史孔、梁丘据皆从而泣曰："臣赖君之赐：疏食恶肉，可得而食；驽马栈车，可得而乘也。且犹不欲死，而况吾君乎？"

晏子独笑于旁，公雪涕而顾晏子曰："寡人今日之游悲，孔与据皆从寡人而泣，子之独笑，何也？"

晏子对曰："使贤者而常守之，则太公桓公将常守之矣；使有勇者而常守之，则庄公灵公将常守之矣。数君者将守之，吾君方将被蓑笠而立乎畎亩之中，唯事之恤，何暇今死乎？则吾君又安得此位而立焉？以其迭处之，迭去之，至于君也，而独为之流涕，是不仁也。见不仁之君，见谄谀之臣。臣见此二者，臣之所为独窃笑也。"

景公惭焉，举觞自罚；罚二臣者，各二觞焉。

魏人有东门吴者，其子死而不忧。

其相室曰："公之爱子也，天下无有。今子死不忧，何也？"

东门吴曰："吾常无子，无子之时不忧。今子死，乃与向无子同，臣奚忧焉？"

农赴时，商趣利，工追术，仕逐势，势使然也。然农有水旱，商有得失，工有成败，仕有遇否，命使然也。

杨朱第七

杨朱游于鲁，舍于孟氏。

孟氏问曰："人而已矣，奚以名为？"

曰："以名者为富。"

"既富矣，奚不已焉？"

曰："为贵。"

"既贵矣，奚不已焉？"

曰："为死。"

"既死矣，奚为焉？"

曰："为子孙。"

"名奚益于子孙？"

曰："名乃苦其身，燋其心。乘其名者，泽及宗族，利兼乡党，况子孙乎？"

"凡为名者必廉，廉斯贫；为名者必让，让斯贱。"

曰："管仲之相齐也，君淫亦淫，君奢亦奢，志合言从，道行国霸，死之后，管氏而已。田氏之相齐也，君盈则己降，君敛则己施，民皆归之，因有齐国，子孙享之，至今不绝。"

若实名贫，伪名富。

曰："实无名，名无实，名者，伪而已矣。昔者尧舜伪以天下让许由、善卷，而不失天下，享祚百年。伯夷、叔齐实以孤竹让，而终亡其国，饿死于首阳之山。实、伪之辩，如此其省也。"

杨朱曰："百年，寿之大齐。得百年者，千无一焉。设有一者，孩抱以逮昏老，几居其半矣。夜眠之所弭，昼觉之所遗，又几居其半矣。痛疾哀苦，亡失忧惧，又几居其半矣。量十数年之中，逌然而自得，亡介焉之虑者，亦亡一时之中尔。则人之生也奚为哉？奚乐哉？为美厚尔，为声色尔。而美厚复不可常厌足，声色不可常玩闻；乃复为刑赏之所禁劝，名法之所进退；遑遑尔竞一时之虚誉，规死后之余荣；偊偊尔慎耳目之观听，惜身意之是非；徒失当年之至乐，不能自肆于一时。重囚累梏，何以异哉？太古之人，知生之暂来，知死之暂往。故从心而动，不违自然所好，当生之娱，非所去也，故不为名所劝。从性而游，不逆万物所好，死后之名，非所取也，故不为刑所及。名誉先后，年命多少，非所量也。"

杨朱曰："万物所异者生也，所同者死也。生则有贤愚、贵贱，是所异也；死则有臭腐消灭，是所同也。虽然，贤愚、贵贱，非所能也，臭腐、消灭，亦非所能也。故生非所能生，死非所能死，贤非所能贤，愚非所能愚，贵非所能贵，贱非所能贱。然而万物齐生齐死，齐贤齐愚，齐贵齐贱。十年亦死，百年亦死；仁圣亦死，凶愚亦死。生则尧舜，死则腐骨；生则桀纣，死则腐骨。腐骨一矣，孰知其异？且趣当生，奚遑死后？"

杨朱曰："伯夷非亡欲，矜清之邮，以放饿死；展季非亡情，矜贞之郵，以放寡宗。清贞之误善之若此。"

杨朱曰："原宪窭于鲁，子贡殖于卫。原宪之窭损生，子贡之殖累身。"

"然则窭亦不可，殖亦不可，其可焉在？"

曰："可在乐生，可在逸身。故善乐生者不窭，善逸身者不殖。"

杨朱曰："古语有之：生相怜，死相捐，此语至矣。相怜之道，非唯情也。勤能使逸，饥能使饱，寒能使温，穷能使达也。相捐之道，非不相哀也。不含珠玉，不服文锦，不陈牺牲，不设明器也。"

晏平仲问养生于管夷吾，管夷吾曰："肆之而已，勿壅勿阏。"

晏平仲曰："其目奈何？"

夷吾曰："恣耳之所欲听，恣目之所欲视，恣鼻之所欲向，恣口之所欲言，恣体之所欲安，恣意之所欲行。夫耳之所欲闻者音声而不得听，谓之阏聪；目之所欲见者美色而不得视，谓之阏明；鼻之所欲向者椒兰而不得嗅，谓之阏颤；口之所欲道者是非而不得言，谓之阏智；体之所欲安者美厚而不得从，谓之阏适；意之所为者放逸而不得行，谓之阏性。凡此诸阏，废虐之主。去废虐之主，熙熙然以俟死，一日、一月、一年、十年，吾所谓养。拘此废虐之主，录而不舍，戚戚然以至久生，百年、千年、万年，非吾所谓养。"

管夷吾曰："吾既告子养生矣，送死奈何？"

晏平仲曰："送死略矣，将何以告焉？"

管夷吾曰："吾固欲闻之。"

晏平仲曰："既死，岂在我哉？焚之亦可，沈之亦可，瘗之亦可，露之亦可，衣薪而弃诸沟壑亦可，衮衣绣裳而纳诸石椁亦可，唯所遇焉。"

管夷吾顾谓鲍叔黄子曰："生死之道，吾二人进之矣。"

子产相郑，专国之政三年，善者服其化，恶者畏其禁，郑国以治，诸侯惮之。而有兄曰公孙朝，有弟曰公孙穆，朝好酒，穆好色。朝之室也，聚酒千钟，积曲成封，望门百步，糟浆之气逆于人鼻。方其荒于酒也，不知世道之争危，人理之悔吝，室内之有亡，九族之亲疏，存亡之哀乐也。虽水火兵刃交于前，弗知也。穆之后庭，比房数十，皆择稚齿婑媠者以盈之。方其耽于色也，屏亲昵，绝交游，逃于后庭，以昼足夜，三月一出，意犹未惬。乡有处子之娥姣者，必贿而招之，媒而挑之，必获而后已。

子产日夜以为戚，密造邓析而谋之，曰："侨闻治身以及家，治家以及国，此言自于近至于远也。侨为国则治矣，而家则乱矣。其道逆邪？将奚方以救二子？子其诏之！"

邓析曰："吾怪之久矣！未敢先言。子奚不时其治也，喻以性命之重，诱以礼义之尊乎？"

子产用邓析之言，因间以谒其兄、弟而告之曰："人之所以贵于禽兽者，智虑。智虑之所将者，礼义。礼义成，则名位至矣。若触情而动，耽于嗜欲，则性命危矣。子纳侨之言，则朝自悔而夕食禄矣。"

朝穆曰："吾知之久矣，择之亦久矣，岂待若言而后识之哉？凡生之难遇，而死之易及，以难遇之生，俟易及之死，可孰念哉？而欲尊礼义以夸人，矫情性以招名，吾以此为弗若死矣。为欲尽一生之欢，穷当年之乐，唯患腹溢而不得恣口之饮，力惫而不得肆情于色，不遑忧名声之丑，性命之危也。且若以治国之能夸物，欲以说辞乱我之心，荣禄喜我之意，不亦鄙

而可怜哉？我又欲与若别之。夫善治外者，物未必治而身交苦；善治内者，物未必乱而性逸。以苦之治外，其法可暂行于一国，未合于人心，以我之治内，可推之于天下，君臣之道息矣。吾常欲以此术而喻之，若反以彼术而教我哉？"

子产忙然无以应之。

他日以告邓析，邓析曰："子与真人居而不知也，孰谓子智者乎？郑国之治偶耳，非子之功也。"

卫端木叔者，子贡之世也。藉其先货，家累万金。不治世故，放意所好。其生民之所欲为，人意之所欲玩者，无不为也，无不玩也。墙屋台榭，园囿池沼，饮食车服，声乐嫔御，拟齐楚之君焉。至其情所欲好，耳所欲听，目所欲视，口所欲尝，虽殊方偏国，非齐土之所产育者，无不必之，犹藩墙之物也。及其游也，虽山川阻险，途径修远，无不必之，犹人之行咫步也。宾客在庭者日百数：庖厨之下，不绝烟火；堂庑之上，不绝声乐。奉养之余，先散之宗族；宗族之余，次散之邑里；邑里之余，乃散之一国。行年六十，气干将衰，弃其家事，都散其库藏、珍宝、车服、妾媵。一年之中尽焉，不为子孙留财。及其病也，无药石之储；及其死也，无瘗埋之资。一国之人，受其施者，相与赋而藏之，反其子孙之财焉。

禽骨厘闻之曰："端木叔，狂人也，辱其祖矣。"

段干木闻之，曰："端木叔，达人也，德过其祖矣。其所行也，其所为也，众意所惊，而诚理所取。卫之君子多以礼教自持，固未足以得此人之心也。"

孟孙阳问杨朱曰："有人于此，贵生爱身，以蕲不死，可乎？"

曰："理无不死。"

"以蕲久生，可乎？"

曰："理无久生。生非贵之所能存，身非爱之所能厚。且久生奚为？五情好恶，古犹今也；四体安危，古犹今也；世事苦乐，古犹今也；变易治乱，古犹今也。既闻之矣，既见之矣，既更之矣，百年犹厌其多，况久生之苦也乎？"

孟孙阳曰："若然，速亡愈于久生，则践锋刃，入汤火，得所志矣。"

杨子曰："不然。既生，则废而任之，究其所欲，以俟于死；将死，则废而任之，究其所之，以放于尽。无不废，无不任，何遽迟速于其间乎？"

杨朱曰："伯成子高不以一毫利物，舍国而隐耕。大禹不以一身自利，一体偏枯。古之人，损一毫利天下，不与也，悉天下奉一身，不取也。人人不损一毫，人人不利天下，天下治矣。"

禽子问杨朱曰："去子体之一毛，以济一世，汝为之乎？"

杨子曰："世固非一毛之所济。"

禽子曰："假济，为之乎？"

杨子弗应，禽子出，语孟孙阳。

孟孙阳曰："子不达夫子之心，吾请言之。有侵苦肌肤获万金者，若为之乎？"

曰："为之。"

孟孙阳曰："有断若一节得一国。子为之乎？"

禽子默然有间，孟孙阳曰："一毛微于肌肤，肌肤微于一节，省矣。然则积一毛以成肌肤，积肌肤以成一节。一毛固一体万分中之一物，奈何轻之乎？"

禽子曰："吾不能所以答子。然则以子之言问老聃、关尹，则子言当矣；以吾言问大禹、墨翟，则吾言当矣。"

孟孙阳因顾与其徒说他事。

杨朱曰："天下之美归之舜、禹、周、孔，天下之恶归之桀、纣。然而舜耕于河阳，陶于雷泽，四体不得暂安，口腹不得美厚，父母之所不爱，弟妹之所不亲，行年三十，不告而娶，乃受尧之禅，年已长，智已衰。商钧不才，禅位于禹，戚戚然以至于死：此天人之穷毒者也。鲧治水土，绩用不就，殛诸羽山。禹纂业事仇，惟荒土功，子产不字，过门不入，身体偏枯，手足胼胝，及受舜禅，卑宫室，美绂冕，戚戚然以至于死：此无人之忧苦者也。武王既终，成王幼弱，周公摄天子之政。邵公不悦，四国流言。居东三年，诛兄放弟，仅免其身，戚戚然以至于死：此天人之危惧者也。孔子明帝王之道，应时君之聘，伐树于宋，削迹于卫，穷于商周，围于陈蔡，受屈于季氏，见辱于阳虎，戚戚然以至于死：此天民之遑遽者也。凡彼四圣者，生无一日之欢，死有万世之名。名者，固非实之所取也。虽称之弗知，虽赏之不知，与株块无以异矣。桀：藉累世之资，居南面之尊，智足以距群下，威足以震海内，恣耳目之所误，穷意虑之所为，熙熙然从至于死：此天民之逸荡者也。纣：亦藉累世之资，居南面之尊，威无不行，志无不从，肆情于倾宫，纵欲于长夜，不以礼义自苦，熙熙然以至于诛：此天民之放纵者也。彼二凶也，生有纵欲之欢，死被愚暴之名。实者，固非名之所与也，虽毁之不知，虽称之弗知，此与株块奚以异矣。彼四圣虽美之所归，苦以至终，同于死矣；彼二凶虽恶之所归，乐以至终，亦同归于死矣。"

杨朱见梁王，言治天下如运诸掌。

梁王曰："先生有一妻一妾，而不能治，三亩之园，而不能芸，而言治天下如运诸掌，何也？"

对曰:"君见其牧羊者乎?百羊而群,使五尺童子荷箠而随之,欲东而东,欲西而西。使尧牵一羊,舜荷箠而随之,则不能前矣。且臣闻之:吞舟之鱼,不游枝流,鸿鹄高飞,不集污池,何则?其极远也。黄钟大吕,不可从烦奏之舞,何则?其音疏也。将治大者不治细,成大功者不成小,此之谓矣。"

杨朱曰:"太古之事灭矣,孰志之哉?三皇之事,若存若亡;五帝之事,若觉若梦;三王之事,或隐或显,亿不识一。当身之事,或闻或见,万不识一。目前之事或存或废,千不识一。太古至于今日,年数固不可胜纪。但伏羲已来三余万岁,贤愚、好丑、成败、是非,无不消灭,但迟速之间耳。矜一时之毁誉,以焦苦其神形,要死后数百年中余名,岂足润枯骨?何生之乐哉?"

杨朱曰:"人肖天地之类,怀五常之性,有生之最灵者也。人者,爪牙不足以供守卫,肌肤不足以自捍御,趋走不足以从利逃害,无毛羽以御寒暑,必将资物以为养,任智而不恃力。故智之所贵,存我为贵;力之所贱,侵物为贱。然身非我有也,既生,不得不全之;物非我有也,既有,不得而去之。身固生之主,物亦养之主。虽全生,不可有其身;虽不去物,不可有其物。有其物有其身,是横私天下之身,横私天下之物。不横私天下之身、不横私天下之物者,其唯圣人乎!公天下之身、公天下之物,其唯至人矣!此之谓至至者也。"

杨朱曰:生民之不得休息,为四事故:一为寿,二为名,三为位,四为货。有此四者,畏鬼,畏人,畏威,畏刑,此谓之遁民也。可杀可活,制命在外。不逆命,何羡寿?不矜贵,何羡名?不要势,何羡位?不贪富,何羡货?此之谓顺民也。天下无对,制命在内,故语有之曰:人不婚宦,情欲

失半；人不衣食，君臣道息。周谚曰：田父可坐杀：晨出夜入，自以性之恒；啜菽茹藿，自以味之极；肌肉粗厚，筋节腃急。一朝处以柔毛绨幕，荐以粱肉兰橘，心惛体烦，内热生病矣。商鲁之君与田父侔地，则亦不盈一时而憊矣。故野人之所安，野人之所美，谓天下无过者。

昔者宋国有田夫，常衣缊黂，仅以过冬，暨春东作，自曝于日，不知天下之有广厦隩室，绵纩狐貉，顾谓其妻曰："负日之暄，人莫知者，以献吾君，将有重赏。"

里之富室告之曰："昔人有美戎菽、甘枲茎芹萍子者，对乡豪称之。乡豪取而尝之，蜇于口，惨于腹，众哂而怨之，其人大惭。子此类也。"

杨朱曰："丰屋、美服、厚味、姣色，有此四者，何求于外？有此而求外者，无厌之性。无厌之性，阴阳之蠹也。忠不足以安君，适足以危身；义不足以利物，适足以害生。安上不由于忠，而忠名灭焉；利物不由于义，而义名绝焉。君臣皆安，物我兼利，古之道也。鬻子曰：去名者无忧。老子曰：名者实之宾。而悠悠者趋名不已。名固不可去？名固不可宾邪？今有名则尊荣，亡名则卑辱；尊荣则逸乐，卑辱则忧苦。忧苦，犯性者也；逸乐，顺性者也。斯实之所系矣。名胡可去？名胡可宾？但恶夫守名而累实。守名而累实，将恤危亡之不救，岂徒逸乐忧苦之间哉？"

说符第八

子列子学于壶丘子林，壶丘子林曰："子知持后，则可言持身矣。"

列子曰："愿闻持后。"

曰："顾若影，则知之。"

列子顾而观影："形枉则影曲，形直则影正。然则枉直随形而不在影，屈申任物而不在我，此之谓持后而处先。"

关尹谓子列子曰："言美则响美，言恶则响恶；身长则影长，身短则影短。名也者，响也；行也者，影也。故曰：慎尔言，将有和之；慎尔行，将有随之。是故圣人见出以知入，观往以知来，此其所以先知之理也。度在身，稽在人。人爱我，我必爱之；人恶我，我必恶之。汤武爱天下，故王；桀纣恶天下，故亡。此所稽也，稽度皆明而不道也，譬之出不由门，行不从径也。以是求利，不亦难乎？尝观之神农、有炎之德，稽之虞、夏、商、周之书，度诸法士贤人之言，所以存亡废兴而非由此道者，未之有也。"

严恢曰："所为问道者为富，今得珠亦富矣，安用道？"

子列子曰："桀、纣唯重利而轻道，是以亡。幸哉，余未汝语也！人而无义，唯食而已，是鸡狗也。疆食靡角，胜者为制，是禽兽也。为鸡狗禽兽矣，而欲人之尊己，不可得也。人不尊己，则危辱及之矣。"

列子学射，中矣，请于关尹子。

尹子曰："子知子之所以中者乎？"

对曰："弗知也。"

关尹子曰："未可。"

退而习之。

三年，又以报关尹子，尹子曰："子知子之所以中乎？"

列子曰："知之矣。"

关尹子曰:"可矣!守而勿失也。非独射也,为国与身,亦皆如之。故圣人不察存亡,而察其所以然。"

列子曰:"色盛者骄,力盛者奋,未可以语道也。故不班白语道失,而况行之乎?故自骄自奋则人莫之告。人莫之告,则孤而无辅矣。贤者任人,故年老而不衰,智尽而不乱。故治国之难:在于知贤,而不在自贤。"

宋人有为其君以玉为楮叶者,三年而成。丰杀茎柯,毫芒繁泽,乱之楮叶中而不可别也。此人遂以巧食宋国。

子列子闻之,曰:"使天地之生物,三年而成一叶,则物之叶者寡矣。故圣人恃道化而不恃智巧。"

子列子穷,容貌有饥色。

客有言之郑子阳者曰:"列御寇,盖有道之士也,居君之国而穷。君无乃为不好士乎?"

郑子阳即令官遗之粟。子列子出,见使者,再拜而辞。

使者去,子列子入,其妻望而拊心曰:"妾闻为有道者之妻子,皆得佚乐,今有饥色,君过而遗先生食。先生不受,岂不命也哉?"

子列子笑谓之曰:"君非自知我也。以人之言而遗我粟,至其罪我也,又且以人之言,此吾所以不受也。"

其卒,民果作难,而杀子阳。

鲁施氏有二子,其一好学,其一好兵。好学者以术干齐侯,齐侯纳之,以为诸公子之傅。好兵者之楚,以法干楚王,楚王悦之,以为军正。禄富其家,爵荣其亲。施氏之邻人孟氏,同有二子,所业亦同,而窘于贫。羡施氏之有,因从请进趋之方,二子以实告孟氏。

孟氏之一子之秦,以术干秦王,秦王曰:"当今诸侯力争,所务兵食而已。若用仁义治吾国，是灭亡之道。"

遂宫而放之。

其一子之卫，以法干卫侯，卫侯曰："吾弱国也，而摄乎大国之间。大国吾事之，小国吾抚之，是求安之道。若赖兵权，灭亡可待矣。若全而归之，适于他国，为吾之患不轻矣。"

遂刖之，而还诸鲁。

既反，孟氏之父子叩胸而让施氏。

施氏曰："凡得时者昌，失时者亡。子道与吾同，而功与吾异，失时者也，非行之谬也。且天下理无常是，事无常非。先日所用，今或弃之；今之所弃，后或用之。此用与不用，无定是非也。投隙抵时，应事无方，属乎智。智苟不足，使若博如孔丘，术如吕尚，焉往而不穷哉？"

孟氏父子舍然无愠容，曰："吾知之矣，子勿重言！"

晋文公出会，欲伐卫，公子锄仰天而笑。

公问何笑，曰："臣笑邻之人有送其妻适私家者，道见桑妇，悦而与言。然顾视其妻，亦有招之者矣。臣窃笑此也。"

公寤其言，乃止。引师而还，未至，而有伐其北鄙者矣。

晋国苦盗，有郄雍者，能视盗之貌，察其眉睫之间而得其情。晋侯使视盗，千百无遗一焉。

晋侯大喜，告赵文子曰："吾得一人，而一国盗为尽矣，奚用多为？"

文子曰："吾君恃伺察而得盗，盗不尽矣，且郄雍必不得其死焉。"

俄而群盗谋曰："吾所穷者，郄雍也。"

遂共盗而残之。晋侯闻而大骇，立召文子而告之曰："果如子言，郄雍死矣！然取盗何方？"

文子曰："周谚有言：察见渊鱼者不祥，智料隐匿者有殃。且君欲无盗，莫若举贤而任之：使教明于上，化行于下，民有耻心，则何盗之为？"

于是用随会知政，而群盗奔秦焉。

孔子自卫反鲁，息驾乎河梁而观焉。有悬水三十仞，圜流九十里，鱼鳖弗能游，鼋鼍弗能居，有一丈夫方将厉之。

孔子使人并涯止之，曰："此悬水三十仞，圜流九十里，鱼鳖弗能游，鼋鼍弗能居也。意者难可以济乎？"

丈夫不以错意，遂度而出。

孔子问之曰："巧乎？有道术乎？所以能入而出者，何也？"

丈夫对曰："始吾之入也，先以忠信；及吾之出也，又从以忠信。忠信错吾躯于波流，而吾不敢用私，所以能入而复出者，以此也。"

孔子谓弟子曰："二三子识之！水且犹可以忠信诚身亲之，而况人乎？"

白公问孔子问："人可与微言乎？"

孔子不应，白公问曰："若以石投水，何如？"

孔子曰："吴之善没者能取之。"

曰："若以水投水何如？"

孔子曰："淄、渑之合，易牙尝而知之。"

白公曰："人故不可与微言乎？"

孔子曰："何为不可？唯知言之谓者乎！夫知言之谓者，不以言言也。争鱼者濡，逐兽者趋，非乐之也。故至言去言，至为无为。夫浅知之所争者，末矣。"

白公不得已，遂死于浴室。

赵襄子使新稚、穆子攻翟，胜之，取左人、中人；使遽人来谒之，襄子方食而有忧色。

左右曰："一朝而两城下，此人之所喜也；今君有忧色，何也？"

襄子曰："夫江河之大也，不过三日；飘风暴雨不终朝，日中不须臾。今赵氏之德行，无所施于积，一朝而两城下，亡其及我哉！"

孔子闻之曰："赵氏其昌乎！夫忧者所以为昌也，喜者所以为亡也。胜非其难者也；持之，其难者也。贤主以此持胜，故其福及后世。齐、楚、吴、越皆尝胜矣，然卒取亡焉，不达乎持胜持胜也。唯有道之主为能持胜。"

孔子之劲能拓国门之关，而不肯以力闻。墨子为守攻，公输般服，而不肯以兵知。故善持胜者以强为弱。

宋人有好行仁义者，三世不懈，家无故黑牛生白犊，以问孔子。

孔子曰："此吉祥也，以荐上帝。"

居一年，其父无故而盲，其牛又复生白犊。其父又复令其子问孔子。

其子曰："前问之而失明，又何问乎？"

父曰："圣人之言先迕后合。其事未究，姑复问之。"

其子又复问孔子，孔子曰："吉祥也。"

复教以祭。其子归致命。

其父曰："行孔子之言也。"

居一年，其子无故而盲。其后楚攻宋，围其城。民易子而食之，析骸而炊之；丁壮者皆乘城而战，死者大半。此人以父子有疾皆免，及围解而疾俱复。

宋有兰子者，以技干宋君元。宋君元召而使见其技，以双

枝长倍其身，属其胫，并趋并驰，弄七剑，迭而跃之，五剑常在空中。元君大惊，立赐金帛。又有兰子又能燕戏者，闻之，复以干元君。

元君大怒曰："昔有异技干寡人者，技无庸，适值寡人有欢心，故赐金帛。彼必闻此而进，复望吾赏。"

拘而拟戮之，经月乃放。

秦穆公谓伯乐曰："子之年长矣，子姓有可使求马者乎？"

伯乐对曰："良马可以形容筋骨相也。天下之马者，若灭若没，若亡若失，若此者绝尘弭辙。臣之子皆下才也，可告以良马，不可告以天下之马也。臣有所与共担纆薪菜者，有九方皋，此其于马，非臣之下也，请见之。"

穆公见之，使行求马，三月而反，报曰："已得之矣，在沙丘。"

穆公曰："何马也？"

对曰："牝而黄。"

使人往取之，牡而骊。

穆公不说，召伯乐而谓之曰："败矣，子之所使求马者！色物、牝牡尚弗能知，又何马之能知也？"

伯乐喟然太息曰："一至于此乎！是乃其所以千万臣而无数者也。若皋之所观，天机也：得其精而忘其粗，在其内而忘其外；见其所见，不见其所不见；视其所视，而遗其所不视。若皋之相者，乃有贵乎马者也。"

马至，果天下之马也。

楚庄王问詹何曰："治国奈何？"

詹何对曰："臣明于治身而不明于治国也。"

楚庄王曰："寡人得奉宗庙社稷，愿学所以守之。"

第四卷《列子·通虚经》

181

詹何对曰："臣未尝闻身治而国乱者也，又未尝闻身乱而国治者也。故本在身，不敢对以末。"

楚王曰："善。"

狐丘丈人谓孙叔敖曰："人有三怨，子知之乎？"

孙叔敖曰："何谓也？"

对曰："爵高者人妒之，官大者主恶之，禄厚者怨逮之。"

孙叔敖曰："吾爵益高，吾志益下；吾官益大，吾心益小；吾禄益厚，吾施益博。以是免于三怨，可乎？"

孙叔敖疾，将死，戒其子曰："王亟封我矣，吾不受也，为我死，王则封汝。汝必无受利地！楚越之间有寝丘者，此地不利而名甚恶。楚人鬼而越人禨，可长有者唯此也。"

孙叔敖死，王果以美地封其子。子辞而不受，请寝丘。与之，至今不失。

牛缺者，上地之大儒也，下之邯郸，遇盗于耦沙之中，尽取其衣装车，牛步而去，视之欢然无忧吝之色，盗追而问其故。

曰："君子不以所养害其养。"

盗曰："嘻！贤矣夫！"

既而相谓曰："以彼之贤，往见赵君。使以我为，必困我，不如杀之。"

乃相与追而杀之。

燕人闻之，聚族相戒，曰："遇盗，莫如上地之牛缺也！"皆受教。

俄而其弟适秦，至关下，果遇盗，忆其兄之戒，因与盗力争，既而不如，又追而以卑辞请物。

盗怒曰："吾活汝弘矣，而追吾不已，迹将著焉。既为盗矣，仁将焉在？"

遂杀之，又傍害其党四五人焉。

虞氏者，梁之富人也，家充殷盛，钱帛无量，财货无訾。登高楼，临大路，设乐陈酒，击博楼上，侠客相随而行，楼上博者射，明琼张中，反两㪍鱼而笑；飞鸢适坠其腐鼠而中之。

侠客相与言曰："虞氏富氏之日久矣，而常有轻易人之志。吾不侵犯之，而乃辱我以腐鼠。此而不报，无以立懂于天下。请与若等戮力一志，率徒属，必灭其家为等伦。"

皆许诺。至期日之夜，聚众积兵，以攻虞氏，大灭其家。

东方有人焉，曰爰旌目，将有所适也，而饿于道。狐父之盗曰丘，见而下壶餐以餔之。

爰旌目三餔而后能视，曰："子何为者也？"

曰："我狐父之人丘也。"

爰旌目曰："譆！汝非盗耶？胡为而食我？吾义不食子之食也。"

两手据地而欧之，不出，喀喀然，遂伏地而死。狐父之人则盗矣，而食非盗也。以人之盗，因谓食为盗而不敢食，是失名实者也。

柱厉叔事莒敖公，自为不知己，去居海上。夏日则食菱芰，冬日则食橡栗。莒敖公有难，柱厉叔辞其友而往死之。

其友曰："子自以为不知己，故去。今往死之，是知与不知无辨也。"

柱厉叔曰："不然。自以为不知，故去。今死，是果不知我也。吾将死之，以丑后世之人主不知其臣者也。"

凡知则死之，不知则弗死，此直道而行者也。柱厉叔可谓怼以忘其身者也。

杨朱曰："利出者实反，怨往者害来。发于此而应于外者唯请，是故贤者慎所出。"

杨子之邻人亡羊，既率其党，又请杨子之竖追之。

杨子曰："嘻！亡一羊何追者之众？"

邻人曰："多歧路。"

既反，问："获羊乎？"

曰："亡之矣。"

曰："奚亡之？"

曰："歧路之中又有歧焉。吾不知所之，所以反也。"

杨子戚然变容，不言者移时，不笑者竟日。

门人怪之，请曰："羊贱畜，又非夫子之有，而损言笑者何哉？"

杨子不答。门人不获所命，弟子孟孙阳出，以告心都子。

心都子他日与孟孙阳偕入，而问曰："昔有昆弟三人，游齐鲁之间，同师而学，进仁义之道而归。其父曰：仁义之道若何？伯曰：仁义使我爱身而后名。仲曰：仁义使我杀身以成名。叔曰：仁义使我身名并全。彼三术相反，而同出于儒，孰是孰非邪？"

杨子曰："人有滨河而居者，习于水，勇于泅，操舟鬻渡，利供百口。裹粮就学者成徒，而溺死者几半。本学泅，不学溺，而利害如此。若以为孰是孰非？"

心都子嘿然而出，孟孙阳让之曰："何吾子问之迂，夫子答之僻？吾惑愈甚。"

心都子曰："大道以多歧亡羊，学者以多方丧生。学非本不同，非本不一，而末异若是。唯归同反一，为亡得丧。子长先生之门，习先生之道，而不达先生之况也，哀哉！"

杨朱之弟曰布，衣素衣而出。天雨，解素衣，衣缁衣而反。

其狗不知，迎而吠之。杨而怒，将扑之。

杨朱曰："子无扑矣！子亦犹是也。向者使汝狗白而往，黑而来，岂能无怪哉？"

杨朱曰："行善不以为名，而名从之；名不与利期，而利归之；利不与争期，而争及之：故君子必慎为善。"

昔人有言知不死之道者，燕君使人受之，不捷，而言者死。燕君甚怒其使者，将加诛焉。

幸臣谏曰："人所忧者莫急乎死，己所重者莫过乎生。彼自丧其生，安能令君不死也？"

乃不诛。

有齐子亦欲学其道，闻言者之死，乃抚膺而恨。

富子闻而笑之曰："夫所欲学不死，其人已死而犹恨之，是不知所以为学。"

胡子曰："富子之言非也。凡人有术不能行者有矣，能行而无其术者亦有矣。卫人有善数者，临死，以诀喻其子。其子志其言而不能行也。他人问之，以其父所言告之。问者用其言而行其术，与其父无差焉。若然，死者奚为不能言生术哉？"

邯郸之民，以正月之旦献鸠于简子，简子大悦，厚赏之。

客问其故，简子曰："正旦放生，示有恩也。"

客曰："民知君之欲放之，故竞而捕之，死者众矣。君如欲生之，不若禁民勿捕。捕而放之，恩过不相补矣。"

简子曰："然。"

齐田氏祖于庭，食客千人。

中坐有献鱼雁者，田氏视之，乃叹曰："天之于民厚矣！殖五谷，生鱼鸟，以为之用。"

众客和之如响。

第四卷《列子·通虚经》

鲍氏之子年十二，预于次，进曰："不如君言。天地万物与我并生，类也。类无贵贱，徒以小大智力而相制，迭相食，非相为而生之。人取可食者而食之，岂天本为人生之？且蚊蚋嘬肤，虎狼食肉，岂天本为蚊蚋生人、虎狼生肉者哉？"

齐有贫者，常乞于城市。城市患其亟也，众莫之与。遂适田氏之厩，从马医作役，而假食。

郭中人戏之曰："从马医而食，不亦辱乎？"

乞儿曰："天下之辱莫过于乞！乞犹不辱，岂辱马医哉？"

宋人有游于道，得人遗契者，归而藏之，密数其齿，告邻人曰："吾富可待矣。"

人有枯梧树者，其邻父言枯梧之树不祥，其人遽而伐之，邻父因请以为薪。

其人乃不悦，曰："邻人之父徒欲为薪，而教吾伐之也。与我邻若此，其险岂可哉？"

人有亡鈇者，意者邻之子：视其行步，窃鈇也；颜色，窃鈇也；言语，窃鈇也；动作态度，无为而不窃鈇也。俄而抇其谷而得其鈇，他日复见其邻人之子，动作态度，无似窃鈇者。

白公胜虑乱，罢朝而立，倒仗策，錣上贯颐，血流至地而弗知也。

郑人闻之曰："颐之忘，将何不忘哉？"

意之所属著，其行足踬株坲，头抵植木，而不自知也。

昔齐人有欲得金者，清旦讲冠而之市，适鬻金者之所，因攫其金而去。

吏捕得之，问曰："人皆在焉，子攫人之金何？"

对曰："取金之时，不见人，徒见金。"

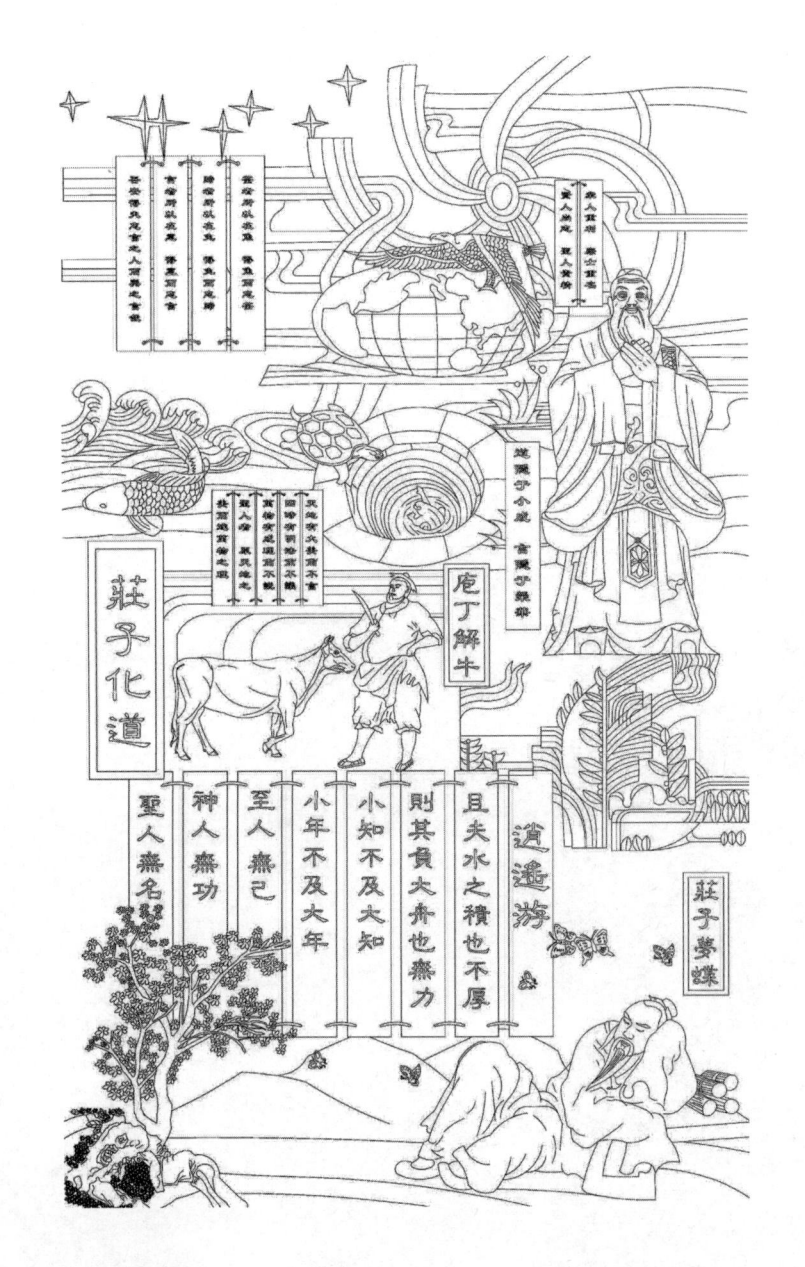

第五卷　《庄子·南华经》

《庄子·南华经》者，为战国庄周所著也，属老庄一脉，庄子为中华传统文化之标志性大人也，唐玄宗封"南华真人"、宋徽宗封"微妙元通真君"。是书存三十三篇，有憨山语《老子》"最忠实注本"说。其书以"汪洋恣肆、奇诡谲怪"、"寓言重言，卮言天倪"为质，有"吊诡"说，司马迁言曰："其言洸洋自恣以适己，故自王公大人不能器之。"其学老庄并称，焦竑言"老之有庄，犹孔之有孟也"，得之也矣！

第一篇·逍遥游

北冥有鱼，其名曰鲲，鲲之大，不知其几千里也。化而为鸟，其名为鹏，鹏之背，不知其几千里也，怒而飞，其翼若垂天之云。是鸟也，海运则将徙于南冥。南冥者，天池也。《齐谐》者，志怪者也。《谐》之言曰：鹏之徙于南冥也，水击三千里，抟扶摇而上者九万里，去以六月息者也。

野马也，尘埃也，生物之以，息相吹也。天之苍苍，其正色邪？其远而无所至极邪？其视下也，亦若是则已矣。

且夫水之积也不厚，则其负大舟也无力。覆杯水于坳堂之上，则芥为之舟；置杯焉则胶，水浅而舟大也。风之积也不厚，则其负大翼也无力，故九万里则风斯在下矣。而后乃今培风，背负青天而莫之夭阏者，而后乃今将图南。

蜩与学鸠笑之曰：我决起而飞，抢榆枋而止，时则不至，而控于地而已矣；奚以之九万里而南为？适莽苍者，三飡而反，腹犹果然；适百里者，宿舂粮；适千里者，三月聚粮。之二虫又何知？

小知不及大知，小年不及大年，奚以知其然也？

朝菌不知晦朔，蟪蛄不知春秋。此小年也。楚之南有冥灵者，以五百岁为春，五百岁为秋；上古有大椿者，以八千岁为春，八千岁为秋。此大年也。而彭祖乃今以久特闻，众人匹之，不亦悲乎？

汤之问棘也是已：

汤问棘曰：上下四方有极乎？

棘曰：无极之外，复无无极。穷发之北有冥海者，天池也。有鱼焉，其广数千里，未有知其修者，其名曰鲲。有鸟焉，其名为鹏，背若泰山，翼若垂天之云，抟扶摇、羊角而上者九万里，绝云气，负青天，然后图南。斥鴳笑之曰："彼且奚适也？我腾跃而上，不过数仞而下，翱翔蓬蒿之间，此亦飞之至也。而彼且奚适也？"

此小大之辩也。

故夫知效一官、行比一乡、德合一君而徵一国者，其自视也亦若此矣。而宋荣子犹然笑之：且举世而誉之而不加劝，举世而非之而不加沮，定乎内外之分，辩乎荣辱之境。斯已矣。彼其于世，未数数然也。虽然，犹有未树也。夫列子御风而行，泠然善也，旬有五日而后反，彼于致福者未数数然也。此虽免乎行，犹有所待者也。

若夫乘天地之正、而御六气之辩、以游无穷者，彼且恶乎待哉？

故曰：至人无己，神人无功，圣人无名。

尧让天下于许由，曰：日月出矣，而爝火不息，其于光也，不亦难乎？时雨降矣，而犹浸灌，其于泽也，不亦劳乎？夫子立而天下治，而我犹尸之，吾自视缺然，请致天下。

许由曰：子治天下，天下既已治也，而我犹代，吾将为名乎？名者，实之宾也，吾将为宾乎？鹪鹩巢于深林，不过一枝；偃鼠饮河，不过满腹。归休乎君，予无所用天下为？庖人虽不治庖，尸祝不越樽俎而代之矣！

肩吾问于连叔曰：吾闻言于接舆，大而无当，往而不反。吾惊怖其言：犹河汉而无极也，大有迳庭，不近人情焉。

连叔曰：其言谓何哉？

曰："藐姑射之山，有神人居焉，肌肤若冰雪，淖约若处子，不食五谷，吸风饮露，乘云气，御飞龙，而游乎四海之外，其神凝使物不疵疠，而年谷熟。"

吾以是狂而不信也。

连叔曰：然。"瞽者无以与乎文章之观，聋者无以与乎钟鼓之声。岂唯形骸有聋盲哉？夫知亦有之。"是其言也，犹时女也。之人也，之德也，将旁礴万物以为一，世蕲乎乱，孰弊弊焉以天下为事？之人也，物莫之伤：大浸稽天而不溺，大旱金石流、土山焦而不热。是其尘垢秕穅将犹陶铸尧、舜者也，孰肯以物为事？

宋人资章甫而适诸越，越人断发文身，无所用之。

尧治天下之民，平海内之政，往见四子藐姑射之山，汾水之阳，窅然丧其天下焉。

惠子谓庄子曰：魏王贻我大瓠之种，我树之成而实五石，以盛水浆，其坚不能自举也，剖之以为瓢则瓠落无所容。非不呺然大也，吾为其无用而掊之。

庄子曰：夫子固拙于用大矣！宋人有善为不龟手之药者，世世以洴澼絖为事。客闻之，请买其方以百金。聚族而谋曰："我世世为洴澼絖，不过数金；今一朝而鬻技百金，请与之。"

客得之，以说吴王。越有难，吴王使之将，冬与越人水战，大败越人，裂地而封之。能不龟手一也，或以封，或不免于洴澼絖，则所用之异也。今子有五石之瓠，何不虑以为大樽而浮于江湖而忧其瓠落无所容？则夫子犹有蓬之心也夫！

惠子谓庄子曰：吾有大树，人谓之樗。其大本拥肿而不中绳墨，其小枝卷曲而不中规矩，立之塗，匠人不顾。今子之言大而无用，众所同去也。

庄子曰：子独不见狸狌乎？卑身而伏以候敖者；东西跳梁，不辟高下，中于机辟，死于罔罟。今夫斄牛，其大若垂天之云。此能为大矣，而不能执鼠。今子有大树，患其无用，何不树之于无何有之乡，广莫之野，彷徨乎无为其侧，逍遥乎寝卧其下。不夭斤斧、物无害者，无所可用，安所困苦哉？

第二篇·齐物论

南郭子綦隐机而坐，仰天而嘘，荅焉似丧其耦。

颜成子游立侍乎前，曰：何居乎？形固可使如槁木，而心固可使如死灰乎？今之隐机者，非昔之隐机者也。

子綦曰：偃，不亦善乎，而问之也？今者吾丧我，汝知之乎？女闻人籁，而未闻地籁，女闻地籁而未闻天籁夫！

子游曰：敢问其方。

子綦曰：夫大块噫气，其名为风。是唯无作，作则万窍怒呺。而独不闻之翏翏乎？山林之畏佳，大木百围之窍穴，似鼻，似口，似耳，似枅，似圈，似臼，似洼者，似污者；激者，謞者，叱者，吸者，叫者，譹者，宎者，咬者。前者唱于而随者唱喁于。

泠风则小和，飘风则大和，厉风济则众窍为虚。而独不见之调调之刁刁乎？

子游曰：地籁则众窍是已，人籁则比竹是已，敢问天籁。

子綦曰：夫天籁者，吹万不同，而使其自己也，咸其自取，怒者其谁邪？

大知闲闲，小知閒閒；大言炎炎，小言詹詹。其寐也魂交，其觉也形开；与接为构，日以心斗：缦者，窖者，密者。小恐惴惴，大恐缦缦。其发若机栝，其司是非之谓也；其留如诅盟，其守胜之谓也。其杀若秋冬，以言其日消也；其溺之所为之，不可使复之也；其厌也如缄，以言其老洫也；近死之心，莫使复阳也。喜怒哀乐，虑叹变慹，姚佚启态。乐出虚，蒸成菌。日夜相代乎前，而莫知其所萌。已乎，已乎！旦暮得此，其所由以生乎！

非彼无我，非我无所取。是亦近矣，而不知其所为使。若有真宰，而特不得其眹，可行已信，而不见其形，有情而无形。

百骸、九窍、六藏，赅而存焉，吾谁与为亲？汝皆说之乎？其有私焉？如是皆有为臣妾乎？其臣妾不足以相治乎？其递相为君臣乎？其有真君存焉？如求得其情与不得，无益损。

一受其成形，不亡以待尽，与物相刃相靡，其行尽如驰，而莫之能止，不亦悲乎？终身役役而不见其成功，苶然疲役而不知其所归，可不哀邪？人谓之不死，奚益？其形化，其心与之然，可不谓大哀乎？人之生也，固若是芒乎？其我独芒而人亦有不芒者乎？

夫随其成心而师之，谁独且无师乎？奚必知代？而心自取者有之，愚者与有焉。未成乎心而有是非，是今日适越而昔至也，是以无有为有。无有为有，虽有神禹且不能知，吾独

第五卷《庄子·南华经》

193

且奈何哉？

夫言非吹也。言者有言，其所言者特未定也。果有言邪？其未尝有言邪？其以为异于鷇音，亦有辩乎？其无辩乎？

道恶乎隐而有真伪？言恶乎隐而有是非？道恶乎往而不存？言恶乎存而不可？道隐于小成，言隐于荣华。故有儒墨之是非，以是其所非而非其所是。欲是其所非而非其所是，则莫若以明。

物无非彼，物无非是。自彼则不见，自是则知之。故曰：彼出于是，是亦因彼。彼是，方生之说也。虽然，方生方死，方死方生；方可方不可，方不可方可；因是因非，因非因是。是以圣人不由而照之于天，亦因是也。

是亦彼也，彼亦是也。彼亦一是非，此亦一是非。果且有彼是乎哉？果且无彼是乎哉？彼是莫得其偶，谓之道枢。枢始得其环中，以应无穷。是亦一无穷，非亦一无穷也。故曰莫若以明。

以指喻指之非指，不若以非指喻指之非指也；以马喻马之非马，不若以非马喻马之非马也。天地一指也，万物一马也。

道，行之而成；物，谓之而然。有自也而可，有自也而不可。有自也而然，有自也而不然。恶乎然？然于然。恶乎不然？不然于不然。恶乎可？可于可。恶乎不可？不可于不可。物固有所然，物固有所可；无物不然，无物不可。可于可，而不可于不可；不可于不可，而可于可也。故为是举莛与楹、厉与西施、恢恑憰怪，道通为一。

其分也，成也；其成也，毁也。凡物，无成与毁，复通为一。唯达者知通为一，为是不用而寓诸庸。因是已，已而不知其然，谓之道。

劳神明为一而不知其同也，谓之朝三。何谓朝三？狙公赋芧曰："朝三而暮四。"众狙皆怒。曰："然则朝四而暮三。"众狙皆悦。名实未亏而喜怒为用，亦因是也。是以圣人和之以是非，而休乎"天钧"，是之谓"两行"。

　　古之人，其知有所至矣。恶乎至？有以为"未始有物者"，至矣，尽矣，不可以加矣。其次以为"有物矣，而未始有封"也。其次以为"有封焉，而未始有是非"也。是非之彰也，道之所以亏也。道之所以亏，爱之所以成。

　　果且有成与亏乎哉？果且无成与亏乎哉？

　　有成与亏，故昭氏之鼓琴也；无成与亏，故昭氏之不鼓琴也。昭文之鼓琴也，师旷之枝策也，惠子之据梧也，三子之知几乎，皆其盛者也，故载之末年。

　　唯其好之也，以异于彼，其好之也，欲以明之。彼非所明而明之，故以坚白之昧终。而其子又以文之纶终，终身无成。

　　若是而可谓成乎？虽我无成，亦可谓成矣。若是而不可谓成乎？物与我无成也。是故滑疑之耀，圣人之所图也。为是不用，而寓诸庸，此之谓以明。

　　今且有言于此，不知其与是类乎？其与是不类乎？类与不类，相与为类，则与彼无以异矣。

　　虽然，请尝言之：有始也者，有未始有始也者，有未始有夫未始有始也者。有有也者，有无也者，有未始有无也者，有未始有夫未始有无也者。俄而有无矣，而未知有无之果孰有孰无也。今我则已有谓矣，而未知吾所谓之其果有谓乎？其果无谓乎？

　　天下莫大于秋豪之末，而大山为小；莫寿于殇子，而彭祖为夭。天地与我并生，而万物与我为一。既已为一矣，且得有言乎？既已谓之一矣，且得无言乎？一与言为二，二与一为三。自此以往，巧历不能得，而况其凡乎？故自无适有以至于三，而况自有适有乎？无适焉，因是已。

夫道未始有封，言未始有常，为是而有畛也。请言其畛：有左有右，有伦有义，有分有辩，有竞有争，此之谓八德。六合之外，圣人存而不论；六合之内，圣人论而不议；《春秋》经世先王之志，圣人议而不辩。故分也者，有不分也；辩也者，有不辩也。曰"何也"？圣人怀之，众人辩之，以相示也。故曰"辩也者有不见也"。

夫大道不称，大辩不言，大仁不仁，大廉不嗛，大勇不忮。道昭而不道，言辩而不及，仁常而不周，廉清而不信，勇忮而不成。五者无弃而几向方矣。故知止其所不知，至矣。孰知不言之辩、不道之道？若有能知，此之谓天府。注焉而不满，酌焉而不竭，而不知其所由来，此之谓葆光。

故昔者尧问于舜曰：我欲伐宗、脍、胥敖，南面而不释然，其故何也？

舜曰：夫三子者，犹存乎蓬艾之间，若不释然，何哉？昔者十日并出，万物皆照，而况德之进乎日者乎？

啮缺问乎王倪曰：子知物之所同是乎？

曰：吾恶乎知之？

子知子之所不知邪？

曰：吾恶乎知之？

然则物无知邪？

吾恶乎知之？虽然，尝试言之。庸讵知吾所谓知之非不知邪？庸讵知吾所谓不知之非知邪？

且吾尝试问乎女：

民湿寝则腰疾偏死，鳅然乎哉？木处则惴慄恂惧，猨猴然乎哉？三者孰知正处？

民食刍豢，麋鹿食荐，蝍蛆甘带，鸱鸦耆鼠，四者孰知正味？

猨猵狙以为雌，麋与鹿交，鳅与鱼游。毛嫱丽姬，人之所美也，鱼见之深入，鸟见之高飞，麋鹿见之决骤。四者孰知天下之正色哉？

自我观之，仁义之端，是非之塗，樊然殽乱，吾恶能知其辩？

啮缺曰：子不知利害，则至人固不知利害乎？

王倪曰：至人神矣！大泽焚而不能热，河汉冱而不能寒，疾雷破山而不能伤，飘风振海而不能惊。若然者，乘云气，骑日月，而游乎四海之外，死生无变于己，而况利害之端乎？

瞿鹊子问乎长梧子曰：吾闻诸夫子："圣人不从事于务，不就利，不违害，不喜求，不缘道；无谓有谓，有谓无谓，而游乎尘垢之外。"夫子以为孟浪之言，而我以为妙道之行也。吾子以为奚若？

长梧子曰：

是黄帝之所听荧也，而丘也何足以知之？且女亦大早计，见卵而求时夜，见弹而求鸮炙。

予尝为女妄言之，女以妄听之，奚？旁日月，挟宇宙，为其吻合，置其滑涽，以隶相尊。众人役役，圣人愚芚，参万岁而一成纯。万物尽然，而以是相蕴。

予恶乎知说生之非惑邪？予恶乎知恶死之非弱丧而不知归者邪？丽之姬，艾封人之子也。晋国之始得之也，涕泣沾襟，及其至于王所，与王同筐床，食刍豢，而后悔其泣也。予恶乎知夫死者不悔其始之蕲生乎？

第五卷《庄子·南华经》

197

梦饮酒者，旦而哭泣，梦哭泣者，旦而田猎。方其梦也，不知其梦也。梦之中又占其梦焉，觉而后知其梦也。且有大觉而后知此其大梦也，而愚者自以为觉，窃窃然知之。君乎，牧乎，固哉！丘也与女，皆梦也；予谓女梦，亦梦也。是其言也，其名为"吊诡"。万世之后而一遇大圣，知其解者，是旦暮遇之也！

既使我与若辩矣，若胜我，我不若胜，若果是也，我果非也邪？我胜若，若不吾胜，我果是也，而果非也邪？其或是也，其或非也邪？其俱是也，其俱非也邪？我与若不能相知也，则人固受其黮暗，吾谁使正之？使同乎若者正之，既与若同矣，恶能正之？使同乎我者正之，既同乎我矣，恶能正之？使异乎我与若者正之，既异乎我与若矣，恶能正之？使同乎我与若者正之？既同乎我与若矣，恶能正之？然则我与若与人，俱不能相知也，而待彼也邪？

化声之相待，若其不相待，和之以天倪，因之以曼衍，所以穷。何谓和之以天倪？曰：是不是，然不然。是若果是也，则是之异乎不是也，亦无辩；然若果然也，则然之异乎不然也，亦无辩。忘年忘义，振于无竟，故寓诸无竟。

罔两问景曰：曩子行，今子止；曩子坐，今子起。何其无特操与？

景曰：吾有待而然者邪？吾所待又有待而然者邪？吾待蛇蚹蜩翼邪？恶识所以然？恶识所以不然？

昔者庄周梦为胡蝶，栩栩然胡蝶也，自喻适志与！不知周也。俄然觉，则蘧蘧然周也。不知周之梦为胡蝶与？胡蝶之梦为周与？周与胡蝶，则必有分矣。此之谓物化。

第三篇·养生主

吾生也有涯，而知也无涯。以有涯随无涯，殆已。已而为知者，殆而已矣！

为善无近名，为恶无近刑。缘督以为经，可以保身，可以全生，可以养亲，可以尽年。

庖丁为文惠君解牛，手之所触，肩之所倚，足之所履，膝之所踦，砉然向然，奏刀騞然，莫不中音，合于《桑林》之舞，乃中《经首》之会。

文惠君曰：嘻，善哉！技盖至此乎？

庖丁释刀对曰：

臣之所好者，道也，进乎技矣。始臣之解牛之时，所见无非全牛者。三年之后，未尝见全牛也。方今之时，臣以神遇而不以目视，官知止而神欲行。依乎天理，批大郤、导大窾，因其固然，技经肯綮之未尝微碍，而况大軱乎？

良庖岁更刀，割也；族庖月更刀，折也。今臣之刀十九年矣，所解数千牛矣，而刀刃若新发于硎。彼节者有间，而刀刃者无厚。以无厚入有间，恢恢乎，其于游刃必有余地矣，是以十九年而刀刃若新发于硎。虽然，每至于族，吾见其难为，怵然为戒，视为止，行为迟，动刀甚微，謋然已解，牛不知其死也，如土委地。提刀而立，为之四顾，为之踌躇满志，善刀而藏之。

文惠君曰：善哉！吾闻庖丁之言，得养生焉。

公文轩见右师而惊曰：是何人也？恶乎介也？天与？其人与？

曰：天也，非人也。天之生是使独也，人之貌有与也。以是知其天也，非人也。

泽雉十步一啄，百步一饮，不蕲畜乎樊中。神虽王，不善也。

老聃死，秦失吊之，三号而出。

弟子曰：非夫子之友邪？

曰：然。

然则吊焉若此，可乎？

曰：然。始也吾以为其人也，而今非也。向吾入而吊焉，有老者哭之，如哭其子；少者哭之，如哭其母。彼其所以会之，必有不蕲言而言，不蕲哭而哭者。是遁天倍情，忘其所受，古者谓之遁天之刑。适来，夫子时也；适去，夫子顺也。安时而处顺，哀乐不能入也，古者谓是帝之县解。

指穷于为薪，火传也，不知其尽也。

第四篇·人间世

颜回见仲尼，请行。

曰：奚之？

曰：将之卫。

曰：奚为焉？

曰：回闻卫君，其年壮，其行独，轻用其国，而不见其过；轻用民死，死者以量乎泽，若蕉，民其无如矣。回尝闻之夫子曰："治国去之，乱国就之，医门多疾。"愿以所闻，思其所行，则庶几其国有瘳乎！

仲尼曰：

嘻！若殆往而刑耳！夫道不欲杂，杂则多，多则扰，扰则忧，

忧而不救。古之至人，先存诸己，而后存诸人。所存于己者未定，何暇至于暴人之所行？

且若亦知夫德之所荡而知之所为出乎哉？德荡乎名，知出乎争。名也者，相轧也；知也者，争之器也。二者凶器，非所以尽行也。

且德厚信矼，未达人气；名闻不争，未达人心。而强以仁义绳墨之言炫暴人之前者，是以人恶育其美也，命之曰菑人。菑人者，人必反菑之，若殆为人灾夫？且苟为悦贤而恶不肖，恶用而求有以异？若唯无诏，王公必将乘人而斗其捷。而目将荧之，而色将平之，口将营之，容将形之，心且成之。是以火救火，以水救水，名之曰"益多"。顺始无穷，若殆以不信厚言，必死于暴人之前矣！

且昔者桀杀关龙逄，纣杀王子比干，是皆修其身以下伛拊人之民，以下拂其上者也，故其君因其修以挤之。是好名者也。昔者尧攻丛、枝、胥敖，禹攻有扈，国为虚厉，身为刑戮，其用兵不止，其求实无已。是皆求名实者也，而独不闻之乎？名实者，圣人之所不能胜也，而况若乎？虽然，若必有以也，尝以语我来！

颜回曰：端而虚，勉而一，则可乎？

曰：恶，恶可？夫以阳为充孔扬，采色不定，常人之所不违，因案人之所感，以求容与其心，名之曰日渐之德不成，而况大德乎？将执而不化，外合而内不訾，其庸讵可乎？

然则我内直而外曲，成而上比。内直者，与天为徒。与天为徒者，知天子之与己皆天之所子，而独以己言蕲乎而人善之，蕲乎而人不善之邪？若然者，人谓之童子，是之谓与天为徒。外曲者，与人之为徒也。擎跽曲拳，人臣之礼也。人皆为之，吾敢不为邪？为人之所为者，人亦无疵焉，是之谓与人为徒。成而上比者，与古为徒。其言虽教，谪之实也，古之有也，非吾有也。若然者，虽直而不病，是之谓与古为徒。若是则可乎？

仲尼曰：恶，恶可？大多政法而不谍，虽固亦无罪。虽然，止是耳矣，夫胡可以及化？犹师心者也。

颜回曰：吾无以进矣，敢问其方。

仲尼曰：斋，吾将语若！有心而为之，其易邪？易之者，暤天不宜。

颜回曰：回之家贫，唯不饮酒不茹荤者数月矣。如此，则可以为斋乎？

曰：是祭祀之斋，非"心斋"也。

回曰：敢问心斋。

仲尼曰：一若志。无听之以耳而听之以心，无听之以心而听之以气！耳止于听，心止于符。"气"也者，虚而待物者也。唯道集虚。虚者，心斋也。

颜回曰：回之未始得使，实自回也；得使之也，未始有回也：可谓虚乎？

夫子曰：

尽矣。吾语若！若能入游其樊而无感其名，入则鸣，不入则止。无门无毒，一宅而寓于不得已，则几矣。

绝迹易，无行地难。为人使易以伪，为天使难以伪。闻以有翼飞者矣，未闻以无翼飞者也；闻以有知知者矣，未闻以无知知者也。瞻彼阕者，虚室生白，吉祥止止。夫且不止，是之谓坐驰。夫徇耳目内通而外于心知，鬼神将来舍，而况人乎？是万物之化也，禹舜之所纽也，伏戏几蘧之所行终，而况散焉者乎？

叶公子高将使于齐，问于仲尼曰：王使诸梁也甚重，齐之待使者，盖将甚敬而不急。匹夫犹未可动，而况诸侯乎？吾甚慄之。子常语诸梁也曰："凡事若小若大，寡不道以欢成。事若不成，则必有人道之患；事若成，则必有阴阳。若成若不成而后无患者，唯有德者能之。"吾食也执粗而不臧、爨无欲清之人。今吾朝受命而夕饮冰，我其内热与！吾未至乎事之情，而既有阴阳之患矣。事若不成，必有人道之患。是两也，为人臣者不足以任之，子其有以语我来！

仲尼曰：

天下有大戒二：其一，命也；其一，义也。子之爱亲，命也，不可解于心；臣之事君，义也，无适而非君也，无所逃于天地之间。是之谓大戒。是以夫事其亲者，不择地而安之，孝之至也；夫事其君者，不择事而安之，忠之盛也；自事其心者，哀乐不易施乎前，知其不可奈何而安之若命，德之至也。为人臣子者，固有所不得已。行事之情而忘其身，何暇至于悦生而恶生？夫子其行可矣！

丘请复以所闻：凡交：近则必相靡以信，远则必忠之以言，言必或传之。夫传两喜两怒之言，天下之难者也。夫两喜必多溢美之言，两怒必多溢恶之言。凡溢之类妄，妄则其信之也莫，莫则传言者殃。故法言曰："传其常情，无传其溢言，则几乎全。"

且以巧斗力者，始乎阳，常卒乎阴，泰至则多奇巧；以礼饮酒者，始乎治，常卒乎乱，泰至则多奇乐。凡事亦然：始乎谅，常卒乎鄙，其作始也简，其将毕也必巨。

夫言者，风波也；行者，实丧也。夫风波易以动，实丧易以危。故忿设无由，巧言偏辞。兽死不择音，气息茀然，于是并生心厉。剋核太至，则必有不肖之心应之，而不知其然也。苟为不知其然也，孰知其所终？故法言曰："无迁令，无劝成，过度益也。"迁令劝成殆事，美成在久，恶成不及改，可不慎与？

且夫乘物以游心，托不得已以养中，至矣。何作为报也？莫若为致命。此其难者！

颜阖将傅卫灵公太子，而问于蘧伯玉曰：有人于此，其德天杀。与之为无方，则危吾国；与之为有方，则危吾身。其知适足以知人之过，而不知其所以过。若然者，吾奈之何？

蘧伯玉曰：

善哉问乎！戒之，慎之，正女身也哉！形莫若就，心莫若和。虽然，之二者有患。就不欲入，和不欲出。形就而入，且为颠为灭为崩为蹶。心和而出，且为声为名，为妖为孽。彼且为婴儿，亦与之为婴儿；彼且为无町畦，亦与之为无町畦；彼且为无崖，亦与之为无崖。达之，入于无疵。

汝不知夫螳螂乎？怒其臂以当车辙，不知其不胜任也，是其才之美者也。戒之，慎之！积伐而美者以犯之，几矣。

汝不知夫养虎者乎？不敢以生物与之，为其杀之之怒也；不敢以全物与之，为其决之之怒也。时其饥饱，达其怒心。虎之与人异类而媚养己者，顺也；故其杀者，逆也。

夫爱马者，以筐盛矢，以蜄盛溺。适有蚊虻仆缘，而拊之不时，则缺衔毁首碎胸。意有所至而爱有所亡，可不慎邪？

匠石之齐，至于曲辕，见栎社树。其大蔽数千牛，絜之百围，其高临山，十仞而后有枝，其可以为舟者旁十数。观者如市，匠伯不顾，遂行不辍。

弟子厌观之，走及匠石，曰：自吾执斧斤以随夫子，未尝见材如此其美也。先生不肯视，行不辍，何邪？

曰：已矣，勿言之矣！散木也，以为舟则沈，以为棺椁则速腐，以为器则速毁，以为门户则液樠，以为柱则蠹。是不材之木也，无所可用，故能若是之寿。

匠石归，栎社见梦曰：女将恶乎比予哉？若将比予于文木邪？夫柤梨橘柚，果蓏之属，实熟则剥，剥则辱。大枝折，小枝泄。此以其能苦其生者也，故不终其天年而中道夭，自掊击于世俗者也。物莫不若是。且予求无所可用久矣，几死，乃今得之，为予大用。使予也而有用，且得有此大也邪？且也若与予也皆物也，奈何哉其相物也？而几死之散人，又恶知散木？

匠石觉而诊其梦：弟子曰：趣取无用，则为社何邪？

曰：密！若无言！彼亦直寄焉，以为不知己者诟厉也。不为社者，且几有翦乎！且也彼其所保与众异，而以义喻之，不亦远乎？

南伯子綦游乎商之丘，见大木焉，有异：结驷千乘，隐将芘其所藾。

子綦曰：此何木也哉？此必有异材夫！

仰而视其细枝，则拳曲而不可以为栋梁；俯而视其大根，则轴解而不可以为棺椁；咶其叶，则口烂而为伤；嗅之，则使人狂酲，三日而不已。

子綦曰：

此果不材之木也，以至于此其大也。嗟乎神人，以此不材！

宋有荆氏者，宜楸柏桑。其拱把而上者，求狙猴之杙者斩之；三围四围，求高明之丽者斩之；七围八围，贵人富商之家求樿傍者斩之。故未终其天年，而中道之夭于斧斤，此材之患也。

故解之以牛之白颡者与豚之亢鼻者，与人有痔病者不可以适河。此皆巫祝以知矣，所以为不祥也，此乃神人之所以为大祥也。

支离疏者，颐隐于脐，肩高于顶，会撮指天，五管在上，两髀为胁。挫针治繲，足以糊口；鼓筴播精，足以食十人。上征武士，则支离攘臂而游于其间；上有大役，则支离以有常疾不受功；上与病者粟，则受三钟与十束薪。夫支离其形者，犹足以养其身，终其天年，又况支离其德者乎？

孔子适楚，楚狂接舆游其门曰：兮凤兮，何如德之衰也？来世不可待，往世不可追也。天下有道，圣人成焉；天下无道，圣人生焉。方今之时，仅免刑焉。福轻乎羽，莫之知载；祸重乎地，莫之知避。已乎已乎，临人以德！殆乎殆乎，画地而趋！迷阳迷阳，无伤吾行；郤曲郤曲，无伤吾足。

山木自寇也，膏火自煎也。桂可食，故斧伐之；漆可用，故人割之。人皆知有用之用，而莫知无用之用也。

鲁有兀者王骀，从之游者，与仲尼相若。

常季问于仲尼曰：王骀，兀者也，从之游者，与夫子中分鲁。立不教，坐不议，虚而往，实而归。固有不言之教，无形而心成者邪？是何人也？

仲尼曰：夫子，圣人也，丘也直后而未往耳。丘将以为师，而况不若丘者乎？奚假鲁国？丘将引天下而与从之。

常季曰：彼兀者也，而王先生，其与庸亦远矣。若然者，其用心也独若之何？

仲尼曰：死生亦大矣，而不得与之变，虽天地覆坠，亦将不与之遗；审乎无假而不与物迁，命而守其宗也。

常季曰：何谓也？

仲尼曰：自其异者视之，肝胆楚越也；自其同者视之，万物皆一也。夫若然者，且不知耳目之所宜，而游心乎德之和。物视其所一而不见其所丧，视丧其足犹遗土也。

常季曰：彼为己，以其知，得其心，以其心。得其常心，物何为最之哉？

仲尼曰：人莫鉴于流水而鉴于止水，唯止能止众止。受命于地，唯松柏独也正，在冬夏青青；受命于天，唯尧、舜独也正，在万物之首。幸能正生，以正众生。夫保始之征，不惧之实；勇士一人，雄入于九军。将求名而能自要者而犹若是，而况官天地、府万物、直寓六骸、象耳目、一知之所知而心未尝死者乎？彼且择日而登假，人则从是也。彼且何肯以物为事乎？

申徒嘉，兀者也，而与郑子产同师于伯昏无人。

子产谓申徒嘉曰：我先出则子止，子先出则我止。

其明日，又与合堂同席而坐，子产谓申徒嘉曰：我先出则子止，子先出则我止。今我将出，子可以止乎？其未邪？且子见执政而不违，子齐执政乎？

申徒嘉曰：先生之门，固有执政焉如此哉？子而说子之执政而后人者也。闻之曰："鉴明则尘垢不止，止则不明也，久与贤人处则无过。"今子之所取大者先生也，而犹出言若是，不亦过乎？

子产曰：子既若是矣，犹与尧争善，计子之德，不足以自反邪？

申徒嘉曰：自状其过，以不当亡者众；不状其过，以不当存者寡。知不可奈何，而安之若命，唯有德者能之。游于羿之彀中：中央者，中地也；然而不中者，命也。人以其全足笑吾不全足者多矣，我怫然而怒，而适先生之所，则废然而反。

不知先生之洗我以善邪？吾之自寤邪？吾与夫子游十九年矣，而未尝知吾兀者也。今子与我游于形骸之内，而子索我于形骸之外，不亦过乎？

子产蹴然改容更貌曰：子无乃称！

鲁有兀者叔山无趾，踵见仲尼。

仲尼曰：子不谨，前既犯患若是矣。虽今来，何及矣？

无趾曰：吾唯不知务而轻用吾身，吾是以亡足。今吾来也，犹有尊足者存焉，吾是以务全之也。夫天无不覆，地无不载，吾以夫子为天地，安知夫子之犹若是也？

孔子曰：丘则陋矣。夫子胡不入乎？请讲以所闻！

无趾出，孔子曰：弟子勉之！夫无趾，兀者也，犹务学以复补前行之恶，而况全德之人乎？

无趾语老聃曰：孔丘之于至人，其未邪？彼何宾宾以学子为？彼且蕲以諔诡幻怪之名闻，不知至人之以是为己桎梏邪？

老聃曰：胡不直使彼以死生为一条，以可不可为一贯者？解其桎梏，其可乎？

无趾曰：天刑之，安可解？

鲁哀公问于仲尼曰：卫有恶人焉，曰哀骀它。丈夫与之处者，思而不能去也。妇人见之，请于父母曰"与为人妻，宁为夫子妾"者，十数而未止也。未尝有闻其唱者也，常和人而已矣。无君人之位以济乎人之死，无聚禄以望人之腹，又以恶骇天下，和而不唱，知不出乎四域，且而雌雄合乎前，是必有异乎人者也。寡人而观之，果以恶骇天下。与寡人处：不至以月数，而寡人有意乎其为人也；不至乎期年，而寡人信之。国无宰，寡人传国焉。闷然而后应，氾然而若辞。寡人丑乎，卒授之国。无几何也，去寡人而行，寡人卹焉若有亡也，若无与乐是国也。

是何人者也？

仲尼曰：丘也尝使于楚矣，适见豘子食于其死母者，少焉眴若皆弃之而走。不见己焉尔，不得类焉尔。所爱其母者，非爱其形也，爱使其形者也。战而死者，其人之葬也不以翣资；刖者之屦，无为爱之。皆无其本矣。为天子之诸御：不爪翦，不穿耳；取妻者止于外，不得复使。形全犹足以为尔，而况全德之人乎？今哀骀它未言而信，无功而亲，使人授己国，唯恐其不受也，是必才全而德不形者也。

哀公曰：何谓才全？

仲尼曰：死生存亡、穷达贫富、贤与不肖、毁誉、饥渴寒暑，是事之变，命之行也。日夜相代乎前，而知不能规乎其始者也。故不足以滑和，不可入于灵府。使之和豫，通而不失于兑；使日夜无郤而与物为春，是接而生时于心者也。是之谓才全。

何谓德不形？

曰：平者，水停之盛也。其可以为法也，内保之而外不荡也。德者，成和之修也。德不形者，物不能离也。

哀公异日以告闵子曰：始也吾以南面而君天下，执民之纪而忧其死，吾自以为至通矣。今吾闻至人之言，恐吾无其实，轻用吾身而亡其国。吾与孔丘，非君臣也，德友而已矣。

闉跂支离无脤说卫灵公，灵公说之，而视全人：其脰肩肩。瓮㼜大瘿说齐桓公，桓公说之，而视全人：其脰肩肩。

故德有所长，而形有所忘。人不忘其所忘而忘其所不忘，此谓诚忘。

故圣人有所游，而知为孽，约为胶，德为接，工为商。圣人不谋，恶用知？不斫，恶用胶？无丧，恶有德？不货，恶用商？四者，天鬻也。天鬻者，天食也。既受食于天，又恶用人？

有人之形，无人之情。有人之形，故群于人；无人之情，故是非不得于身。眇乎小哉，所以属于人也；謷乎大哉，独成其天。

惠子谓庄子曰：人故无情乎？

庄子曰：然。

惠子曰：人而无情，何以谓之人？

庄子曰：道与之貌，天与之形，恶得不谓之人？

惠子曰：既谓之人，恶得无情？

庄子曰：是非吾所谓情也。吾所谓无情者，言人之不以好恶内伤其身，常因自然而不益生也。

惠子曰：不益生，何以有其身？

庄子曰：道与之貌，天与之形，无以好恶内伤其身。今子外乎子之神，劳乎子之精，倚树而吟，据槁梧而瞑。天选子之形，子以坚白鸣！

第六篇·大宗师

知天之所为、知人之所为者，至矣。知天之所为者，天而生也；知人之所为者，以其知之所知、以养其知之所不知、终其天年而不中道夭者，是知之盛也。

虽然，有患。夫知有所待而后当，其所待者特未定也。庸讵知吾所谓天之非人乎？所谓人之非天乎？

且有真人而后有真知。何谓真人？古之真人，不逆寡，不雄成，不谟士。若然者，过而弗悔，当而不自得也；若然者，登高不慄，入水不濡，入火不热。是知之能登假于道者也，若此。

古之真人，其寝不梦，其觉无忧，其食不甘，其息深深。

真人之息以踵，众人之息以喉。屈服者，其嗌言若哇；其耆欲深者，其天机浅。

古之真人，不知说生，不知恶死；其出不䜣，其入不距；翛然而往，翛然而来而已矣。不忘其所始，不求其所终；受而喜之，忘而复之。是之谓不以心捐道，不以人助天，是之谓真人。若然者，其心忘，其容寂，其颡頯，凄然似秋，煖然似春，喜怒通四时，与物有宜，而莫知其极。

古之真人，其状，义而不朋，若不足而不承；与乎其觚而不坚也，张乎其虚而不华也；邴乎其似喜乎，崔乎其不得已乎；滀乎进我色也，与乎止我德也；厉乎其似世也，謷乎其未可制也；连乎其似好闭也，悗乎忘其言也。故其好之也一，其弗好之也一；其一也一，其不一也一。其一与天为徒，其不一与人为徒。天与人不相胜也，是之谓真人。

死生，命也，其有夜旦之常，天也。人之有所不得与，皆物之情也。彼特以天为父，而身犹爱之，而况其卓乎？人特以有君为愈乎己，而身犹死之，而况其真乎？

泉涸，鱼相与处于陆，相呴以湿，相濡以沫，不若相忘于江湖。与其誉尧而非桀也，不如两忘而化其道。

夫藏舟于壑，藏山于泽，谓之固矣。然而夜半有力者负之而走，昧者不知也。藏小大有宜，犹有所遁。若夫藏天下于天下而不得所遁，是恒物之大情也。故圣人将游于物之所不得遁而皆存。善夭善老，善始善终，人犹效之，又况万物之所系而一化之所乎？

夫道：有情有信，无为无形；可传而不可受，可得而不可见；自本自根，未有天地，自古以固存；神鬼神帝，生天生地；在太极之上而不为高，在六极之下而不为深，先天地生而不为久，于上古而不为老。

南伯子葵问乎女偊曰：子之年长矣，而色若孺子，何也？

曰：吾闻道矣。

南伯子葵曰：道可得学邪？

曰：恶！恶可？子非其人也。夫卜梁倚有圣人之才而无圣人之道，我有圣人之道而无圣人之才，吾欲以教之，庶几其果为圣人乎？不然，以圣人之道告圣人之才，亦易矣。吾犹告而守之：参日而后能外天下；已外天下矣，吾又守之，七日而后能外物；已外物矣，吾又守之，九日而后能外生；已外生矣，而后能朝彻；朝彻，而后能见独；见独，而后能无古今；无古今，而后能入于不死不生。杀生者不死，生生者不生。其为物：无不将也，无不迎也；无不毁也，无不成也。其名为撄宁，撄宁也者，撄而后成者也。

南伯子葵曰：子独恶乎闻之？

曰：闻诸副墨之子，副墨之子闻诸洛诵之孙，洛诵之孙闻之瞻明，瞻明闻之聂许，聂许闻之需役，需役闻之於讴，於讴闻之玄冥，玄冥闻之参寥，参寥闻之疑始。

子祀、子舆、子犁、子来四人相与语曰：孰能以"无"为首，以"生"为脊，以"死"为尻，孰知"死"、"生"、"存"、"亡"之一体者，吾与之友矣。

四人相视而笑，莫逆于心，遂相与为友。

俄而子舆有病，子祀往问之。

曰：伟哉，夫造物者，将以予为此拘拘也！

曲偻发背，上有五管，颐隐于齐，肩高于顶，句赘指天。阴阳之气有沴，其心闲而无事。

跰𨇤而鉴于井，曰：嗟乎！夫造物者又将以予为此拘拘

也!

子祀曰:女恶之乎?

曰:亡,予何恶?浸假而化予之左臂以为鸡,予因以求时夜;浸假而化予之右臂以为弹,予因以求鸮炙;浸假而化予之尻以为轮,以神为马,予因以乘之,岂更驾哉?且夫得者,时也;失者,顺也。安时而处顺,哀乐不能入也。此古之所谓县解也,而不能自解者,物有结之。且夫物不胜天久矣,吾又何恶焉?俄而子来有病,喘喘然将死,其妻子环而泣之。

子犁往问之,曰:叱!避!无怛化!

倚其户与之语曰:伟哉造化!又将奚以汝为?将奚以汝适?以汝为鼠肝乎?以汝为虫臂乎?

子来曰:父母于子,东西南北,唯命之从。阴阳于人,不翅于父母。彼近吾死而我不听,我则悍矣,彼何罪焉?夫大块载我以形,劳我以生,佚我以老,息我以死。故善吾生者,乃所以善吾死也。今之大冶铸金,金踊跃曰"我且必为镆铘",大冶必以为不祥之金。今一犯人之形,而曰"人耳人耳",夫造化者必以为不祥之人。特犯人之形而犹喜之。若人之形者,万化而未始有极也,其为乐可胜计邪?今一以天地为大炉,以造化为大冶,恶乎往而不可哉?

成然寐,蘧然觉。

子桑户、孟子反、子琴张三人相与语,曰:孰能相与于无相与?相为于无相为?孰能登天游雾,挠挑无极,相忘以生,无所终穷?

三人相视而笑,莫逆于心,遂相与为友。

莫然有间而子桑户死,未葬。孔子闻之,使子贡往侍事焉。

或编曲,或鼓琴,相和而歌,曰:嗟来桑户乎!嗟来桑户乎！而已反其真，而我犹为人猗！

子贡趋而进曰：敢问临尸而歌，礼乎？

二人相视而笑曰：是恶知"礼"意？

子贡反，以告孔子，曰：彼何人者邪？修行无有，而外其形骸，临尸而歌，颜色不变，无以命之。彼何人者邪？

孔子曰：彼，游方之外者也；而丘，游方之内者也。外内不相及，而丘使女往吊之，丘则陋矣。彼方且与造物者为人，而游乎天地之一气。彼以生为附赘县疣，以死为决疣溃痈。夫若然者，又恶知死生先后之所在？假于异物，托于同体；忘其肝胆，遗其耳目；反覆终始，不知端倪；芒然彷徨乎尘垢之外，逍遥乎无为之业。彼又恶能愦愦然为世俗之礼，以观众人之耳目哉？

子贡曰：然则夫子何方之依？

孔子曰：丘，天之戮民也。虽然，吾与汝共之。

子贡曰：敢问其方？

孔子曰：鱼相造乎水，人相造乎道。相造乎水者，穿池而养给；相造乎道者，无事而生定。故曰：鱼相忘乎江湖，人相忘乎道术。

子贡曰：敢问畸人

曰：畸人者，畸于人而侔于天。故曰：天之小人，人之君子；人之君子，天之小人也。

颜回问仲尼曰：孟孙才，其母死，哭泣无涕，中心不戚，居丧不哀。无是三者，以善处丧盖鲁国，固有无其实而得其名者乎？回壹怪之。

仲尼曰：

夫孟孙氏尽之矣，进于知矣。唯简之而不得，夫已有所简

矣。孟孙氏不知所以生，不知所以死；不知就先，不知就后；若化为物，以待其所不知之化已乎！且方将化，恶知不化哉？方将不化，恶知已化哉？吾特与汝，其梦未始觉者邪？

且彼有骇形而无损心，有旦宅而无耗精。孟孙氏特觉，人哭亦哭，是自其所以乃。且也相与吾之耳矣，庸讵知吾所谓吾之非吾乎？且汝梦为鸟而厉乎天，梦为鱼而没于渊。不识今之言者，其觉者乎？其梦者乎？造适不及笑，献笑不及排，安排而去化，乃入于寥天一。

意而子见许由，许由曰：尧何以资汝？

意而子曰：尧谓我："汝必躬服仁义而明言是非！"

许由曰：而奚来为轵？夫尧既已黥汝以仁义，而劓汝以是非矣，汝将何以游夫遥荡恣睢转徙之塗乎？

意而子曰：虽然，吾愿游于其藩。

许由曰：不然。夫瞽者无以与乎眉目颜色之好，盲者无以与乎青黄黼黻之观。

意而子曰：夫无庄之失其美，据梁之失其力，黄帝之亡其知，皆在炉捶之间耳。庸讵知夫造物者之不息我黥而补我劓，使我乘成以随先生邪？

许由曰：噫！未可知也。我为汝言其大略：吾师乎！吾师乎！齑万物而不为义，泽及万世而不为仁，长于上古而不为老，覆载天地、刻雕众形而不为巧。此所游已。

颜回曰：回益矣。

仲尼曰：何谓也？

曰：回忘礼乐矣。

曰：可矣，犹未也。

他日复见，曰：回益矣。

曰：何谓也？

曰：回忘仁义矣。

曰：可矣，犹未也。

他日复见，曰：回益矣。

曰：何谓也？

曰：回坐忘矣。

仲尼蹴然曰：何谓坐忘？

颜回曰：堕肢体，黜聪明，离形去知，同于大通，此谓坐忘。

仲尼曰：同则无好也，化则无常也，而果其贤乎，丘也，请从而后也。

子舆与子桑友，而霖雨十日子舆曰：子桑殆病矣！裹饭而往食之。

至子桑之门，则若歌若哭，鼓琴曰：父邪？母邪？天乎？人乎？

有不任其声而趋举其诗焉。

子舆入，曰：子之歌诗，何故若是？

曰：吾思夫使我至此极者而弗得也。父母岂欲吾贫哉？天无私覆，地无私载，天地岂私贫我哉？求其为之者而不得也。然而至此极者，命也夫！

第七篇·应帝王

啮缺问于王倪，四问而四不知。啮缺因跃而大喜，行以告蒲衣子。

蒲衣子曰：而乃今知之乎？有虞氏不及泰氏。有虞氏，其

犹藏仁以要人，亦得人矣，而未始出于非人。泰氏，其卧徐徐，其觉于于，一以己为马，一以己为牛，其知情信，其德甚真，而未始入于非人。

肩吾见狂接舆，狂接舆曰：日中始何以语女？

肩吾曰：告我君人者以己出经式义度，人孰敢不听而化诸？

狂接舆曰：是欺德也。其于治天下也，犹涉海凿河而使蚊负山也。夫圣人之治也，治外乎？正而后行，确乎能其事者而已矣。且鸟高飞以避矰弋之害，鼷鼠深穴乎神丘之下以避熏凿之患，而曾二虫之无知？

天根游于殷阳，至蓼水之上，适遭无名人而问焉，曰：请问为天下。

无名人曰：去！汝鄙人也，何问之不豫也？予方将与造物者为人，厌则又乘夫莽眇之鸟，以出六极之外，而游无何有之乡，以处圹埌之野。汝又何帛以治天下感予之心为？

又复问，无名人曰：汝游心于淡，合气于漠，顺物自然而无容私焉，而天下治矣。

阳子居见老聃，曰：有人于此，向疾强梁，物彻疏明，学道不倦。如是者，可比明王乎？

老聃曰：是于圣人也，胥易技系、劳形怵心者也。且也虎豹之文来田，猨狙之便来藉。如是者，可比明王乎？

阳子居蹴然曰：敢问明王之治。

老聃曰：明王之治：功盖天下而似不自己，化贷万物而民弗恃；有莫举名，使物自喜；立乎不测，而游于无有者也。

郑有神巫曰季咸，知人之死生存亡、祸福寿夭，期以岁、月、旬、日，若神。郑人见之，皆弃而走。

第五卷《庄子·南华经》

列子见之而心醉，归，以告壶子，曰：始吾以夫子之道为至矣，则又有至焉者矣。

壶子曰：吾与汝既其文，未既其实，而固得道与？众雌而无雄，而又奚卵焉？而以道与世亢，必信，夫故使人得而相汝。尝试与来，以予示之。

明日，列子与之见壶子，出而谓列子曰：嘻！子之先生死矣！弗活矣！不以旬数矣！吾见怪焉，见湿灰焉。

列子入，泣涕沾襟以告壶子，壶子曰：乡吾示之以地文，萌乎不震不止，是殆见吾杜德机也。尝又与来。

明日，又与之见壶子，出而谓列子曰：幸矣，子之先生遇我也！有瘳矣，全然有生矣！吾见其杜权矣。

列子入，以告壶子，壶子曰：乡吾示之以天壤，名实不入，而机发于踵。是殆见吾善者机也。尝又与来。

明日，又与之见壶子，出而谓列子曰：子之先生不齐，吾无得而相焉。试齐，且复相之。

列子入，以告壶子，壶子曰：乡吾示之以太冲莫胜，是殆见吾衡气机也。鲵桓之审为渊，止水之审为渊，流水之审为渊。渊有九名，此处三焉。尝又与来。

明日，又与之见壶子，立未定，自失而走。

壶子曰：追之！

列子追之不及，反，以报壶子曰：已灭矣，已失矣，吾弗及已。

壶子曰：乡吾示之以未始出吾宗。吾与之虚而委蛇，不知其谁何，因以为弟靡，因以为波流，故逃也。

然后列子自以为未始学而归，三年不出。为其妻爨，食豕如食人。于事无与亲，雕琢复朴，块然独以其形立。纷而封哉，

一以是终。

无为名尸，无为谋府；无为事任，无为知主。体尽无穷，而游无朕，尽其所受乎天，而无见得，亦虚而已。至人之用心若镜，不将不迎，应而不藏，故能胜物而不伤。

南海之帝为儵，北海之帝为忽，中央之帝为浑沌。儵与忽时相与遇于浑沌之地，浑沌待之甚善。

儵与忽谋报浑沌之德，曰：人皆有七窍以视、听、食、息，此独无有，尝试凿之。

日凿一窍，七日而浑沌死。

第八篇·骈拇

骈拇枝指，出乎性哉，而侈于德；附赘县疣，出乎形哉，而侈于性。多方乎仁义而用之者，列于五藏哉？而非道德之正也。是故骈于足者，连无用之肉也；枝于手者，树无用之指也；骈枝于五藏之情者，淫僻于仁义之行而多方于聪明之用也。

是故骈与明者，乱五色，淫文章，青黄黼黻之煌煌非乎？而离朱是已。多于聪者，乱五声，淫六律，金石丝竹黄钟大吕之声非乎？而师旷是已。枝于仁者，擢德塞性以收名声，使天下簧鼓以奉不及之法非乎？而曾史是已。骈于辩者，累瓦结绳窜句棰辞，游心于坚白同异之间，而敝跬誉无用之言非乎？而杨墨是已。故此皆多骈旁枝之道，非天下之至正也。

彼至正者，不失其性命之情。故合者不为骈，而枝者不为歧；长者不为有余，短者不为不足。是故凫胫虽短，续之则忧；

鹤胫虽长，断之则悲。故性长非所断，性短非所续，无所去忧也。意，仁义其非人情乎？彼仁人何其多忧也？

且夫骈于拇者，决之则泣；枝于手者，龁之则啼。二者，或有余于数，或不足于数，其于忧，一也。今世之仁人，蒿目而忧世之患；不仁之人，决性命之情而饕贵富。故曰仁义其非人情乎？自三代以下者，天下何其嚣嚣也？

且夫待钩绳规矩而正者，是削其性者也；待绳索胶漆而固者，是侵其德者也；屈折礼乐，呴俞仁义，以慰天下之心者，此失其常然也。天下有常然，常然者，曲者不以钩，直者不以绳，圆者不以规，方者不以矩，附离不以胶漆，约束不以纆索。故天下诱然皆生而不知其所以生，同焉皆得而不知其所以得。故古今不二，不可亏也，则仁义又奚连连如胶漆纆约而游乎道德之间为哉？使天下惑也！

夫小惑易方，大惑易性，何以知其然邪？自虞氏招仁义以挠天下也，天下莫不奔命于仁义，是非以仁义易其性与？故尝试论之：自三代以下者，天下莫不以物易其性矣。小人则以身殉利，士则以身殉名，大夫则以身殉家，圣人则以身殉天下。故此数子者，事业不同，名声异号，其于伤性以身为殉，一也。

臧与谷二人相与牧羊，而俱亡其羊。问臧奚事，则挟策读书；问谷奚事，则博塞以游。二人者，事业不同，其于亡羊均也。伯夷死名于首阳之下，盗跖死利于东陵之上。二人者，所死不同，其于残生伤性均也。奚必伯夷之是而盗跖之非乎？

天下尽殉也：彼其所殉仁义也，则俗谓之君子；其所殉货财也，则俗谓之小人。其殉一也，则有君子焉，有小人焉，若其残生损性，则盗跖亦伯夷已，又恶取君子小人于其间哉？

且夫属其性乎仁义者，虽通如曾史，非吾所谓臧也；属其性于五味，虽通如俞儿，非吾所谓臧也；属其性乎五声，虽通如师旷，非吾所谓聪也；属其性乎五色，虽通如离朱，非吾所谓明也。吾所谓臧者，非仁义之谓也，臧于其德而已矣；吾所谓臧者，非所谓仁义之谓也，任其性命之情而已矣；吾所谓聪者，非谓其闻彼也，自闻而已矣；吾所谓明者，非谓其见彼也，自见而已矣。

夫不自见而见彼、不自得而得彼者，是得人之得而不自得其得者也，适人之适而不自适其适者也。夫适人之适而不自适其适，虽盗跖与伯夷，是同为淫僻也。余愧乎道德，是以上不敢为仁义之操，而下不敢为淫僻之行也。

第九篇·马蹄

马，蹄可以践霜雪，毛可以御风寒，龁草饮水，翘足而陆，此马之真性也。虽有义台路寝，无所用之。

及至伯乐，曰：我善治马。

烧之，剔之，刻之，雒之，连之以羁馽，编之以皂栈，马之死者十二三矣。

饥之，渴之，驰之，骤之，整之，齐之，前有橛饰之患，而后有鞭策之威，而马之死者已过半矣。

陶者曰：我善治埴，圆者中规，方者中矩。匠人曰：我善治木，曲者中钩，直者应绳。

夫埴、木之性，岂欲中规矩钩绳哉？然且世世称之曰：伯乐善治马，而陶、匠善治埴、木。此亦治天下者之过也。

吾意善治天下者不然。彼民有常性，织而衣，耕而食，是谓同德，一而不党，命曰天放。

故至德之世，其行填填，其视颠颠。当是时也：山无蹊隧，泽无舟梁；万物群生，连属其乡；禽兽成群，草木遂长。是故禽兽可系羁而游，鸟鹊之巢可攀援而窥。

夫至德之世，同与禽兽居，族与万物并，恶乎知君子、小人哉？同乎无知，其德不离；同乎无欲，是谓素朴。素朴而民性得矣。

及至圣人，蹩躠为仁，踶跂为义，而天下始疑矣；澶漫乐，摘僻为礼，而天下始分矣。

故纯朴不残，孰为牺尊？白玉不毁，孰为珪璋？道德不废，安取仁义？性情不离，安用礼乐？五色不乱，孰为文采？五声不乱，孰应六律？夫残朴以为器，工匠之罪也；毁道德以为仁义，圣人之过也。

夫马，陆居则食草饮水，喜则交颈相靡，怒则分背相踶。马知已此矣。夫加之以衡扼，齐之以月题，而马知介倪、闉扼、鸷曼、诡衔窃辔。故马之知而态至盗者，伯乐之罪也。

夫赫胥氏之时，民：居不知所为，行不知所之，含哺而熙，鼓腹而游，民能以此矣。及至圣人，屈折礼乐以匡天下之形，县跂仁义以慰天下之心，而民乃始踶跂好知，争归于利，不可止也。此亦圣人之过也。

第十篇·胠箧

将为胠箧、探囊、发匮之盗而为，则必摄缄縢、固扃鐍：此世俗之所谓知也。然而巨盗至，则负匮、揭箧、担囊而趋，

唯恐缄縢、扃鐍之不固也。然则乡之所谓知者，不乃为大盗积者也？

故尝试论之：世俗之所谓知者，有不为大盗积者乎？所谓圣者，有不为大盗守者乎？

何以知其然邪？昔者齐国邻邑相望，鸡狗之音相闻，罔罟之所布，耒耨之所刺，方二千余里。阖四竟之内，所以立宗庙社稷，治邑屋州闾乡曲者，曷尝不法圣人哉？然而田成子一旦杀齐君而盗其国。所盗者岂独其国邪？并与其圣知之法而盗之。故田成子有乎盗贼之名，而身处尧舜之安，小国不敢非，大国不敢诛，专有齐国。则是不乃窃齐国并与其圣知之法，以守其盗贼之身乎？

尝试论之：世俗之所谓至知者，有不为大盗积者乎？所谓至圣者，有不为大盗守者乎？

何以知其然邪？

昔者龙逢斩，比干剖，苌弘胣，子胥靡，故四子之贤而身不免乎戮。

故跖之徒问于跖曰：盗亦有道乎？

跖曰：何适而无有道邪？夫妄意室中之藏，圣也；入先，勇也；出后，义也；知可否，知也；分均，仁也。五者不备而能成大盗者，天下未之有也。

由是观之，善人不得圣人之道不立，跖不得圣人之道不行；天下之善人少而不善人多，则圣人之利天下也少而害天下也多。故曰：唇竭而齿寒，鲁酒薄而邯郸围，圣人生而大盗起。掊击圣人，纵舍盗贼，而天下始治矣！

夫谷虚而川竭，丘夷而渊实。圣人已死，则大盗不起，天下平而无故矣。

圣人不死，大盗不止。虽重圣人而治天下，则是重利盗跖也。为之斗斛以量之，则并与斗斛而窃之；为之权衡以称之，则并与权衡而窃之；为之符玺以信之，则并与符玺而窃之；为之仁义以矫之，则并与仁义而窃之。

何以知其然邪？彼窃钩者诛，窃国者为诸侯，诸侯之门而仁义存焉，则是非窃仁义圣知邪？故逐于大盗、揭诸侯、窃仁义并斗斛权衡符玺之利者，虽有轩冕之赏弗能劝，斧钺之威弗能禁。此重利盗跖而使不可禁者，是乃圣人之过也。

故曰：鱼不可脱于渊，国之利器不可以示人。彼圣人者，天下之利器也，非所以明天下也。

故绝圣弃知，大盗乃止；擿玉毁珠，小盗不起；焚符破玺，而民朴鄙；掊斗折衡，而民不争；殚残天下之圣法，而民始可与论议。擢乱六律，铄绝竽瑟，塞瞽旷之耳，而天下始人含其聪矣；灭文章，散五采，胶离朱之目，而天下始人含其明矣；毁绝钩绳而弃规矩，攦工倕之指，而天下始人有其巧矣；削曾、史之行，钳杨、墨之口，攘弃仁义，而天下之德始玄同矣。彼人含其明，则天下不铄矣；人含其聪，则天下不累矣；人含其知，则天下不惑矣；人含其德，则天下不僻矣。彼曾、史、杨、墨、师旷、工倕、离朱皆外立其德，而以爚乱天下者也，法之所无用也。

子独不知至德之世乎？昔者容成氏、大庭氏、伯皇氏、中央氏、栗陆氏、骊畜氏、轩辕氏、赫胥氏、尊卢氏、祝融氏、伏牺氏、神农氏，当是时也，民结绳而用之，甘其食，美其服，乐其俗，安其居，邻国相望，鸡狗之音相闻，民至老死而不相往来。若此之时，则至治已。今遂至使民延颈举踵，曰"某所有贤者"，赢粮而趣之，则内弃其亲，而外弃其主之事，

足迹接乎诸侯之境，车轨结乎千里之外，则是上好知之过也。

上诚好知而无道，则天下大乱矣，何以知其然邪？

夫弓、弩、毕、弋、机变之知多，则鸟乱于上矣；钩饵、罔罟、罾笱之知多，则鱼乱于水矣；削格、罗落、罝罘之知多，则兽乱于泽矣；知诈渐毒颉滑、解垢坚白、同异之变，则俗惑于辩矣。故天下每每大乱，罪在于好知。

故天下皆知求其所不知、而莫知求其所已知者，皆知非其所不善、而莫知非其所已善者，是以大乱。故上悖日月之明，下烁山川之精，中堕四时之施，惴耎之虫，肖翘之物，莫不失其性。

甚矣，夫好知之乱天下也！自三代以下者是已，舍夫种种之民，而悦夫役役之佞，释夫恬淡无为，而悦夫啍啍之意，啍啍已乱天下矣！

第十一篇·在宥

闻在宥天下，不闻治天下也。在之也者，恐天下之淫其性也；宥之也者，恐天下之迁其德也。天下不淫其性，不迁其德，有治天下者哉！

昔尧之治天下也，使天下欣欣焉人乐其性，是不恬也；桀之治天下也，使天下瘁瘁焉人苦其性，是不愉也。夫不恬不愉，非德也。非德也而可长久者，天下无之。

人大喜邪，毗于阳；大怒邪，毗于阴。阴阳并毗，四时不至，寒暑之和不成，其反伤人之形乎？使人喜怒失位，居处无常，思虑不自得，中道不成章，于是乎天下始乔诘卓鸷，而后有盗跖曾史之行。

故举天下以赏其善者不足，举天下以罚其恶者不给，故天下之大，不足以赏罚。自三代以下者，匈匈焉终以赏罚为事，彼何暇安其性命之情哉？

而且，说明邪？是淫于色也；说聪邪？是淫于声也；说仁邪？是乱于德也；说义邪？是悖于理也；说礼邪？是相于技也；说乐邪？是相于淫也；说圣邪？是相于艺也；说知邪？是相于疵也。

天下将安其性命之情，之八者，存可也，亡可也。天下将不安其性命之情，之八者，乃始脔卷㹫囊而乱天下也。而天下乃始尊之惜之，甚矣，天下之惑也！岂直过也而去之邪？乃齐戒以言之，跪坐以进之，鼓歌以儛之，吾若是何哉？

故君子不得已而临莅天下，莫若无为。无为也而后安其性命之情，故曰："贵以身于为天下，则可以托天下；爱以身于为天下，则可以寄天下。"故君子苟能无解其五藏，无擢其聪明，尸居而龙见，渊默而雷声，神动而天随，从容无为而万物炊累。吾又何暇治天下哉？

崔瞿问于老聃曰：不治天下，安臧人心？

老聃曰：女慎无撄人心。人心，排下而进上，上下囚杀，淖约柔乎刚强。

廉刿雕琢：其热焦火，其寒凝冰，其疾俯仰之间而再抚四海之外，其居也渊而静，其动也县而天。偾骄而不可系者，其唯人心乎！

昔者黄帝始以仁义撄人之心，尧舜于是乎股无胈，胫无毛，以养天下之形，愁其五藏以为仁义，矜其血气以规法度。然犹有不胜也，尧于是放欢兜于崇山，投三苗于三峗，流共工

于幽都，此不胜天下也。

夫施及三王而天下大骇矣，下有桀跖，上有曾史，而儒墨毕起。

于是乎喜怒相疑，愚知相欺，善否相非，诞信相讥，而天下衰矣。大德不同，而性命烂漫矣，天下好知，而百姓求竭矣。于是乎斤锯制焉，绳墨杀焉，椎凿决焉。天下脊脊大乱，罪在撄人心。故贤者伏处大山嵁岩之下，而万乘之君忧慄乎庙堂之上。

今世殊死者相枕也，桁杨者相推也，刑戮者相望也，而儒墨乃始离跂攘臂乎桎梏之间。意，甚矣哉！其无愧而不知耻也，甚矣！吾未知圣知之不为桁杨椄槢也，仁义之不为桎梏凿枘也，焉知曾史之不为桀跖嚆矢也？故曰：绝圣弃知而天下大治。

黄帝立为天子十九年，令行天下，闻广成子在于空同之山，故往见之。

曰：我闻吾子达于至道，敢问至道之精。吾欲取天地之精，以佐五谷，以养民人。吾又欲官阴阳，以遂群生，为之奈何？

广成子曰：而所欲问者，物之质也；而所欲官者，物之残也。自而治天下，云气不待族而雨，草木不待黄而落，日月之光益以荒矣。而佞人之心翦翦者，又奚足以语至道哉？

黄帝退，捐天下，筑特室，席白茅，间居三月，复往邀之。

广成子南首而卧，黄帝顺下风，膝行而进，再拜稽首而问曰：闻吾子达于至道，敢问治身奈何而可以长久？

广成子蹶然而起，曰：善哉，问乎！来！吾语汝至道。至道之精，窈窈冥冥；至道之极，昏昏默默。无视无听，抱神以静，形将自正。必静必清，无劳女形，无摇女精，乃可以长生。目无所见，耳无所闻，心无所知，汝神将守形，形乃长生。慎汝内，闭汝外，多知为败。我为汝遂于大明之上矣，至彼至阳之原也。为汝入于窈冥之门矣，至彼至阴之原也。天地有官，阴阳有藏，慎守汝身，物将自壮。我守其一以处其和，故我修身千二百岁矣，吾形未常衰。

黄帝再拜稽首，曰：广成子之谓天矣！

广成子曰：来，余语女。彼其物无穷，而人皆以为有终；彼其物无测，而人皆以为有极。得吾道者，上为皇而下为王；失吾道者，上见光而下为土。今夫百昌皆生于土而反于土，故余将去汝，入无穷之门，以游无极之野。吾与日月参光，吾与天地为常。当我，缗乎；远我，昏乎！人其尽死，而我独存乎？

云将东游，过扶摇之枝而适遭鸿蒙，鸿蒙方将拊脾雀跃而游。

云将见之，倘然止，贽然立，曰：叟何人邪？叟何为此？

鸿蒙拊脾雀跃不辍，对云将曰：游！

云将曰：朕愿有问也。

鸿蒙仰而视云将曰：吁！

云将曰：天气不和，地气郁结，六气不调，四时不节。今我愿合六气之精以育群生，为之奈何？

鸿蒙拊脾雀跃掉头曰：吾弗知！吾弗知！

云将不得问。

又三年，东游，过有宋之野而适遭鸿蒙。

云将大喜，行趋而进曰：天忘朕邪？天忘朕邪？

再拜稽首，愿闻于鸿蒙，鸿蒙曰：浮游，不知所求；猖狂，不知所往；游者鞅掌，以观无妄。朕又何知？

云将曰：朕也自以为猖狂，而民随予所往，朕也不得已于

民，今则民之放也。愿闻一言。

鸿蒙曰：乱天之经，逆物之情，玄天弗成。解兽之群，而鸟皆夜鸣，灾及草木，祸及止虫。意，治人之过也！

云将曰：然则吾奈何？

鸿蒙曰：意，毒哉！僊僊乎归矣。

云将曰：吾遇天难，愿闻一言。

鸿蒙曰：意！心养。汝徒处无为，而物自化。堕尔形体，吐尔聪明，伦与物忘，大同乎涬溟，解心释神，莫然无魂。万物云云，各复其根，各复其根而不知，浑浑沌沌，终身不离，若彼知之，乃是离之。无问其名，无窥其情，物固自生。

云将曰：天降朕以德，示朕以默，躬身求之，乃今也得。

再拜稽首，起辞而行。

世俗之人，皆喜人之同乎己而恶人之异于己也。同于己而欲之、异于己而不欲者，以出乎众为心也。夫以出乎众为心者，曷常出乎众哉？因众以宁所闻，不如众技众矣。

而欲为人之国者，此揽乎三王之利而不见其患者也。此以人之国侥倖也，几何侥倖而不丧人之国乎？其存人之国也，无万分之一；而丧人之国也，一不成而万有余丧矣。悲夫，有土者之不知也。

夫有土者，有大物也。有大物者，不可以物；而不物物，故能物物。明乎物物者之非物也，岂独治天下百姓而已哉？出入六合，游乎九州，独往独来，是谓独有。独有之人，是谓至贵。

大人之教，若形之于影，声之于响。有问而应之，尽其所怀，为天下配。处乎无响，行乎无方。挈汝适复之挠挠，以游无端，出入无旁，与日无始。颂论合乎大同，大同而无己。无己，恶乎得有有！睹有者，昔之君子；睹无者，天地之友。

第十二篇·天地

天地虽大，其化均也；万物虽多，其治一也；人卒虽众，其主君也。君原于德而成于天，故曰，玄古之君天下，无为也，天德而已矣。

以"道"观"言"，而天下之"名"正；以"道"观"分"，而君臣之"义"明；以"道"观"能"，而天下之官治；以道泛观，而万物者应备。故通于天下者，道也；顺于地者，德也；行于万物者，义也；上治人者，事也；能有所艺者，技也。技兼于事，事兼于义，义兼于德，德兼于道，道兼于天。故曰：古之畜天下者，无欲而天下足，无为而万物化，渊静而百姓定。《记》曰：通于一而万事毕，无心得而鬼神服。

夫子曰：

夫"道"：复载万物者也，洋洋乎大哉，君子不可以不刳心焉。

无为为之之谓"天"，无为言之之谓"德"，爱人利物之谓"仁"，不同同之之谓"大"，行不崖异之谓"宽"，有万不同之谓"富"。故执德之谓"纪"，德成之谓"立"，循于道之谓"备"，不以物挫志之谓"完"。君子明于此十者，则韬乎其事心之大也，沛乎其为万物逝也。

若然者，藏金于山，藏珠于渊，不利货财，不近贵富，不乐寿，不哀夭，不荣通，不丑穷，不拘一世之利以为己私分，

不以王天下为己处显，万物一府，死生同状。

夫子曰：

夫道：渊乎其居也，漻乎其清也。金石不得，无以鸣。故金石有声，不考不鸣。

万物孰能定之？

夫王德之人，素逝而耻通于事，立之本原而知通于神。故其德广，其心之出，有物采之。故形非道不生，生非德不明。存形穷生，立德明道，非王德者邪？荡荡乎，忽然出，勃然动，而万物从之乎，此谓王德之人。

视乎冥冥，听乎无声。冥冥之中，独见晓焉；无声之中，独闻和焉。故深之又深，而能物焉；神之又神，而能精焉。故其与万物接也，至无而供其求，时骋而要其宿。

黄帝游乎赤水之北，登乎昆仑之丘而南望，还归，遗其玄珠。使知索之而不得，使离朱索之而不得，使吃诟索之而不得也，乃使象罔，象罔得之

黄帝曰：异哉！象罔乃可以得之乎？

尧之师曰许由，许由之师曰啮缺，啮缺之师曰王倪，王倪之师曰被衣。

尧问于许由曰：啮缺可以配天乎？吾藉王倪以要之。

许由曰：殆哉，圾乎天下！啮缺之为人也，聪明睿知，给数以敏，其性过人，而又乃以人受天。彼审乎禁过，而不知过之所由生。与之配天乎？彼且乘人无天，方且本身而异形，方且尊知而火驰，方且为绪使，方且为物絯，方且四顾而物应，方且应众宜，方且与物化而未始有恒。夫何足以配天乎？虽然，有族有祖，可以为众父，而不可以为众父父。治，乱之率也，北面之祸也，南面之贼也。

尧观乎华，华封人曰：嘻，圣人！请祝圣人。使圣人寿。

尧曰：辞！

使圣人富。

尧曰：辞！

使圣人多男子。

尧曰：辞！

封人曰：寿、富、多男子，人之所欲也。女独不欲，何邪？

尧曰：多男子则多惧，富则多事，寿则多辱。是三者，非所以养德也，故辞。

封人曰：始也，我以女为圣人邪，今然君子也。天生万民，必授之职。多男子而授之职，则何惧之有？富而使人分之，则何事之有？夫圣人，鹑居而鷇食，鸟行而无彰；天下有道，则与物皆昌；天下无道，则修德就闲；千岁厌世，去而上仙；乘彼白云，至于帝乡。三患莫至，身常无殃，则何辱之有？

封人去之，尧随之，曰：请问。

封人曰：退已！

尧治天下，伯成子高立为诸侯。尧授舜，舜授禹，伯成子高辞为诸侯而耕。禹往见之，则耕在野。

禹趋就下风，立而问焉，曰：昔尧治天下，吾子立为诸侯。尧授舜，舜授予，而吾子辞为诸侯而耕。敢问，其故何也？

子高曰：昔尧治天下，不赏而民劝，不罚而民畏。今子赏罚而民且不仁，德自此衰，刑自此立，后世之乱自此始矣。夫子阖行邪？无落吾事！

俋俋乎耕而不顾。

泰初有"无"，无"有"无"名"；"一"之所起，有"一"而未形。物得以生，谓之"德"；未形者有分，且然无间，谓

之"命"；留动而生物，物成生理，谓之"形"；"形"体保神，各有仪则，谓之"性"。性修反德，德至同于初。同乃虚，虚乃大。合喙鸣，喙鸣合，与天地为合。其合缗缗，若愚若昏，是谓"玄德"，同乎"大顺"。

夫子问于老聃：有人治道若相放，可不可，然不然。辩者有言曰："离坚白若县寓。"若是则可谓圣人乎？

老聃曰：是胥易、技系、劳形怵心者也。执留之狗来田，猿狙之便来藉。丘，予告若，而所不能闻与而所不能言，凡有首有趾、无心无耳者众，有形者与无形无状而皆存者尽无。其动，止也；其死，生也；其废，起也。此又非其所以也。有治在人，无治在天。忘乎物，忘乎天，其名为"忘己"。"忘己"之人，是之谓入于天。

将闾葂见季彻曰：鲁君谓葂也曰："请受教。"辞不获命，既已告矣，未知中否，请尝荐之。吾谓鲁君曰："必服恭俭，拔出公忠之属而无阿私，民孰敢不辑？"

季彻局局然笑曰：若夫子之言，于帝王之德，犹螳螂之怒臂以当车轶，则必不胜任矣。且若是，则其自为处危，其观台多物将往，投迹者众。

将闾葂觋觋然惊曰：葂也汇若于夫子之所言矣。虽然，愿先生之言其风也。

季彻曰：大圣之治天下也，摇荡民心，使之成教易俗，举灭其贼心而皆进其独志，若性之自为，而民不知其所由然。若然者，岂兄尧舜之教民，溟涬然弟之哉？欲同乎德而心居矣。

子贡南游于楚，反于晋，过汉阴，见一丈人方将为圃畦，凿隧而入井，抱瓮而出灌，搰搰然用力甚多而见功寡。

子贡曰：有械于此，一日浸百畦，用力甚寡而见功多，夫当而不知以为"信"，蠢动而相使不以为"赐"。是故行而无迹，事而无传。

孝子不谀其亲，忠臣不谄其君，臣子之盛也。亲之所言而然，所行而善，则世俗谓之不肖子；君之所言而然，所行而善，则世俗谓之不肖臣。而未知此其必然邪？世俗之所谓然而然之，所谓善而善之，则不谓之道谀之人也。然则俗故严于亲而尊于君邪？谓己道人，则勃然作色；谓己谀人，则怫然作色。而终身道人也，终身谀人也，合譬饰辞聚众也，是终始本末不相坐。

垂衣裳，设采色，动容貌，以媚一世，而不自谓道谀，与夫人之为徒，通是非，而不自谓众人，愚之至也。知其愚者，非大愚也；知其惑者，非大惑也。大惑者，终身不解；大愚者，终身不灵。三人行而一人惑，所适者犹可致也，惑者少也；二人惑则劳而不至，惑者胜也。而今也以天下惑，予虽有祈向，不可得也，不亦悲乎？

大声不入于里耳，《折杨》《皇华》，则嗑然而笑。是故高言不止于众人之心，至言不出，俗言胜也。以二垂踵惑，而所适不得矣。而今也以天下惑，予虽有祈向，其庸可得邪？知其不可得也而强之，又一惑也。故莫若释之而不推。不推，谁其比忧？厉之人夜半生其，遽取火而视之，汲汲然唯恐其似己也。

百年之木，破为牺尊，青黄而文之，其断在沟中，比牺尊于沟中之断，则美恶有间矣，其于失性一也。桀跖与曾史，行义有间矣，然其失性均。

且夫失性存五：一曰五色，乱目使目不明；二曰五声乱耳，使耳不聪；三曰五臭薰鼻，困惾中颡；四曰五味浊口，使口厉爽；五曰趣舍滑心，使性飞扬。此五者，皆生之害也。

而杨墨乃始离跂自以为得，非吾所谓得也。夫得者困，可以为得乎？则鸠鸮之在于笼也，亦可以为得矣。且夫趣舍声色以柴其内，皮弁鹬冠搢笏绅修以约其外，内支盈于柴栅，外重缰缴，睆睆然在缰缴之中而自以为得，则是罪人交臂历指，而虎豹在于囊槛，亦可以为得矣。

第十三篇·天道

"天道"运而无所积，故万物成；"帝道"运而无所积，故天下归；"圣道"运而无所积，故海内服。明于天，通于圣，六通四辟于帝王之德者，其自为也，昧然无不静者矣。圣人之静也，非曰静也善，故静也，万物无足以铙心者，故静也。水静则明烛须眉，平中准，大匠取法焉。水静犹明，而况精神？圣人之心静乎，天地之鉴也，万物之镜也。

夫虚静、恬淡、寂漠、无为者，天地之本而道德之至，故帝王圣人休焉。休则虚，虚则实，实者备矣；虚则静，静则动，动则得矣。静则无为，无为也则任事者责矣。无为则俞俞，俞俞者忧患不能处，年寿长矣。夫虚静、恬淡、寂漠、无为者，万物之本也。

明此以南乡，尧之为君也；明此以北面，舜之为臣也。以此处上，帝王天子之德也；以此处下，玄圣素王之道也。以此退居而闲游，江海山林之士服，以此进为而抚世，则功大名显而天下一也。静而圣，动而王，无为也而尊，朴素而天下，莫能与之争美。

夫明白于天地之德者，此之谓大本大宗，与天和者也，所以均调天下，与人和者也。与人和者，谓之"人乐"；与天和者，谓之"天乐"。

庄子曰：

吾师乎！吾师乎！齑万物而不为"义"，泽及万世而不为"仁"，长于上古而不为"寿"，复载天地、刻雕众形而不为巧，此之谓"天乐"。故曰："知天乐者，其生也天行，其死也物化，静而与阴同德，动而与阳同波。"

故知"天乐"者，无天怨，无人非，无物累，无鬼责。故曰："其动也天，其静也地，一心定而天地正；其鬼不祟，其魂不疲，一心定而万物服。"言以虚静推于天地，通于万物，此之谓"天乐"。"天乐"者，圣人之心以畜天下也。

昔者舜问于尧曰：天王之用心何如？

尧曰：吾不敖无告，不废穷民，苦死者、嘉孺子而哀妇人。此吾所以用心已。

舜曰：美则美矣，而未大也。

尧曰：然则何如？

舜曰：天德而土宁，日月照而四时行，若昼夜之有经，云行而雨施矣。

尧曰：胶胶扰扰乎！子，天之合也；我，人之合也。

夫天地者，古之所大也，而黄帝尧舜之所共美也。故古之王天下者，奚为哉？天地而已矣。

孔子西藏书于周室，子路谋曰：由闻周之征藏史有老聃者，免而归居，夫子欲藏书，则试往因焉。

孔子曰：善。

往见老聃而老聃不许，于是繙六经以说。

老聃中其说，曰：大谩，愿闻其要。

孔子曰：要在仁义。

老聃曰：请问，仁义，人之性邪？

孔子曰：然。君子不仁则不成，不义则不生。仁义，真人之性也，又将奚为矣？

老聃曰：请问，何谓仁义？

孔子曰：中心物恺，兼爱无私，此仁义之情也。

老聃曰：意，几乎后言！夫兼爱，不亦迂乎？无私焉，乃私也。夫子若欲使天下无失其牧乎？则天地固有常矣，日月固有明矣，星辰固有列矣，禽兽固有群矣，树木固有立矣。夫子亦放德而行，循道而趋，已至矣！又何偈偈乎揭仁义，若击鼓而求亡子焉？意，夫子乱人之性也。

士成绮见老子而问曰：吾闻夫子圣人也，吾固不辞远道而来愿见，百舍重趼而不敢息。今吾观子，非圣人也。鼠壤有余蔬而弃妹之者，不仁也！生熟不尽于前，而积敛无崖。

老子漠然不应，士成绮明日复见，曰：昔者吾有刺于子，今吾心正郤矣，何故也？

老子曰：夫巧知神圣之人，吾自以为脱焉。昔者子呼我牛也而谓之牛，呼我马也而谓之马。苟有其实，人与之名而弗受，再受其殃。吾服也恒服，吾非以服有服。

士成绮雁行避影，履行遂进而问：修身若何？

老子曰：而容崖然，而目冲然，而颡頯然，而口阚然，而状义然，似系马而止也。动而持，发也机，察而审，知巧而睹于泰，凡以为不信。边竟有人焉，其名为"窃"。

夫子曰：夫道：于大不终，于小不遗，故万物备，广广乎其无不容也，渊渊乎其不可测也。形德仁义，神之未也，非至人孰能定之？夫至人有世，不亦大乎？而不足以为之累。天下奋梴而不与之偕，审乎无假而不与物迁，极物之真，能守其本，故外天地，遗万物，而神未尝有所困也。通乎道，合乎德，退仁义，宾礼乐，至人之心有所定矣。

世之所贵道者，书也。书不过语，语有贵也。语之所贵者，意也，意有所随。意之所随者，不可以言传也，而世因贵言传书。世虽贵之哉，我犹不足贵也，为其贵非其贵也。故视而可见者，形与色也；听而可闻者，名与声也。悲夫，世人以形色名声为足以得彼之情！夫形色名声果不足以得彼之情，则知者不言，言者不知，而世岂识之哉？

桓公读书于堂上，轮扁斫轮于堂下，释椎凿而上，问桓公曰：敢问公之所读者何言邪？

公曰：圣人之言也。

曰：圣人在乎？

公曰：已死矣。

曰：然则君之所读者，古人之糟魄已夫！

桓公曰：寡人读书，轮人安得议乎？有说则可，无说则死。

轮扁曰：臣也以臣之事观之。斫轮，徐则甘而不固，疾则苦而不入。不徐不疾，得之于手而应于心，口不能言，有数存焉于其间。臣不能以喻臣之子，臣之子亦不能受之于臣，是以行年七十而老斫轮。古之人与其不可传也死矣，然则君之所读者，古人之糟魄已夫！

第十四篇·天运

天其运乎？地其处乎？日月其争于所乎？孰主张是？孰维

纲是？孰居无事推而行是？意者其有机缄而不得已？意者其运转而不能自止邪？云者为雨乎？雨者为云乎？孰隆施是？孰居无事淫乐而劝是？风起北方，一西一东，在上彷惶，孰嘘吸是？孰居无事而披拂是？敢问何故？

巫咸祒曰：来，吾语女。天有六极五常，帝王顺之则治，逆之则凶。九洛之事，治成德备，监照下土，天下戴之，此谓"上皇"。

商太宰荡问"仁"于庄子，庄子曰：虎狼，"仁"也。

曰：何谓也？

庄子曰：父子相亲，何为不"仁"？

曰：请问"至仁"。

庄子曰："至仁"无亲。

太宰曰：荡闻之，无亲则不爱，不爱则不孝。谓"至仁"不孝，可乎？

庄子曰：

不然。夫至仁，尚矣，孝固不足以言之。此非"过"孝之言也，"不及"孝之言也。夫南行者至于郢，北面而不见冥山，是何也？则去之远也。故曰：以敬孝易，以爱孝难；以爱孝易，以忘亲难；忘亲易，使亲忘我难；使亲忘我易，兼忘天下难；兼忘天下易，使天下兼忘我难。

夫德遗尧、舜而不为也，利泽施于万世，天下莫知也，岂直大息而言仁孝乎哉？夫孝悌仁义忠信贞廉，此皆自勉以役其德者也，不足多也。故曰：至贵，国爵并焉；至富，国财并焉；至显，名誉并焉。是以道不渝。

北门成问于黄帝曰：帝张《咸池》之乐于洞庭之野，吾始闻之惧，复闻之怠，卒闻之而惑，荡荡默默，乃不自得。

帝曰：

汝殆其然哉！

吾奏之以人，征之以天，行之以礼义，建之以大清。四时迭起，万物循生；一盛一衰，文武伦经；一清一浊，阴阳调和，流光其声；蛰虫始作，吾惊之以雷霆；其卒无尾，其始无首；一死一生，一偾一起；所常无穷，而一不可待。女故惧也。

吾又奏之以阴阳之和，烛之以日月之明。其声能短能长，能柔能刚，变化齐一，不主故常；在谷满谷，在坑满坑；涂隙守神，以物为量。其声挥绰，其名高明。是故鬼神守其幽，日月星辰行其纪。吾止之于有穷，流之于无止。予欲虑之而不能知也，望之而不能见也，逐之而不能及也。傥然立于四虚之道，倚于槁梧而吟。心穷乎所欲知，目穷乎所欲见，力屈乎所欲逐，吾既不及已夫！形充空虚，乃至委蛇，汝委蛇，故怠。

吾又奏之以无怠之声，调之以自然之命，故若混逐丛生，林乐而无形；布挥而不曳，幽昏而无声。动于无方，居于窈冥；或谓之死，或谓之生；或谓之实，或谓之荣；行流散徙，不主常声。世疑之，稽于圣人。圣也者，达于情而遂于命也。天机不张而五官皆备，无言而心说，此之谓"天乐"。故有焱氏为之颂曰："听之不闻其声，视之不见其形，充满天地，苞裹六极。"汝欲听之而无接焉，而故惑也。

乐也者，始于惧，惧故祟；吾又次之以怠，怠故遁；卒之于惑，惑故愚；愚故道，道可载而与之俱也。

孔子西游于卫，颜渊问师金曰：以夫子之行为奚如？

师金曰：惜乎！而夫子其穷哉！

颜渊曰：何也？

师金曰：

夫刍狗之未陈也，盛以箧衍，巾以文绣，尸祝齐戒以将之。及其已陈也，行者践其首脊，苏者取而爨之而已。将复取而盛以箧衍，巾以文绣，游居寝卧其下，彼不得梦，必且数眯焉。

今而夫子亦取先王已陈刍狗，聚弟子游居寝卧其下。故伐树于宋，削迹于卫，穷于商周，是非其梦邪？围于陈蔡之间，七日不火食，死生相与邻，是非其眯也？

夫水行莫如用舟，而陆行莫如用车。以舟之可行于水也而求推之于陆，则没世不行寻常。古今非水陆与？周鲁非舟车与？今蕲行周于鲁，是犹推舟于陆也，劳而无功，身必有殃。彼未知夫无方之传，应物而不穷者也。

且子独不见桔槔者乎？引之则俯，舍之则仰。彼，人之所引，非引人也，故俯仰而不得罪于人。故夫三皇五帝之礼义法度，不矜于同而矜于治。故譬三皇五帝之礼义法度，其犹柤梨桔柚邪？其味相反而皆可于口。

故礼义法度者，应时而变者也。今取猿狙而衣以周公之服，彼必龁啮挽裂，尽去而后慊。观古今之异，犹猿狙之异乎周公也。故西施病心而矉其里，其里之丑人见之而美之，归亦捧心而矉其里。其里之富人见之，坚闭门而不出；贫人见之，挚妻子而去之走。彼知矉美，而不知矉之所以美。惜乎，而夫子其穷哉！

孔子行年五十有一而不闻道，乃南之沛见老聃。

老聃曰：子来乎？吾闻子，北方之贤者也，子亦得道乎？

孔子曰：未得也。

老子曰：子恶乎求之哉？

曰：吾求之于度数，五年而未得也。

老子曰：子又恶乎求之哉？

曰：吾求之于阴阳，十有二年而未得也。

老子曰：

然。使道而可献，则人莫不献之于其君；使道而可进，则人莫不进之于其亲；使道而可以告人，则人莫不告其兄弟；使道而可以与人，则人莫不与其子孙。然而不可者，无佗也，中无主而不止，外无正而不行。由中出者，不受于外，圣人不出；由外入者，无主于中，圣人不隐。名者，公器也，不可多取。仁义，先王之蘧庐也，止可以一宿而不可久处，觏而多责。

古之至人，假道于仁，托宿于义，以游逍遥之虚，食于苟简之田，立于不贷。逍遥，无为也；苟简，易养也；不贷，无出也。古者谓是采真之游。

以富为是者，不能让禄；以显为是者，不能让名。亲权者，不能与人柄。操之则栗，舍之则悲，而一无所鉴，以窥其所不休者，是天之戮民。

怨、恩、取、与、谏、教、生、杀八者，正之器也，唯循大变无所湮者为能用之。故曰：正者，正也。其心以为不然者，天门弗开矣。

孔子见老聃而语仁义，老聃曰：夫播糠眯目，则天地四方易位矣；蚊虻噆肤，则通昔不寐矣。夫仁义憯然乃愤吾心，乱莫大焉。吾子使天下无失其朴，吾子亦放风而动，总德而立矣。又奚杰杰然若负建鼓而求亡子者邪？夫鹄不日浴而白，乌不日黔而黑。黑白之朴，不足以为辩；名誉之观，不足以为广。泉涸，鱼相与处于陆，相呴以湿，相濡以沫，不若相忘于江湖。

孔子见老聃归，三日不谈。

弟子问曰：夫子见老聃，亦将何规哉？

孔子曰：吾乃今于是乎见龙。龙，合而成体，散而成章，乘云气而养乎阴阳。予口张而不能嗋，舌举而不能讱，予又何规老聃哉？

子贡曰：然则人固有尸居而龙见，渊默而雷声，发动如天地者乎？赐亦可得而观乎？

遂以孔子声见老聃。

老聃方将倨堂而应，微曰：予年运而往矣，子将何以戒我乎？

子贡曰：夫三皇五帝之治天下不同，其系声名一也。而先生独以为非圣人，如何哉？

老聃曰：小子少进，子何以谓不同？

对曰：尧授舜，舜授禹，禹用力而汤用兵，文王顺纣而不敢逆，武王逆纣而不肯顺，故曰不同。

老聃曰：

小子少进！余语汝三皇五帝之治天下也：昔黄帝之治天下，使民"心一"，民有其亲死不哭，而民不非也；尧之治天下，使民"心亲"，民有为其亲杀，而民不非也；舜之治天下，使民"心竞"，孕妇十月而生子，子生五月而能言，不至乎孩而始谁，则人始有夭矣；禹之治天下，使民"心变"，人有心而兵有顺，杀盗非杀人，自为种而天下耳，是以天下大骇，儒墨皆起。其作始有伦，而今乎妇，女何言哉？

余语汝：三皇五帝之治天下，名曰治之，而乱莫甚焉。三皇之知，上悖日月之明，下睽山川之精，中堕四时之施，其知憯于蛎虿之尾，鲜规之兽，莫得安其性命之情者，而犹自以为圣人，不可耻乎？其无耻也！

子贡蹴蹴然立不安。

第五卷《庄子·南华经》

孔子谓老聃曰：丘治《诗》、《书》、《礼》、《乐》、《易》、《春秋》六经，自以为久矣，孰知其故矣。以奸者七十二君，论先王之道而明周召之迹，一君无所钩用，甚矣夫！人之难说也，道之难明邪？

老子曰：幸矣！子之不遇治世之君也！夫六经，先王之陈迹也，岂其所以迹哉？今子之所言，犹迹也。夫迹，履之所出，而迹岂履哉？夫白鶂之相视，眸子不运而风化；虫，雄鸣于上风，雌应于下风而风化。类自为雌雄，故风化。"性"不可易，"命"不可变，"时"不可止，"道"不可壅。苟得于道，无自而不可；失焉者，无自而可。

孔子不出三月，复见，曰：丘得之矣。乌鹊孺，鱼傅沫，细要者化，有弟而兄啼。久矣，夫丘不与化为人！不与化为人，安能化人？

老子曰：可！丘得之矣！

第十五篇·刻意

刻意尚行，离世异俗，高论怨诽，为亢而已矣，此山谷之士，非世之人，枯槁赴渊者之所好也。语仁义忠信，恭俭推让，为修而已矣，此平世之士，教诲之人，游居学者之所好也。语大功，立大名，礼君臣，正上下，为治而已矣，此朝廷之士，尊主强国之人，致功并兼者之所好也。就薮泽，处闲旷，钓鱼闲处，无为而已矣，此江海之士，避世之人，闲暇者之所好也。吹呴呼吸，吐故纳新，熊经鸟申，为寿而已矣，此道引之士，养形之人，彭祖寿考者之所好也。若夫不刻意而高，

无仁义而修，无功名而治，无江海而闲，不道引而寿，无不忘也，无不有也，澹然无极而众美从之，此天地之道，圣人之德也。

故曰：夫恬淡、寂寞、虚无、无为，此天地之平而道德之质也。故圣人休焉，休则平易矣，平易则恬淡矣。平易恬淡，则忧患不能入，邪气不能袭，故其"德全而神不亏"。

故曰：圣人之生也天行，其死也物化，静而与阴同德，动而与阳同波。不为福先，不为祸始，感而后应，迫而后动，不得已而后起。去知与故，循天之理。

故曰：无天灾，无物累；无人非，无鬼责；不思虑，不豫谋。光矣而不耀，信矣而不期。其寝不梦，其觉无忧，其生若浮，其死若休。其神纯粹，其魂不罢。虚无恬淡，乃合天德。

故曰：悲乐者，德之邪；喜怒者，道之过；好恶者，心之失。故心不忧乐，德之至也；一而不变，静之至也；无所于忤，虚之至也；不与物交，惔之至也；无所于逆，粹之至也。

故曰：形劳而不休则弊，精用而不已则竭。水之性，不杂则清，莫动则平，郁闭而不流，亦不能清：天德之象。

故曰：纯粹而不杂，静一而不变，惔而无为，动而天行，此养神之道也。

夫有干越之剑者，柙而藏之，不敢轻用也，宝之至也。精神四达并流，无所不极，上际于天，下蟠于地，化育万物，不可为象，其名为"同帝"。

纯素之道，唯神是守；守而勿失，与神为一；一之精通，合于天伦。

野语有之曰："众人重利，廉士重名，贤人尚志，圣人贵精。"故素也者，谓其无所与杂也；纯也者，谓其不亏其神也。

能体纯素，谓之真人。

第十六篇·缮性

　　缮性于俗学，以求复其初，滑欲于俗思，以求致其明，谓之蔽蒙之民。古之治道者，以恬养知，知生而无以知为也，谓之以知养恬。知与恬交相养，而和理出其性。

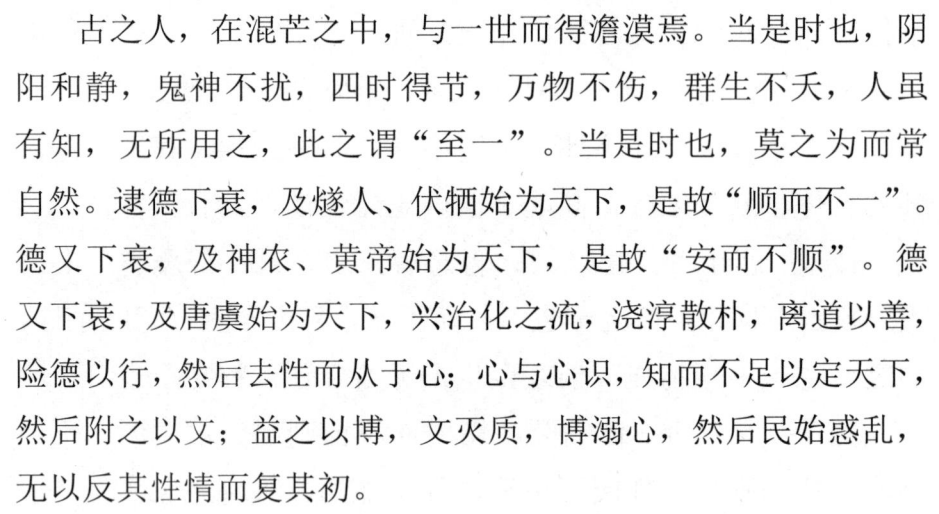

　　古之人，在混芒之中，与一世而得澹漠焉。当是时也，阴阳和静，鬼神不扰，四时得节，万物不伤，群生不夭，人虽有知，无所用之，此之谓"至一"。当是时也，莫之为而常自然。逮德下衰，及燧人、伏牺始为天下，是故"顺而不一"。德又下衰，及神农、黄帝始为天下，是故"安而不顺"。德又下衰，及唐虞始为天下，兴治化之流，浇淳散朴，离道以善，险德以行，然后去性而从于心；心与心识，知而不足以定天下，然后附之以文；益之以博，文灭质，博溺心，然后民始惑乱，无以反其性情而复其初。

　　由是观之，世丧道矣，道丧世矣。世与道交相丧也，道之人何由兴乎世？，世亦何由兴乎道哉？道无以兴乎世，世无以兴乎道，虽圣人不在山林之中，其德隐矣。

　　隐，故不自隐。古之所谓隐士者，非伏其身而弗见也，非闭其言而不出也，非藏其知而不发也，时命大谬也。当时命而大行乎天下，则反一无迹；不当时命而大穷乎天下，则深根宁极而待：此存身之道也。

　　古之存身者，不以辩饰知，不以知穷天下，不以知穷德，危然处其所而反其性己，又何为哉？道固不小行，德固不小

识；小识伤德，小行伤道。故曰：正己而已矣，乐全之谓"得志"。古之所谓得志者，非轩冕之谓也，谓其无以益其乐而已矣；今之所谓得志者，轩冕之谓也。轩冕在身，非性命也，物之傥来，寄者；寄之，其来不可圉，其去不可止。故不为轩冕肆志，不为穷约趋俗，其乐彼与此同，故无忧而已矣！今寄去则不乐。由是观之，虽乐，未尝不荒也。故曰：丧己于物、失性于俗者，谓之倒置之民。

第十七篇·秋水

秋水时至，百川灌河，泾流之大，两涘渚崖之间，不辩牛马。于是焉，河伯欣然自喜，以天下之美为尽在己。顺流而东行，至于北海，东面而视，不见水端。

于是焉，河伯始旋其面目，望洋向若而叹曰：野语有之曰："闻道百，以为莫己若者"，我之谓也。且夫我尝闻少仲尼之闻而轻伯夷之义者，始吾弗信，今我睹子之难穷也，吾非至于子之门，则殆矣，吾长见笑于大方之家。

北海若曰：

井蛙不可以语于海者，拘于虚也；夏虫不可以语于冰者，笃于时也；曲士不可以语于道者，束于教也。今尔出于崖涘，观于大海，乃知尔丑，尔将可与语大理矣。

天下之水，莫大于海，万川归之，不知何时止而不盈；尾闾泄之，不知何时已而不虚；春秋不变，水旱不知。此其过江河之流，不可为量数。而吾未尝以此自多者，自以比形于天地而受气于阴阳，吾在于天地之间，犹小石小木之在大山也，方存乎见少，又奚以自多？

计四海之在天地之间也，不似礨空之在大泽乎？计中国之在海内，不似稊米之在太仓乎？号物之数谓之万，人处一焉；人卒九州，谷食之所生，舟车之所通，人处一焉：此其比万物也，不似豪末之在于马体乎？

五帝之所连，三王之所争，仁人之所忧，任士之所劳，尽此矣！伯夷辞之以为名，仲尼语之以为博，此其自多也，不似尔向之自多于水乎？

河伯曰：然则吾大天地而小毫末，可乎？

北海若曰：否！夫物：量无穷，时无止，分无常，终始无故。是故大知观于远近，故小而不寡，大而不多，知量无穷；证向今故，故遥而不闷，掇而不跂，知时无止；察乎盈虚，故得而不喜，失而不忧，知分之无常也；明乎坦涂，故生而不说，死而不祸，知终始之不可故也。计人之所知，不若其所不知；其生之时，不若未生之时；以其至小求穷其至大之域，是故迷乱而不能自得也。由此观之，又何以知毫末之足以定至细之倪？又何以知天地之足以穷至大之域？

河伯曰：世之议者皆曰："至精无形，至大不可围。"是信情乎？

北海若曰：夫自细视大者，不尽；自大视细者，不明。故异便，此势之有也。夫"精"，小之微也；"垺"，大之殷也。夫精粗者，期于有形者也；无形者，数之所不能分也；不可围者，数之所不能穷也。可以言论者，物之粗也；可以意致者，物之精也；言之所不能论、意之所不能致者，不期精粗。

河伯曰：若物之外，若物之内，恶至而倪贵贱？恶至而倪小大？

北海若曰：以道观之，物无贵贱；以物观之，自贵而相贱；以俗观之，贵贱不在己。以差观之：因其所大而大之，则万物莫不大，因其所小而小之，则万物莫不小，知天地之为稊米也，知毫末之为丘山也，则差数睹矣。以功观之：因其所有而有之，则万物莫不有，因其所无而无之，则万物莫不无，知东西之相反而不可以相无，则功分定矣。以趣观之：因其所然而然之，则万物莫不然，因其所非而非之，则万物莫不非，知尧桀之自然而相非，则趣操睹矣。

昔者尧舜让而帝，之哙让而绝；汤武争而王，白公争而灭。由此观之，争让之礼，尧桀之行，贵贱有时，未可以为常也。

梁丽可以冲城，而不可以窒穴，言殊器也。骐骥骅骝，一日而驰千里，捕鼠不如狸狌，言殊技也。鸱鸺夜撮蚤，察毫末，昼出瞋目而不见丘山，言殊性也。

故曰：盖师是而无非，师治而无乱乎？是未明天地之理，万物之情者也。是犹师天而无地，师阴而无阳，其不可行，明矣！然且语而不舍，非愚则诬也！

帝王殊禅，三代殊继。差其时、逆其俗者，谓之篡夫；当其时、顺其俗者，谓之义徒。默默乎，河伯，女恶知贵贱之门、小大之家？

河伯曰：然则我何为乎？何不为乎？吾辞受趣舍，吾终奈何？

北海若曰：以道观之，何贵何贱，是谓"反衍"。无拘而志，与大道謇。何少何多，是谓"谢施"，无一而行，与道参差。严严乎，若国之有君，其无私德，繇繇乎，若祭之有社，其无私福。泛泛乎，其若四方无穷，其无所畛域。兼怀万物，其孰承翼？是谓"无方"。万物一齐，孰短孰长？

第五卷《庄子·南华经》

道无终始，物有死生，不恃其成。一虚一满，不位乎其形。年不可举，时不可止，消息盈虚，终则有始。是所以语大义之方，论万物之理也。物之生也，若骤若驰，无动而不变，无时而不移。何为乎？何不为乎？夫固将自化。

河伯曰：然则何贵于道邪？

北海若曰：知道者必达于理，达于理者必明于权，明于权者不以物害己。"至德"者：火弗能热，水弗能溺，寒暑弗能害，禽兽弗能贼。非谓其薄之也，言察乎安危，宁于祸福，谨于去就，莫之能害也。故曰："天在内，人在外，德在乎天。"知乎人之行，本乎天、位乎得，蹢躅而屈申，反要而语极。

河伯曰：何谓天？何谓人？

北海若曰：牛马四足，是谓"天"；落马首、穿牛鼻，是谓"人"。故曰：无以人灭天，无以故灭命，无以得殉名，谨守而勿失，是谓反其真。

夔怜蚿，蚿怜蛇，蛇怜风，风怜目，目怜心。

夔谓蚿曰：吾以一足趻踔而行，予无如矣！今子之使万足，独奈何？

蚿曰：不然。子不见乎唾者乎？喷则大者如珠，小者如雾，杂而下者不可胜数也。今予动吾天机，而不知其所以然。

蚿谓蛇曰：吾以众足行而不及子之无足，何也？

蛇曰：夫天机之所动，何可易邪？吾安用足哉？

蛇谓风曰：予动吾脊胁而行，则有似也，今子蓬蓬然起于北海，蓬蓬然入于南海，而似无有，何也？

风曰：然。予蓬蓬然起于北海而入南海也，然而指我则胜我，鳅我亦胜我。虽然，夫折大木、蜚大屋者，唯我能也，故以众小不胜为大胜也。为大胜者，唯圣人能之。

孔子游于匡，卫人围之数匝，而弦歌不辍。

子路入见曰：何夫子之娱也？

孔子曰：来，吾语女。我讳穷久矣，而不免，命也；求通久矣，而不得，时也。当尧舜之时而天下无穷人，非知得也；当桀纣之时而天下无通人，非知失也：时势适然。夫水行不避蛟龙者，渔父之勇也；陆行不避兕虎者，猎夫之勇也；白刃交于前，视死若生者，烈士之勇也；知穷之有命、知通之有时、临大难而不惧者，圣人之勇也。由，处矣！吾命有所制矣！

无几何，将甲者进，辞曰：以为阳虎也，故围之，今非也，请辞而退。

公孙龙问于魏牟曰：龙少学先王之道，长而明仁义之行；合同异，离坚白；然不然，可不可；困百家之知，穷众口之辩：吾自以为至达矣。今吾闻庄子之言，汒焉异之。不知论之不及与？知之弗若与？今吾无所开吾喙，敢问其方。

公子牟隐机太息，仰天而笑曰：

子独不闻夫坎井之蛙乎？谓东海之鳖曰："吾乐与！吾跳梁乎井干之上，入休乎缺甃之崖，赴水则接腋持颐，蹶泥则没足灭跗，还虷蟹与科斗，莫吾能若也。且夫擅一壑之水，而跨跱坎井之乐，此亦至矣。夫子奚不时来入观乎？"东海之鳖左足未入，而右膝已絷矣。于是逡巡而却，告之海曰："夫千里之远，不足以举其大；千仞之高，不足以极其深。禹之时十年九潦，而水弗为加益；汤之时八年七旱，而崖不为加损。夫不为顷久推移、不以多少进退者，此亦东海之大乐也。"于是坎井之蛙闻之，适适然惊，规规然自失也。

且夫知不知是非之竟，而犹欲观于庄子之言，是犹使蚊负山，商蚷驰河也，必不胜任矣。且夫知不知论极妙之言而自适一时之利者，是非坎井之蛙与？且彼方跐黄泉而登大皇：无南无北，奭然四解，沦于不测；无东无西，始于玄冥，反于大通。子乃规规然而求之以察，索之以辩，是直用管窥天，用锥指地也，不亦小乎？子往乎！

且子独不闻夫寿陵余子之学行于邯郸与？未得国能，又失其故行矣，直匍匐而归耳！今子不去，将忘子之故，失子之业。

公孙龙口呿而不合，舌举而不下，乃逸而走。

庄子钓于濮水，楚王使大夫二人往先焉，曰：愿以境内累矣！

庄子持竿不顾，曰：吾闻楚有神龟，死已三千岁矣。王以巾笥而藏之庙堂之上。此龟者，宁其死为留骨而贵乎？宁其生而曳尾于涂中乎？

二大夫曰：宁生而曳尾涂中。

庄子曰：往矣！吾将曳尾于涂中。

惠子相梁，庄子往见之。

或谓惠子曰：庄子来，欲代子相。

于是惠子恐，搜于国中，三日三夜。

庄子往见之曰：南方有鸟，其名为鹓雏，子知之乎？夫鹓雏，发于南海而飞于北海，非梧桐不止，非练实不食，非醴泉不饮。于是鸱得腐鼠，鹓雏过之，仰而视之曰："吓！今子欲以子之梁国而吓我邪？"

庄子与惠子游于濠梁之上，庄子曰：鲦鱼出游从容，是鱼之乐也。

惠子曰：子非鱼，安知鱼之乐？

庄子曰：子非我，安知我不知鱼之乐？

惠子曰：我非子，固不知子矣，子固非鱼也，子之不知鱼之乐，全矣。

庄子曰：请循其本。子曰"女安知鱼乐"云者，既已知吾知之而问我。我知之濠上也。

第十八篇·至乐

天下有"至乐"无有哉？有可以"活身"者无有哉？今奚为奚据？奚避奚处？奚就奚去？奚乐奚恶？

夫天下之所尊者，富、贵、寿、善也；所乐者，身安、厚味、美服、好色、音声也；所下者，贫、贱、夭、恶也；所苦者，身不得安逸，口不得厚味，形不得美服，目不得好色，耳不得音声。若不得者，则大忧以惧，其为形也亦愚哉？

夫富者，苦身疾作，多积财而不得尽用，其为形也亦外矣！夫贵者，夜以继日，思虑善否，其为形也亦疏矣！人之生也，与忧俱生。寿者惛惛，久忧不死，何苦也？其为形也亦远矣！烈士为天下见善矣，未足以活身。吾未知善之诚善邪？诚不善邪？若以为善矣，不足"活身"；以为不善矣，足以活人。故曰："忠谏不听，蹲循勿争。"故夫子胥争之以残其形，不争，名亦不成。诚有善无有哉？

今俗之所为与其所乐，吾又未知乐之果乐邪？果不乐邪？吾观夫俗之所乐，举群趣者，誙誙然如将不得已，而皆曰乐者，吾未之乐也，亦未之不乐也。果有乐无有哉？吾以无为诚乐矣，又俗之所大苦也。故曰："至乐无乐，至誉无誉。"

天下是非果未可定也。虽然，无为可以定是非。至乐活身，唯无为几存。请尝试言之：天无为以之清，地无为以之宁，故两无为相合，万物皆化生。芒乎芴乎，而无从出乎！芴乎芒乎，而无有象乎！万物职职，皆从无为殖。故曰：天地无为也而无不为也。人也孰能得无为哉？

庄子妻死，惠子吊之，庄子则方箕踞鼓盆而歌。

惠子曰：与人居，长子老身，死不哭亦足矣，又鼓盆而歌，不亦甚乎？

庄子曰：不然。是其始死也，我独何能无概然？然察其始而本无生；非徒无生也，而本无形；非徒无形也，而本无气。杂乎芒芴乎之间，变而有气，气变而有形，形变而有生。今又变而之死，是相与为春秋冬夏四时行也。人且偃然寝于巨室，而我嗷嗷然随而哭之，自以为不通乎命，故止也。

支离叔与滑介叔观于冥伯之丘、昆仑之虚，黄帝之所休。俄而柳生其左肘，其意蹶蹶然恶之。

支离叔曰：子恶之乎？

滑介叔曰：亡，予何恶？生者，假借也；假之而生生者，尘垢也。死生为昼夜。且吾与子观化而化及我，我又何恶焉？

庄子之楚，见空髑髅，髐然有形，撽以马捶，因而问之，曰：夫子贪生失理而为此乎？将子有亡国之事，斧钺之诛，而为此乎？将子有不善之行，愧遗父母妻子之丑，而为此乎？将子有冻馁之患，而为此乎？将子之春秋故及此乎？

于是语卒，援髑髅，枕而卧。

夜半，髑髅见梦曰：子之谈者似辩士。视子所言，皆生人之累也，死则无此矣。子欲闻死之说乎？

庄子曰：然。

髑髅曰：死：无君于上，无臣于下，亦无四时之事，从然以天地为春秋，虽南面王，乐不能过也。

庄子不信，曰：吾使司命复生子形，为子骨肉肌肤，反子父母、妻子、闾里、知识，子欲之乎？

髑髅深矉蹙頞，曰：吾安能弃南面王乐而复为人间之劳乎？

颜渊东之齐，孔子有忧色，子贡下席而问曰：小子敢问，回东之齐，夫子有忧色，何邪？

孔子曰：善哉，汝问。昔者管子有言，丘甚善之，曰："褚小者不可以怀大，绠短者不可以汲深。"夫若是者，以为命有所成而形有所适也，夫不可损益。吾恐回与齐侯言黄帝尧舜之道，而重以燧人神农之言。彼将内求于己而不得，不得则惑，人惑则死。

且汝独不闻邪？昔者海鸟止于鲁郊，鲁侯御而觞之于庙，奏《九韶》以为乐，具太牢以为膳。鸟乃眩视忧悲，不敢食一脔，不敢饮一杯，三日而死。此以己养养鸟也，非以鸟养鸟也。夫以鸟养鸟者，宜栖之深林，游之坛陆，浮之江湖，食之鰌鲦，随行列而止，委蛇而处。彼唯人言之恶闻，奚以夫譊譊为乎？《咸池》、《九韶》之乐，张之洞庭之野，鸟闻之而飞，兽闻之而走，鱼闻之而下入，人卒闻之，相与还而观之。鱼处水而生，人处水而死。彼必相与异，其好恶故异也。故先圣不一其能，不同其事。名止于实，义设于适，是之谓"条达"而"福持"。

列子行食于道从，见百岁髑髅，攓蓬而指之曰：唯予与汝知，而未尝死，未尝生也。若果养乎？予果欢乎？

种有"几"，得水则为继，得水土之际则为蛙蠙之衣，生于陵屯则为陵舄，陵舄得郁栖则为乌足，乌足之根为蛴螬，其叶为胡蝶。胡蝶胥也，化而为虫，生于灶下，其状若脱，其名为鸲掇；鸲掇千日化而为鸟，其名曰乾余骨。乾余骨之沫为斯弥，斯弥为食醯。颐辂生乎食醯，黄軦生乎九猷；瞀芮生乎腐蠸。羊奚比乎不箰，久竹生青宁。青宁生程，程生马，马生人，人又反入于机。万物皆出于机，皆入于机。

第十九篇·达生

"达生"之情者，不务生之所无以为；"达命"之情者，不务命之所无奈何。养形必先之以物，物有余而形不养者，有之矣；有生必先无离形，形不离而生亡者，有之矣。生之来不能却，其去不能止。

悲夫！世之人以为养形足以存生，而养形果不足以存生，则世奚足为哉？虽不足为而不可不为者，其为不免矣！

夫欲免为形者，莫如弃世。弃世则无累，无累则正平，正平则与彼更生，更生则几矣。事奚足弃而生奚足遗？弃事则形不劳，遗生则精不亏。

夫形全精复，与天为一。天地者，万物之父母也。合则成体，散则成始。形精不亏，是谓"能移"。精而又精，反以相天。

子列子问关尹曰："至人"潜行不窒，蹈火不热，行乎万物之上而不栗，请问何以至于此？

关尹曰：

是纯气之守也，非知巧果敢之列。居，予语女：

凡有貌象声色者，皆物也，物与物何以相远？夫奚足以至乎先？是形色而已。则物之造乎"不形"而止乎"无所化"，夫得是而穷之者，物焉得而止焉？彼将处乎不淫之度，而藏乎无端之纪，游乎万物之所终始，壹其性，养其气，合其德，以通乎物之所造。未若是者，其天守全，其神无隙，物奚自

入焉？

夫醉者之坠车，虽疾不死。骨节与人同而犯害与人异，其神全也：乘亦不知也，坠亦不知也，死生惊惧不入乎其胸中，是故遻物而不慴。彼得全于酒而犹若是，而况得全于天乎？圣人藏于天，故莫之能伤也。

仲尼适楚，出于林中，见佝偻者承蜩，犹掇之也。

仲尼曰：子巧乎，有道邪？

曰：我有道也：五六月累丸二而不坠，则失者锱铢；累三而不坠，则失者十一；累五而不坠，犹掇之也。吾处身也，若橛株枸；吾执臂也，若槁木之枝。虽天地之大，万物之多，而唯蜩翼之知。吾不反不侧，不以万物易蜩之翼，何为而不得？

孔子顾谓弟子曰：用志不分，乃凝于神，其佝偻丈人之谓乎？

颜渊问仲尼曰：吾尝济乎觞深之渊，津人操舟若神。吾问焉曰："操舟可学邪？"曰："可。善游者数能。若乃夫没人，则未尝见舟而便操之也。"吾问焉而不吾告，敢问何谓也？

仲尼曰：善游者数能，忘水也。若乃夫没人之未尝见舟而便操之也，彼视渊若陵，视舟之复犹其车却也。复却万方陈乎前而不得入其舍，恶往而不暇？以瓦注者巧，以钩注者惮，以黄金注者殙。其巧一也，而有所矜，则重外也。凡外重者内拙。

田开之见周威公，威公曰：吾闻祝肾学生，吾子与祝肾游，亦何闻焉？

田开之曰：开之操拔篲以侍门庭，亦何闻于夫子？

威公曰：田子无让，寡人愿闻之。

开之曰：闻之夫子曰：善养生者，若牧羊然，视其后者而鞭之。

威公曰：何谓也？

田开之曰：鲁有单豹者，岩居而水饮，不与民共利，行年七十而犹有婴儿之色。不幸遇饿虎，饿虎杀而食之。有张毅者，高门县薄，无不趋也，行年四十而有内热之病以死。豹养其内而虎食其外，毅养其外而病攻其内。此二子者，皆不鞭其后者也。

仲尼曰：无入而藏，无出而阳，柴立其中央。三者若得，其名必极。夫畏涂者，十杀一人，则父子兄弟相戒也，必盛卒徒而后敢出焉，不亦知乎？人之所取畏者，衽席之上，饮食之间，而不知为之戒者，过也！

祝宗人玄端以临牢策，说彘曰：汝奚恶死？吾将三月豢汝，十日戒，三日齐，藉白茅，加汝肩尻乎雕俎之上，则汝为之乎？

为彘谋曰，不如食以糠糟而错之牢策之中；自为谋，则苟生有轩冕之尊，死得于腞楯之上、聚偻之中则为之。为彘谋则去之，自为谋则取之，所异彘者何也？

桓公田于泽，管仲御，见鬼焉。

公抚管仲之手曰：仲父何见？

对曰：臣无所见。

公反，诶诒为病，数日不出。

齐士有皇子告敖者曰：公则自伤，鬼恶能伤公？夫忿滀之气：散而不反，则为不足；上而不下，则使人善怒；下而不上，则使人善忘；不上不下，中身当心则为病。

桓公曰：然则有鬼乎？

曰：有。沉有履，灶有髻。户内之烦壤，雷霆处之；东北方之下者，倍阿、鲑蠪跃之；西北方之下者，则泆阳处之。水有罔象，丘有莘，山有夔，野有彷徨，泽有委蛇。

公曰：请问委蛇之状何如？

皇子曰：委蛇，其大如毂，其长如辕，紫衣而朱冠。其为物也恶，闻雷车之声则捧其首而立，见之者，殆乎霸。

桓公䜣然而笑曰：此寡人之所见者也。

于是正衣冠与之坐，不终日，而不知病之去也。

纪渻子为王养斗鸡。

十日而问：鸡可斗已乎？

曰：未也，方虚骄而恃气。

十日又问，曰：未也，犹应向景。

十日又问，曰：未也，犹疾视而盛气。

十日又问，曰：几矣，鸡虽有鸣者，已无变，望之似木鸡矣，其德全矣。异鸡无敢应者，反走矣。

孔子观于吕梁，县水三十仞，流沫四十里，鼋鼍鱼鳖之所不能游也。见一丈夫游之，以为有苦而欲死也，使弟子并流而拯之。数百步而出，被发行歌而游于塘下。

孔子从而问焉，曰：吾以子为鬼，察子，则人也。请问，蹈水有道乎？

曰：亡，吾无道。吾始乎故，长乎性，成乎命。与齐俱入，与汩偕出，从水之道而不为私焉。此吾所以蹈之也。

孔子曰：何谓始乎故，长乎性，成乎命？

曰：吾生于陵而安于陵，故也；长于水而安于水，性也；不知吾所以然而然，命也。

梓庆削木为鐻，鐻成，见者惊犹鬼神。

鲁侯见而问焉，曰：子何术以为焉？

对曰：臣工人，何术之有？虽然，有一焉。臣将为鐻，未尝敢以耗气也，必齐以静心。齐三日，而不敢怀庆赏爵禄；

齐五日，不敢怀非誉巧拙。齐忘吾有四枝形体也。当是时也，无公朝，其巧专而外骨消，然后入山林，观天性，形躯至矣，然后成见鐻，然后加手焉，不然则已。则以天合天，器之所以疑神者，其由是与！

东野稷以御见庄公，进退中绳，左右旋中规。庄公以为文弗过也，使之钩百而反。

颜阖遇之，入见曰：稷之马将败。

公密而不应，少焉，果败而反。

公曰：子何以知之？

曰：其马力竭矣，而犹求焉，故曰败。

工倕旋而盖规矩，指与物化而不以心稽，故其灵台一而不桎。忘足，履之适也；忘要，带之适也；忘是非，心之适也；不内变，不外从，事会之适也。始乎适而未尝不适者，忘适之适也。

第二十篇·山木

庄子行于山中，见大木枝叶盛茂，伐木者止其旁而不取也。
问其故，曰：无所可用。
庄子曰：此木以不材得终其天年矣。
夫子出于山，舍于故人之家。故人喜，命竖子杀雁而烹之。
竖子请曰：其一能鸣，其一不能鸣，请奚杀？
主人曰：杀不能鸣者。
明日，弟子问于庄子曰，昨日山中之木，以不材得终其天年。今主人之雁，以不材死。先生将何处？

庄子笑曰：周将处乎材与不材之间；材与不材之间，似之而非也，故未免乎累。若夫乘道德而浮游则不然。无誉无訾，一龙一蛇，与时俱化，而无肯专为；一上一下，以和为量，浮游乎万物之祖。物物而不物于物，则胡可得而累邪？此神农、黄帝之法则也。若夫万物之情，人伦之传，则不然。合则离，成则毁；廉则挫，尊则议。有为则亏，贤则谋，不肖则欺，胡可得而必乎哉？悲夫！弟子志之，其唯道德之乡乎！

市南宜僚见鲁侯，鲁侯有忧色。

市南子曰：君有忧色，何也？

鲁侯曰：吾学先王之道，修先君之业，吾敬鬼尊贤，亲而行之，无须臾离居，然不免于患，吾是以忧。

市南子曰：君之除患之术浅！夫丰狐：栖于山林，伏于岩穴，静也；夜行昼居，戒也；虽饥渴隐约，犹且胥疏于江湖之上而求食焉，定也。然且不免于罔罗机辟之患，是何罪之有哉？其皮为之灾也。今鲁国独非君之皮邪？吾愿君刳形去皮，洒心去欲，而游于无人之野。南越有邑焉，名为建德之国。其民愚而朴，少私而寡欲；知作而不知藏，与而不求其报；不知义之所适，不知礼之所将；猖狂妄行，乃蹈乎大方；其生可乐，其死可葬。吾愿君去国捐俗，与道相辅而行。

君曰：彼其道远而险，又有江山，我无舟车，奈何？

市南子曰：君无形倨，无留居，以为君车。

君曰：彼其道幽远而无人，吾谁与为邻？？

市南子曰：少君之费，寡君之欲，虽无粮而乃足。君其涉于江而浮于海，望之而不见其涯，愈往而不知其所穷。送君者皆自崖而反，君自此远矣！故有人者累，见有于人者忧。故尧非有人，非见有于人也。吾愿去君之累，除君之忧，而独与道游于大莫之国，方舟而济于河，有虚船来触舟，虽有惼心之人不怒。有一人在其上，则呼张歙之，一呼而不闻，再呼而不闻，于是三呼邪，则必以恶声随之。向也不怒而今也怒，向也虚而今也实。人能虚己以游世，其孰能害之？

北宫奢为卫灵公赋敛以为钟，为坛乎郭门之外，三月而成上下之县。

王子庆忌见而问焉，曰：子何术之设？

奢曰：一之间，无敢设也。奢闻之："既雕既琢，复归于朴。"侗乎其无识，傥乎其怠疑；萃乎芒乎，其送往而迎来；来者勿禁，往者勿止。从其强梁，随其曲傅，因其自穷也。故朝夕赋敛而毫毛不挫，而况有大涂者乎？

孔子围于陈蔡之间，七日不火食，大公任往吊之，曰：子几死乎？

曰：然。

子恶死乎？

曰：然。

任曰：

予尝言不死之道。东海有鸟焉，其名曰意怠。其为鸟也，翂翂翐翐，而似无能；引援而飞，迫胁而栖；进不敢为前，退不敢为后；食不敢先尝，必取其绪。是故其行列不斥，而外人卒不得害，是以免于患。直木先伐，甘井先竭。子其意者饰知以惊愚，修身以明污，昭昭乎若揭日月而行，故不免也。

昔吾闻之大成之人曰："自伐者无功，功成者堕，名成者亏。"谁能去功与名而还与众人？道流而不明居，德行而不名处，纯纯常常，乃比于狂，削迹捐势，不为功名。是故无责于人，人亦无责焉。至人不闻，子何喜哉？

孔子曰：善哉！

辞其交游，去其弟子，逃于大泽，衣裘褐，食杼栗，入兽不乱群，入鸟不乱行。鸟兽不恶，而况人乎？

孔子问子桑雽曰：吾再逐于鲁，伐树于宋，削迹于卫，穷于商周，围于陈蔡之间。吾犯此数患，亲交益疏，徒友益散，何与？

子桑雽曰：子独不闻假人之亡与？林回弃千金之璧，负赤子而趋。或曰："为其布与？赤子之布寡矣，为其累与？赤子之累多矣。弃千金之璧，负赤子而趋，何也？"林回曰："彼以利合，此以天属也。"夫以利合者，迫穷祸患害相弃也；以天属者，迫穷祸患害相收也。夫相收之与相弃亦远矣。且君子之交淡若水，小人之交甘若醴。君子淡以亲，小人甘以绝。彼无故以合者，则无故以离。

孔子曰：敬闻命矣！

徐行翔佯而归，绝学捐书，弟子无挹于前，其爱益加进。

异日，子桑雽又曰：舜之将死，乃命禹曰："汝戒之哉，形莫若缘，情莫若率。缘则不离，率则不劳。不离不劳则不求文以待形，不求文以待形，固不待物。"

庄子衣大布而补之，正緳系履而过魏王。

魏王曰：何先生之惫邪？

庄子曰："贫"也，非"惫"也。士有道德不能行，惫也；衣弊履穿，贫也，非"惫"也：此所谓非遭时也。王独不见夫腾猿乎？其得楠梓豫章也，揽蔓其枝而王长其间，虽羿、蓬蒙不能眄睨也。及其得柘棘枳枸之间也，危行侧视，振动悼栗：此筋骨非有加急而不柔也，处势不便，未足以逞其能也。今处昏上乱相之间而欲无惫，奚可得邪？此比干之见剖心征也夫！

孔子穷于陈蔡之间，七日不火食，左据槁木，右击槁枝而歌猋氏之风，有其具而无其数，有其声而无宫角，木声与人声，犁然有当于人之心。

颜回端拱还目而窥之，仲尼恐其广己而造大也，爱己而造哀也，曰：回，无受天损易，无受人益难。无始而非卒也，人与天一也。夫今之歌者其谁乎？

回曰：敢问"无受天损易"。

仲尼曰：饥渴寒暑，穷桎不行，天地之行也，运物之泄也，言与之偕逝之谓也。为人臣者，不敢去之。执臣之道犹若是，而况乎所以待天乎？

何谓"无受人益难"？

仲尼曰：始用四达，爵禄并至而不穷，物之所利，乃非己也，吾命其在外者也。君子不为盗，贤人不为窃。吾若取之，何哉？故曰：鸟莫知于鷾鸸，目之所不宜处不给视，虽落其实，弃之而走。其畏人也，而袭诸人间，社稷存焉尔。

何谓"无始而非卒"？

仲尼曰：化其万物而不知其禅之者，焉知其所终？焉知其所始？正而待之而已耳。

何谓"人与天一"邪？

仲尼曰：有人，天也；有天，亦天也。人之不能有天，性也，圣人晏然体逝而终矣！

庄子游于雕陵之樊，睹一异鹊自南方来者，翼广七尺，目大运寸，感周之颡，而集于栗林。

庄周曰：此何鸟哉？翼殷不逝，目大不睹。

蹇裳躩步，执弹而留之。睹一蝉，方得美荫而忘其身；螳螂执翳而搏之，见得而忘其形；异鹊从而利之，见利而忘其真。

庄周怵然曰：噫！物固相累，二类相召也！

捐弹而反走，虞人逐而谇之。庄周反入，三日不庭。

蔺且从而问之：夫子何为顷间甚不庭乎？

庄子曰：吾守形而忘身，观于浊水而迷于清渊。且吾闻诸夫子曰："入其俗，从其令。"今吾游于雕陵而忘吾身，异鹊感吾颡，游于栗林而忘真，栗林虞人以我为戮，吾所以不庭也。

阳子之宋，宿于逆旅。逆旅人有妾二人，其一人美，其一人恶，恶者贵而美者贱。

阳子问其故，逆旅小子对曰：其美者自美，吾不知其美也；其恶者自恶；吾不知其恶也。

阳子曰：弟子记之，行贤而去自贤之行，安往而不爱哉？

第二十一篇·田子方

田子方侍坐于魏文侯，数称谿工。

文侯曰：谿工，子之师邪？

子方曰：非也，无择之里人也，称道数当，故无择称之。

文侯曰：然则子无师邪？

子方曰：有。

曰：子之师谁邪？

子方曰：东郭顺子。

文侯曰：然则夫子何故未尝称之？

子方曰：其为人也真，人貌而天虚，缘而葆真，清而容物。物无道，正容以悟之，使人之意也消，无择何足以称之？

子方出，文侯傥然终日不言，召前立臣而语之曰：远矣，全德之君子！始吾以圣知之言、仁义之行为至矣。吾闻子方之师，吾形解而不欲动，口钳而不欲言。吾所学者直土梗耳，夫魏真为我累耳！

温伯雪子适齐，舍于鲁。

鲁人有请见之者，温伯雪子曰：不可。吾闻中国之君子，明乎礼义而陋于知人心，吾不欲见也。

至于齐，反舍于鲁，是人也又请见。

温伯雪子曰：往也蕲见我，今也又蕲见我，是必有以振我也。

出而见客，入而叹。明日见客，又入而叹。

其仆曰：每见之客也，必入而叹，何邪？

曰：吾固告子矣："中国之民，明乎礼义而陋乎知人心。"昔之见我者，进退一成规一成矩，从容一若龙，一若虎，其谏我也似子，其道我也似父，是以叹也。

仲尼见之而不言，子路曰：吾子欲见温伯雪子久矣，见之而不言，何邪？

仲尼曰：若夫人者，目击而道存矣，亦不可以容声矣。

颜渊问于仲尼曰，夫子步亦步，夫子趋亦趋，夫子驰亦驰，夫子奔逸绝尘，而回瞠若乎后矣！

夫子曰：回，何谓邪？

曰：夫子步，亦步也；夫子言，亦言也；夫子趋，亦趋也；夫子辩，亦辩也；夫子驰，亦驰也；夫子言道，回亦言道也。及奔逸绝尘而回瞠若乎后者，夫子不言而信，不比而周，无器而民滔乎前，而不知所以然而已矣。

仲尼曰：

恶！可不察与！夫哀莫大于心死，而人死亦次之。日出东方而入于西极，万物莫不比方，有首有趾者，待是而后成功，

是出则存，是入则亡。万物亦然，有待也而死，有待也而生。吾一受其成形，而不化以待尽。效物而动，日夜无隙，而不知其所终，薰然其成形，知命不能规乎其前，丘以是日徂。

吾终身与汝交一臂而失之，可不哀与？女殆著乎吾所以著也。彼已尽矣，而女求之以为有，是求马于唐肆也。吾服女也甚忘，女服吾也亦甚忘。虽然，女奚患焉？虽忘乎故吾，吾有不忘者存。

孔子见老聃，老聃新沐，方将被发而干，慹然似非人。

孔子便而待之，少焉见，曰：丘也眩与？其信然与？向者先生形体掘若槁木，似遗物离人而立于独也。

老聃曰：吾游心于物之初。

孔子曰，何谓邪？

曰：心困焉而不能知，口辟焉而不能言，尝为汝议乎其将。至阴肃肃，至阳赫赫，肃肃出乎天，赫赫发乎地，两者交通成和而物生焉，或为之纪而莫见其形？消息满虚，一晦一明，日改月化，日有所为，而莫见其功。生有所乎萌，死有所乎归，始终相反乎无端而莫知其所穷。非是也，且孰为之宗？

孔子曰：请问游是。

老聃曰：夫得是至美至乐也。得至美而游乎至乐，谓之"至人"。

孔子曰：愿闻其方。

曰：草食之兽不疾易薮，水生之虫不疾易水，行小变而不失其大常也，喜怒哀乐不入于胸次。夫天下也者，万物之所一也。得其所一而同焉，则四支百体将为尘垢，而死生终始将为昼夜而莫之能滑，而况得丧祸福之所介乎？弃隶者若弃泥涂，知身贵于隶也，贵在于我而不失于变。且万化而未始有极也，夫孰足以患心已？为道者解乎此。

孔子曰：夫子德配天地，而犹假至言以修心，古之君子，孰能脱焉？

老聃曰：不然。夫水之于汋也，无为而才自然矣。至人之于德也，不修而物不能离焉，若天之自高，地之自厚，日月之自明，夫何修焉？

孔子出，以告颜回曰：丘之于道也，其犹醯鸡与？微夫子之发吾复也，吾不知天地之大全也。

庄子见鲁哀公，哀公曰：鲁多儒士，少为先生方者。

庄子曰：鲁少儒！

哀公曰：举鲁国而儒服，何谓少乎？

庄子曰：周闻之：儒者冠圆冠者，知天时；履句屦者，知地形；缓佩玦者事至而断。君子有其道者，未必为其服也；为其服者，未必知其道也。公固以为不然，何不号于国中曰："无此道而为此服者，其罪死！"

于是哀公号之五日，而鲁国无敢儒服者，独有一丈夫儒服而立乎公门。公即召而问以国事，千转万变而不穷。

庄子曰：以鲁国而儒者一人耳，可谓多乎？

百里奚爵禄不入于心，故饭牛而牛肥，使秦穆公忘其贱，与之政也。有虞氏死生不入于心，故足以动人。

宋元君将画图，众史皆至，受揖而立，舐笔和墨，在外者半。有一史后至者，儃儃然不趋，受揖不立，因之舍。公使人视之，则解衣般礴臝。

君曰：可矣，是真画者也。

文王观于臧，见一丈夫钓，而其钓莫钓，非持其钓有钓者也，常钓也。文王欲举而授之政，而恐大臣父兄之弗安也，

欲终而释之,而不忍百姓之无天也。

于是旦而属之大夫曰:昔者寡人梦见良人,黑色而髯,乘驳马而偏朱蹄,号曰:"寓而政于臧丈人,庶几乎民有瘳乎!"

诸大夫蹴然曰:先君王也。

文王曰:然则卜之。

诸大夫曰:先君之命,王其无它,又何卜焉?

遂迎臧丈人而授之政。典法无更,偏令无出。三年,文王观于国,则列士坏植散群,长官者不成德,斔斛不敢入于四竟。列士坏植散群,则尚同也;长官者不成德,则同务也;斔斛不敢入于四竟,则诸侯无二心也。

文王于是焉以为大师,北面而问曰:政可以及天下乎?

臧丈人昧然而不应,泛然而辞,朝令而夜遁,终身无闻。

颜渊问于仲尼曰:文王其犹未邪?又何以梦为乎?

仲尼:默,汝无言,夫文王尽之也,而又何论刺焉?彼直以循斯须也。

列御寇为伯昏无人射,引之盈贯,措杯水其肘上,发之,适矢复沓,方矢复寓。当是时,犹象人也。

伯昏无人曰:是射之射,非不射之射也。尝与汝登高山,履危石,临百仞之渊,若能射乎?

于是无人遂登高山,履危石,临百仞之渊,背逡巡,足二分垂在外,揖列御寇而进之。御寇伏地,汗流至踵。

伯昏无人曰:夫至人者,上窥青天,下潜黄泉,挥斥八极,神气不变。今汝怵然有恂目之志,尔于中也,殆矣夫!

肩吾问于孙叔敖曰:子三为令尹而不荣华,三去之而无忧色。吾始也疑子,今视子之鼻间栩栩然,子之用心独奈何?

孙叔敖曰:吾何以过人哉?吾以其来不可却也,其去不可止也。吾以为得失之非我也，而无忧色而已矣。我何以过人哉？且不知其在彼乎？其在我乎？其在彼邪？亡乎我；在我邪？亡乎彼。方将踌躇，方将四顾，何暇至乎人贵人贱哉？

仲尼闻之曰：古之真人：知者不得说，美人不得滥，盗人不得劫，伏戏黄帝不得友。死生亦大矣，而无变乎己，况爵禄乎？若然者其神：经乎大山而无介，入乎渊泉而不濡，处卑细而不惫，充满天地，既以与人，己愈有。

楚王与凡君坐，少焉，楚王左右曰"凡亡"者三。

凡君曰：凡之亡也，不足以丧吾存。夫"凡之亡，不足以丧吾存"，则"楚之存，不足以存存"。由是观之，则凡未始亡而楚未始存也。

第二十二篇·知北游

知北游于玄水之上，登隐弅之丘而适遭无为谓焉。

知谓无为谓曰：予欲有问乎若：何思何虑则知道？何处何服则安道？何从何道则得道？

三问，而无为谓不答也。非不答，不知答也。

知不得问，反于白水之南，登狐阕之上，而睹狂屈焉。

知以之言也问乎狂屈，狂屈曰：唉！予知之，将语若。

中欲言而忘其所欲言。

知不得问，反于帝宫，见黄帝而问焉。

黄帝曰：无思无虑始知道，无处无服始安道，无从无道始得道。

知问黄帝曰：我与若知之，彼与彼不知也，其孰是邪？

黄帝曰：

彼无为谓真是也，狂屈似之，我与汝终不近也。夫知者不言，言者不知，故圣人行不言之教。道不可致，德不可至。仁可为也，义可亏也，礼相伪也。故曰："失道而后德，失德而后仁，失仁而后义，失义而后礼。礼者，道之华而乱之首也。"故曰："为道者日损，损之又损之，以至于无为，无为而无不为也。"今已为物也，欲复归根，不亦难乎？其易也，其唯大人乎！

生也死之徒，死也生之始，孰知其纪？人之生，气之聚也，聚则为生，散则为死。若死生为徒，吾又何患？故万物一也：是其所美者为神奇，其所恶者为臭腐，臭腐复化为神奇，神奇复化为臭腐。故曰："通天下一气耳。"圣人故贵一。

知谓黄帝曰：吾问无为谓，无为谓不应我，非不我应，不知应我也；吾问狂屈，狂屈中欲告我而不我告，非不我告，中欲告而忘之也。今予问乎若，若知之，奚故不近？

黄帝曰：彼其真是也，以其不知也；此其似之也，以其忘之也；予与若终不近也，以其知之也。

狂屈闻之，以黄帝为知言。

天地有大美而不言，四时有明法而不议，万物有成理而不说。圣人者，原天地之美而达万物之理。是故至人无为，大圣不作，观于天地之谓也。

合彼神明至精，与彼百化，物已死生方圆，莫知其根也，扁然而万物自古以固存。六合为巨，未离其内；秋毫为小，待之成体。天下莫不沈浮，终身不故；阴阳四时运行，各得其序；惛然若亡而存，油然不形而神，万物畜而不知。此之谓本根，可以观于天矣。

啮缺问道乎被衣，被衣曰：若正汝形，一汝视，天和将至；

摄汝知，一汝度，神将来舍。德将为汝美，道将为汝居。汝瞳焉如新生之犊，而无求其故。

言未卒，啮缺睡寐。

被衣大说，行歌而去之，曰：形若槁骸，心若死灰，真其实知，不以故自持。媒媒晦晦，无心而不可与谋。彼何人哉？

舜问乎丞曰：道可得而有乎？

曰：汝身非汝有也，汝何得有夫道？

舜曰：吾身非吾有也，孰有之哉？

曰：是天地之委形也。生非汝有，是天地之委和也；性命非汝有，是天地之委顺也；子孙非汝有，是天地之委蜕也。故行不知所往，处不知所持，食不知所味。天地之强阳气也，又胡可得而有邪？

孔子问于老聃曰：今日晏闲，敢问"至道"。

老聃曰：

汝齐戒，疏瀹而心，澡雪而精神，掊击而知。夫道，窅然，难言哉！将为汝言其崖略。

夫昭昭生于冥冥，有伦生于无形，精神生于道。形本生于精，而万物以形相生，故九窍者胎生，八窍者卵生。其来无迹，其往无崖，无门无房，四达之皇皇也。邀于此者，四枝强，思虑恂达，耳目聪明，其用心不劳，其应物无方。天不得不高，地不得不广，日月不得不行，万物不得不昌，此其道与！

且夫博之不必知，辩之不必慧，圣人以断之矣。若夫益之而不加益、损之而不加损者，圣人之所保也。渊渊乎其若海，魏魏乎其若山，终则复始也，运量万物而不匮。则君子之道，彼其外与？万物皆往资焉而不匮，此其道与。

中国有人焉，非阴非阳，处于天地之间，直且为人，将反

于宗。自本观之，生者，喑醷物也。虽有寿夭，相去几何？须臾之说也，奚足以为尧桀之是非？果蓏有理，人伦虽难，所以相齿。圣人遭之而不违，过之而不守。调而应之，德也；偶而应之，道也。帝之所兴，王之所起也。

人生天地之间，若白驹之过隙，忽然而已。注然勃然，莫不出焉；油然漻然，莫不入焉。已而化生，又化而死，生物哀之，人类悲之。解其天韬，堕其天帙，纷乎宛乎，魂魄将往，乃身从之，乃大归乎！不形之形，形之不形，是人之所同知也，非将至之所务也，此众人之所同论。彼至则不论，论则不至。明见无值，辩不若默。道不可闻，闻不若塞：此之谓大得。

东郭子问于庄子曰：所谓道，恶乎在？

庄子曰：无所不在。

东郭子曰：期而后可。

庄子曰：在蝼蚁。

曰，何其下邪？

曰：在稊稗。

曰：何其愈下邪？

曰：在瓦甓。

曰：何其愈甚邪？

曰：在屎溺。

东郭子不应，庄子曰：

夫子之问也，固不及质。正获之问于监市履狶也，每下愈况。汝唯莫必，无乎逃物。至道若是，大言亦然。周遍咸三者，异名同实，其指一也。

尝相与游乎无何有之宫，同合而论，无所终穷乎。尝相与无为乎，澹而静乎，漠而清乎，调而闲乎。寥已吾志：无往焉而不知其所至，去而来而不知其所止，吾已往来焉而不知其所终，彷徨乎冯闳，大知入焉而不知其所穷。物物者与物无际，而物有际者，所谓物际者也；不际之际，际之不际者也。谓盈虚衰杀，彼为盈虚非盈虚，彼为衰杀非衰杀，彼为本末非本末，彼为积散非积散也。

妸荷甘与神农同学于老龙吉。

神农隐几阖户昼瞑，妸荷甘夸户而入，曰：老龙死矣！

神农隐几拥杖而起，嚗然放杖而笑曰：天知予僻陋慢訑，故弃予而死。已矣！夫子无所发予之狂言而死矣夫！

弇堈吊闻之，曰：夫体道者，天下之君子所系焉。今于道，秋毫之端万分未得处一焉，而犹知藏其狂言而死，又况夫体道者乎？视之无形，听之无声，于人之论者，谓之冥冥，所以论道而非道也。

于是泰清问乎无穷曰：子知"道"乎？

无穷曰：吾不知。

又问乎无为，无为曰：吾知道。

曰：子之知道，亦有数乎？

曰：有。

曰：其数若何？

无为曰：吾知道之可以贵，可以贱，可以约，可以散，此吾所以知道之数也。

泰清以之言也问乎无始曰：若是，则"无穷"之弗知与"无为"之知，孰是而孰非乎？

无始曰：不知深矣，知之浅矣；弗知内矣，知之外矣。

于是泰清仰而叹曰：弗知乃知乎？知乃不知乎？孰知不知之知？

无始曰：道不可闻，闻而非也；道不可见，见而非也；道不可言，言而非也。知形形之不形乎？道不当名。

无始曰：有问道而应之者，不知道也；虽问道者，亦未闻道。道无问，问无应。无问问之，是问穷也；无应应之，是无内也。以无内待问穷，若是者，外不观乎宇宙，内不知乎大初，是以不过乎昆仑，不游乎太虚。

光曜问乎无有曰：夫子"有"乎？其无"有"乎？

无有弗应也，光曜不得问，而孰视其状貌，窅然空然，终日视之而不见，听之而不闻，抟之而不得也。

光曜曰：至矣，其孰能至此乎？予能"有无"矣，而未能"无无"也。及为无有矣，何从至此哉？

大马之捶钩者，年八十矣，而不失豪芒。

大马曰：子巧与？有道与？

曰：臣有守也。臣之年二十而好捶钩，于物无视也，非钩无察也。是用之者，假不用者也，以长得其用，而况乎无不用者乎？物孰不资焉？

冉求问于仲尼曰：未有天地可知邪？

仲尼曰：可，古犹今也。

冉求失问而退，明日复见，曰：昔者吾问：未有天地可知乎？夫子曰："可，古犹今也。"昔日吾昭然，今日吾昧然，敢问何谓也？

仲尼曰：昔之昭然也，神者先受之；今之昧然也，且又为不神者求邪？无古无今，无始无终。未有子孙而有子孙，可乎？

冉求未对，仲尼曰：已矣，未应矣！不以"生"生死，不以"死"死生。死生有待邪？皆有所一体。有先天地生者物邪？物物者非物，物出不得先物也，犹其有物也。犹其有物也，无已。

圣人之爱人也终无已者，亦乃取于是者也。

颜渊问乎仲尼曰：回尝闻诸夫子曰："无有所将，无有所迎。"回敢问其游。

仲尼曰：

古之人，外化而内不化；今之人，内化而外不化。与物化者，一不化者也。安化安不化，安与之相靡，必与之莫多。

狶韦氏之囿，黄帝之圃，有虞氏之宫，汤武之室。君子之人，若儒墨者师，故以是非相击也，而况今之人乎？

圣人处物不伤物。不伤物者，物亦不能伤也。唯无所伤者，为能与人相将迎。山林与，皋壤与，使我欣欣然而乐与。乐未毕也，哀又继之。哀乐之来，吾不能御；其去，弗能止。悲夫，世人直为物逆旅耳！

夫知遇而不知所不遇，能能而不能所不能。无知无能者，固人之所不免也。夫务免乎人之所不免者，岂不亦悲哉？至言去言，至为去为。齐知之所知，则浅矣。

第二十三篇·庚桑楚

老聃之役有庚桑楚者，偏得老聃之道，以北居畏垒之山，其臣之画然知者去之，其妾之挈然仁者远之，拥肿之与居，鞅掌之为使。居三年，畏垒大壤。

畏垒之民相与言曰：庚桑子之始来，吾洒然异之。今吾日计之而不足，岁计之而有余。庶几其圣人乎？子胡不相与尸而祝之，社而稷之乎？

庚桑子闻之，南面而不释然。弟子异之。

庚桑子曰：弟子何异于予？夫春气发而百草生，秋正得而万宝成。夫春与秋，岂无得而然哉？天道已行矣。吾闻至人，尸居环堵之室，而百姓猖狂不知所如往。今以畏垒之细民，而窃窃焉欲俎豆予于贤人之间，我其杓之人邪？吾是以不释于老聃之言。

弟子曰：不然。夫寻常之沟，巨鱼无所还其体，而鲵鳅为之制，步仞之丘，巨兽无所隐其躯，而孽狐为之祥。且夫尊贤授能，先善与利，自古尧、舜以然，而况畏垒之民乎？夫子亦听矣！

庚桑子曰：小子来！夫函车之兽，介而离山，则不免于网罟之患；吞舟之鱼，砀而失水，则蝼蚁能苦之。故鸟兽不厌高，鱼鳖不厌深。夫全其形生之人，藏其身也，不厌深眇而已矣。

且夫二子者，又何足以称扬哉？是其于辩也，将妄凿垣墙而殖蓬蒿也。简发而栉，数米而炊，窃窃乎又何足以济世哉？举贤则民相轧，任知则民相盗。之数物者，不足以厚民。民之于利甚勤，子有杀父，臣有杀君，正昼为盗，日中穴阫。吾语女，大乱之本，必生于尧、舜之间，其末存乎千世之后。千世之后，其必有人与人相食者也！

南荣趎蹴然正坐曰：若趎之年者已长矣，将恶乎托业以及此言邪？

庚桑子曰：全汝形，抱汝生，无使汝思虑营营。若此三年，则可以及此言矣。

南荣趎曰：目之与形，吾不知其异也，而盲者不能自见；耳之与形，吾不知其异也，而聋者不能自闻；心之与形，吾不知其异也，而狂者不能自得。形之与形亦辟矣，而物或间之邪，欲相求而不能相得？今谓趎曰："全汝形，抱汝生，勿使汝思虑营营。"趎勉闻道达耳矣!

庚桑子曰:辞尽矣。奔蜂不能化藿蠋,越鸡不能伏鹄卵,鲁鸡固能矣。鸡之与鸡,其德非不同也,有能与不能者,其才固有巨小也。今吾才小,不足以化子。子胡不南见老子?

南荣趎赢粮,七日七夜至老子之所。

老子曰:子自楚之所来乎?

南荣趎曰:唯!

老子曰:子何与人偕来之众也?

南荣趎惧然顾其后,老子曰:子不知吾所谓乎?

南荣趎俯而惭,仰而叹,曰:今者吾忘吾答,因失吾问。

老子曰:何谓也?

南荣趎曰:不知乎,人谓我朱愚;知乎,反愁我躯。不仁则害人,仁则反愁我身;不义则伤彼,义则反愁我己。我安逃此而可?此三言者,趎之所患也。愿因楚而问之。

老子曰:向吾见若眉睫之间,吾因以得汝矣,今汝又言而信之。若规规然若丧父母,揭竿而求诸海也。女亡人哉,惘惘乎!汝欲反汝情性而无由入,可怜哉!

南荣趎请入就舍,召其所好,去其所恶。十日自愁,复见老子。

老子曰:汝自洒濯,熟哉郁郁乎?然而其中津津乎犹有恶也。夫外韄者不可繁而捉,将内揵;内韄者不可缪而捉,将外揵。外内韄者,道德不能持,而况放道而行者乎?

南荣趎曰:里人有病,里人问之,病者能言其病,然其病病者,犹未病也。若趎之闻大道,譬犹饮药以加病也,趎愿闻卫生之经而已矣。

老子曰:卫生之经,能抱一乎?能勿失乎?能无卜筮而

知吉凶乎？能止乎？能已乎？能舍诸人而求诸己乎？能翛然乎？能侗然乎？能儿子乎？儿子终日嗥而嗌不嗄，和之至也；终日握而手不掜，共其德也；终日视而目不瞚，偏不在外也。行不知所之，居不知所为，与物委蛇，而同其波。是卫生之经已。

南荣趎曰：然则是至人之德已乎？

曰：非也。是乃所谓冰解冻释者，能乎？夫至人者，相与交食乎地，而交乐乎天，不以人物利害相撄，不相与为怪，不相与为谋，不相与为事，翛然而往，侗然而来。是谓卫生之经已。

曰：然则是至乎？

曰：未也。吾固告汝曰："能儿子乎！"儿子动不知所为，行不知所之，身若槁木之枝而心若死灰。若是者，祸亦不至，福亦不来。祸福无有，恶有人灾也？

宇泰定者，发乎天光。发乎天光者，人见其人，物见其物。人有修者，乃今有恒。有恒者，人舍之，天助之。人之所舍，谓之天民；天之所助，谓之天子。

学者，学其所不能学也；行者，行其所不能行也；辩者，辩其所不能辩也。知止乎其所不能知，至矣；若有不即是者，天均败之。

备物以将形，藏虞以生心，敬中以达彼，若是而万恶至者，皆天也，而非人也，不足以滑和，不可内于灵台。灵台者有持，而不知其所持，而不可持者也。

不见其诚己而发，每发而不当；业入而不舍，每更为失。为不善乎显明之中者，人得而诛之；为不善乎幽暗之中者，鬼得而诛之。明乎人、明乎鬼者，然后能独行。

券内者，行乎无名；券外者，志乎期费。行乎无名者，唯庸有光；志乎期费者，唯贾人也。人见其跂，犹之魁然。与物穷者，物入焉。与物且者，其身之不能容，焉能容人？不能容人者无亲，无亲者尽人。兵莫憯于志，莫邪为下。寇桴鼓为小，莫大于阴阳，无所逃于天地之间。非阴阳贼之，心则使之也。

道通：其分也成也，其成也毁也。所恶乎分者，其分也以备；所以恶乎备者，其有以备。故出而不反，见其鬼；出而得，是谓得死。灭而有实，鬼之一也。以有形者象无形者而定矣。

出无本，人无窍。有所出而无窍者，有实。有实而无乎处，有长而无乎本剽。有实而无乎处者，宇也；有长而无本剽者，宙也。有乎生，有乎死；有乎出，有乎入。入出而无见其形，是谓天门。天门者，无有也，万物出乎无有。有不能以有为有，必出乎无有，而无有一无有。圣人藏乎是。

古之人，其知有所至矣。恶乎至？有以为未始有物者，至矣，尽矣，弗可以加矣。其次以为有物矣，将以生为丧也，以死为反也，是以分已。其次曰始无有，既而有生，生俄而死。以无有为首，以生为体，以死为尻，孰知有无死生之一守者，吾与之为友。是三者虽异，公族也。昭景也，著戴也，甲氏也，著封也，非一也。

有生，黬也，披然曰移是。尝言移是，非所言也。虽然，不可知者也。腊者之有膍胲，可散而不可散也；观室者周于寝庙，又适其偃溲焉。为是举移是。

请尝言移是：是以生为本，以知为师，因以乘是非。果有名实，因以己为质，使人以为己节，因以死偿节。若然者，以用为知，以不用为愚，以彻为名，以穷为辱。移是，今之人也，是蜩与学鸠同于同也。

蹍市人之足，则辞以"放骜"，兄则以妪，大亲则已矣。故曰：至礼有不人，至义不物，至知，至仁无亲，至信辟金。

彻"志"之勃，解"心"之谬，去"德"之累，达"道"之塞。贵、富、显、严、名、利六者，勃志也；容、动、色、理、气、意六者，谬心也；恶、欲、喜、怒、哀、乐六者，累德也；去、就、取、与、知、能六者，塞道也。此四六者不荡胸中则正，正则静，静则明，明则虚，虚则无为而无不为也。

道者，德之钦也。生者，德之光也；性者，生之质也。性之动，谓之为；为之伪，谓之失。知者，接也；知者，谟也；知者之所不知，犹睨也。动以"不得已"之谓"德"，动而"非我"之谓"治"：名相反而实相顺也。

羿工乎中微，而拙乎使人无己誉；圣人工乎天而拙乎人。夫工乎天而俍乎人者，唯全人能之。唯虫能虫，唯虫能天。全人恶天？恶人之天？而况吾天乎人乎？

一雀适羿，羿必得之，也，以天下为之笼，则雀无所逃。是故汤以庖人笼伊尹，秦穆公以五羊之皮笼百里奚。是故非以其所好笼之而可得者，无有也。

介者拸画，外非誉也，胥靡登高而不惧，遗死生也。夫复謵不馈而忘人，忘人，因以为天人矣。故敬之而不喜，侮之而不怒者，唯同乎天和者为然。出怒不怒，则怒出于不怒矣；出为无为，则为出于无为矣。欲静则平气，欲神则顺心。有为也欲当，则缘于不得已。不得已之类，圣人之道。

第二十四篇·徐无鬼

徐无鬼因女商见魏武侯，武侯劳之曰：先生病矣！苦于山林之劳，故乃肯见于寡人。

徐无鬼曰：我则劳于君，君有何劳于我？君将盈耆欲，长好恶，则性命之情病矣；君将黜耆欲，擎好恶，则耳目病矣。我将劳君，君有何劳于我？

武侯超然不对。

少焉，徐无鬼曰：尝语君吾相狗也：下之质，执饱而止，是狸德也；中之质，若视日；上之质，若亡其一。吾相狗又不若吾相马也。吾相马，直者中绳，曲者中钩，方者中矩，圆者中规，是"国马"也，而未若天下马也。天下马有成材，若恤若失，若丧其一。若是者，超轶绝尘，不知其所。

武侯大说而笑，徐无鬼出，女商曰：先生独何以说吾君乎？吾所以说吾君者，横说之则以《诗》、《书》、《礼》、《乐》，从说之则以《金板》、《六韬》，奉事而大有功者不可为数，而吾君未尝启齿。今先生何以说吾君，使吾君说若此乎？

徐无鬼曰：吾直告之吾相狗、马耳。

女商曰：若是乎？

曰：子不闻夫越之流人乎？去国数日，见其所知而喜；去国旬月，见所尝见于国中者喜；及期年也，见似人者而喜矣。不亦去人滋久，思人滋深乎？夫逃虚空者，藜藋柱乎鼪鼬之径，踉位其空，闻人足音跫然而喜矣，又况乎昆弟亲戚之謦欬其侧者乎？久矣夫，莫以真人之言謦欬吾君之侧乎！

徐无鬼见武侯，武侯曰：先生居山林，食芋栗，厌葱韭，以宾寡人久矣。夫今老邪？其欲干酒肉之味邪？其寡人亦有社稷之福邪？

徐无鬼曰：无鬼生于贫贱，未尝敢饮食君之酒肉，将来劳君也。

君曰：何哉？奚劳寡人？

曰：劳君之神与形。

武侯曰：何谓邪？

徐无鬼曰：天地之养也一，登高不可以为长，居下不可以为短。君独为万乘之主，以苦一国之民，以养耳目鼻口，夫神者不自许也。夫神者，好和而恶奸。夫奸，病也，故劳之。唯君所病之，何也？

武侯曰：欲见先生久矣。吾欲爱民而为义偃兵，其可乎？

徐无鬼曰：不可。爱民，害民之始也；为义偃兵，造兵之本也。君自此为之，则殆不成。凡成美，恶器也，君虽为仁义，几且伪哉？形固造形，成固有伐，变固外战。君亦必无盛鹤列于丽谯之间，无徒骥于锱坛之宫。无藏逆于得，无以巧胜人，无以谋胜人，无以战胜人。夫杀人之士民，兼人之土地，以养吾私与吾神者，其战不知孰善？胜之恶乎在？君若勿已矣，修胸中之诚，以应天地之情而勿撄。夫民死已脱矣，君将恶乎用夫偃兵哉？

黄帝将见大隗乎具茨之山，方明为御，昌寓骖乘，张若、謵朋前马，昆阍、滑稽后车。至于襄城之野，七圣皆迷，无所问涂。

适遇牧马童子，问涂焉，曰：若知具茨之山乎？

曰：然。

若知大隗之所存乎？

曰：然。

黄帝曰：异哉小童！非徒知具茨之山，又知大隗之所存。请问为天下。

小童曰：夫为天下者，亦若此而已矣，又奚事焉？予少而自游于六合之内，予适有瞀病，有长者教予曰："若乘日之车而游于襄城之野。"今予病少痊，予又且复游于六合之外。夫为天下亦若此而已，予又奚事焉？

黄帝曰：夫为天下者，则诚非吾子之事，虽然，请问为天下。

小童辞，黄帝又问。

小童曰：夫为天下者，亦奚以异乎牧马者哉？亦去其害马者而已矣！

黄帝再拜稽首，称天师而退。

知士无思虑之变则不乐，辩士无谈说之序则不乐，察士无凌谇之事则不乐：皆囿于物者也。

招世之士兴朝，中民之士荣官，筋力之士矜难，勇敢之士奋患，兵革之士乐战，枯槁之士宿名，法律之士广治，礼教之士敬容，仁义之士贵际。

农夫无草莱之事则不比，商贾无市井之事则不比。庶人有旦暮之业则劝，百工有器械之巧则壮。钱财不积则贪者忧，权势不尤则夸者悲。势物之徒乐变，遭时有所用，不能无为也。此皆顺比于岁、不易于物者也。驰其形性，潜之万物，终身不反，悲夫！

庄子曰：射者非前期而中，谓之善射，天下皆羿也，可乎？

惠子曰：可。

庄子曰：天下非有公是也，而各是其所是，天下皆尧也，可乎？

惠子曰：可。

庄子曰：然则儒、墨、杨、秉四，与夫子为五，果孰是邪？或者若鲁遽者邪？其弟子曰："我得夫子之道矣，吾能冬爨鼎而夏造冰矣。"鲁遽曰："是直以阳召阳，以阴召阴，非吾所谓道也。吾示子乎吾道。"于是为之调瑟，废一于堂，废一于室，

鼓宫宫动，鼓角角动，音律同矣。夫或改调一弦，于五音无当也，鼓之，二十五弦皆动，未始异于声，而音之君已。且若是者邪？

惠子曰：今夫儒、墨、杨、秉，且方与我以辩，相拂以辞，相镇以声，而未始吾非也，则奚若矣？

庄子曰：齐人蹢子于宋者，其命阍也不以完，其求钘钟也以束缚，其求唐子也而未始出域，有遗类矣！夫楚人寄而蹢阍者，夜半于无人之时而与舟人斗，未始离于岑而足以造于怨也。

庄子送葬，过惠子之墓，顾谓从者曰：郢人垩漫其鼻端若蝇翼，使匠石斫之。匠石运斤成风，听而斫之，尽垩而鼻不伤，郢人立不失容。宋元君闻之，召匠石曰："尝试为寡人为之"。匠石曰："臣则尝能斫之。虽然，臣之质死久矣。"自夫子之死也，吾无以为质矣！吾无与言之矣！

管仲有病，桓公问之，曰：仲父之病病矣，可不讳云，至于大病，则寡人恶乎属国而可？

管仲曰：公谁欲？

公曰：鲍叔牙。

曰：不可。其为人，洁廉善士也，其于不己若者不比之，又一闻人之过，终身不忘。使之治国，上且钩乎君，下且逆乎民。其得罪于君也，将不久矣！

公曰：然则孰可？

对曰：勿已，则隰朋可。其为人也，上忘而下不畔，愧不若黄帝而哀不己若者。以德分人谓之圣，以财分人谓之贤。以贤临人，未有得人者也；以贤下人，未有不得人者也。其于国有不闻也，其于家有不见也。勿已，则隰朋可。

吴王浮于江，登乎狙之山。众狙见之，恂然弃而走，逃于深蓁。有一狙焉，委蛇攫抓，见巧乎王。王射之敏给，博捷矢。

王命相者趋射之，狙执死。

王顾谓其友颜不疑曰：之狙也，伐其巧、恃其便以敖予，以至此殛也。戒之哉！嗟乎！无以汝色骄人哉！

颜不疑归而师董梧，以助其色，去乐辞显，三年而国人称之。

南伯子綦隐几而坐，仰天而嘘。

颜成子入见，曰：夫子，物之尤也。形固可使若槁骸，心固可使若死灰乎？

曰：吾尝居山穴之中矣。当是时也，田禾一睹我，而齐国之众三贺之。我必先之，彼故知之；我必卖之，彼故鬻之。若我而不有之，彼恶乎得而知之？若我而不卖之，彼恶得而鬻之？嗟乎！我悲人之自丧者，吾又悲夫悲人者，吾又悲夫悲人之悲者，其后而日远矣。

仲尼之楚，楚王觞之，孙叔敖执爵而立，市南宜僚受酒而祭曰：古之人乎！于此言已。

曰：丘也闻"不言之言"矣，未之尝言，于此乎言之。市南宜僚弄丸而两家之难解，孙叔敖甘寝秉羽而郢人投兵，丘愿有喙三尺。

彼之谓不道之道，此之谓不言之辩，故德总乎道之一。而言休乎"知之所不知"，至矣。道之所一者，德不能同也，"知之所不能知"者，辩不能举也，名若儒墨而凶矣。故海不辞东流，大之至也。圣人并包天地，泽及天下，而不知其谁氏。是故生无爵，死无谥，实不聚，名不立，此之谓大人。狗不以善吠为良，人不以善言为贤，而况为大乎？夫为大不足以为大，而况为德乎？夫大莫若天地，然奚求焉而大备矣？知大备者，无求，无失，无弃，不以物易己也。反己而不穷，循古而不摩，大人之诚。

子綦有八子，陈诸前，召九方歅曰：为我相吾子，孰为祥？

九方歅曰：梱也为祥。

子綦瞿然喜，曰：奚若？

曰：梱也，将与国君同食，以终其身。

子綦索然，出涕，曰：吾子何以至于是极也？

九方歅曰：夫与国君同食，泽及三族，而况于父母乎？今夫子闻之而泣，是御福也。子则祥矣，父则不祥。

子綦曰：歅！汝何足以识之而梱祥邪？尽于酒肉入于鼻口矣，而何足以知其所自来？吾未尝为牧而牂生于奥，未尝好田而鹑生于宎，若勿怪，何邪？吾所与子游者，游于天地也。吾与之邀乐于天，吾与之邀食于地。吾不与之为事，不与之为谋，不与之为怪。吾与之乘天地之诚而不以物与之相撄，吾与之一委蛇而不与之为事所宜。今也然有世俗之偿焉！凡有怪征者，必有怪行，殆乎！非我与吾子之罪，几天与之也。吾是以泣也。

无几何而使梱之于燕，盗得之于道，全而鬻之则难，不若刖之则易，于是乎刖而鬻之于齐，适当渠公之街，然身食肉而终。

啮缺遇许由，曰：子将奚之？

曰：将逃尧。

曰：奚谓邪？

曰，夫尧畜畜然仁，吾恐其为天下笑。后世其人与人相食与？夫民：不难聚也。爱之则亲，利之则至，誉之则劝，致其所恶则散。爱利出乎仁义，捐仁义者寡，利仁义者众。夫仁义之行，唯且无诚，且假乎禽贪者器。是以一人之断制利天下也，譬之犹一覕也。夫尧知贤人之利天下也，而不知其贼天下也，夫唯外乎贤者知之矣！

有暖姝者，有濡需者，有卷娄者。所谓暖姝者，学一先生之言，则暖暖姝姝而私自说也，自以为足矣，而未知"未始有物"也，是以谓暖姝者也。濡需者，豕虱是也，择疏鬣自以为广宫大囿，奎蹄曲隈，乳间股脚，自以为安室利处，不知屠者之一旦鼓臂布草操烟火，而已与豕俱焦也。此以域进，此以域退，此其所谓濡需者也。卷娄者，舜也。羊肉不慕蚁，蚁慕羊肉，羊肉膻也。舜有膻行，百姓悦之，故三徙成都，至邓之虚而十有万家。尧闻舜之贤，举之童土之地，曰冀得其来之泽。舜举乎童土之地，年齿长矣，聪明衰矣，而不得休归，所谓卷娄者也。

是以神人恶众至，众至则不比，不比则不利也。故无所甚亲，无所甚疏，抱德炀和以顺天下，此谓真人。

于蚁弃知，于鱼得计，于羊弃意。以目视目，以耳听耳，以心复心。若然者，其平也绳，其变也循。古之真人，以天待人，不以人入天。

得之也生，失之也死；得之也死，失之也生。药也：其实堇也，桔梗也，鸡痈也，豕零也，是时为帝者也，何可胜言？

句践也以甲楯三千栖于会稽，唯种也能知亡之所以存，唯种也不知其身之所以愁。故曰：鸱目有所适，鹤胫有所节，解之也悲。

故曰：风之过河也有损焉，日之过河也有损焉。请只风与日相与守河，而河以为未始其撄也，恃源而往者也。故水之守土也审，影之守人也审，物之守物也审。

故目之于明也殆，耳之于聪也殆，心之于殉也殆。凡能其于府也殆，殆之成也不给改。祸之长也兹萃，其反也缘功，其果也待久。而人以为己宝，不亦悲乎？故有亡国戮民无已，

不知问是也。

故足之于地也践，虽践，恃其所不蹍而后善博也；人之于知也少，虽少，恃其所不知而后知天之所谓也。知大一，知大阴，知大目，知大均，知大方，知大信，知大定，至矣！大一通之，大阴解之，大目视之，大均缘之，大方体之，大信稽之，大定持之。

尽有天，循有照，冥有枢，始有彼。则其解之也似不解之者，其知之也似不知之也，不知而后知之。其问之也，不可以有崖，而不可以无崖。颉滑有实，古今不代，而不可以亏，则可不谓有大扬推乎？阖不亦问是已？奚惑然为？以不惑解惑，复于不惑，是尚大不惑。

第二十五篇·则阳

则阳游于楚，夷节言之于王，王未之见，夷节归。

彭阳见王果曰：夫子何不谭我于王？

王果曰：我不若公阅休。

彭阳曰：公阅休奚为者邪？

曰：

冬则擉鳖于江，夏则休乎山樊。有过而问者，曰："此予宅也。"夫夷节已不能，而况我乎？吾又不若夷节。夫夷节之为人也，无德而有知，不自许，以之神其交，固颠冥乎富贵之地，非相助以德，相助消也。夫冻者假衣于春，暍者反冬乎冷风。夫楚王之为人也，形尊而严，其于罪也，无赦如虎。非夫佞人、正德，其孰能桡焉？

故圣人：其穷也使家人忘其贫，其达也使王公忘爵禄而化卑。其于物也，与之为娱矣；其于人也，乐物之通而保己焉。故或不言而饮人以和，与人并立而使人化。父子之宜，彼其乎归居，而一闲其所施。其于人心者，若是其远也。故曰待公阅休。

圣人达绸缪，周尽一体矣，而不知其然，"性"也。复命摇作而以天为师，人则从而命之也。忧乎知，而所行恒无几时，其有止也，若之何？

生而美者，人与之鉴，不告则不知其美于人也。若知之，若不知之，若闻之，若不闻之，其可喜也终无已，人之好之亦无已，"性"也。

圣人之爱人也，人与之名，不告则不知其爱人也。若知之，若不知之，若闻之，若不闻之，其爱人也终无已，人之安之亦无已，"性"也。

旧国旧都，望之畅然，虽使丘陵草木之缗，入之者十九，犹之畅然，况见见闻闻者也，以十仞之台县众间者也。

冉相氏得其"环中"以随成，与物无终无始，无几无时。日与物化者，一不化者也，阖尝舍之？夫师天而不得师天，与物皆殉，其以为事也若之何？夫圣人：未始有天，未始有人，未始有始，未始有物，与世偕行而不替，所行之备而不洫，其合之也若之何？汤得其司御门尹登恒为之傅之，从师而不囿，得其随成，为之司其名，之名嬴法，得其两见。仲尼之尽虑，为之傅之。

容成氏曰：除日无岁，无内无外。

魏莹与田侯牟约，田侯牟背之。魏莹怒，将使人刺之。

犀首公孙衍闻而耻之，曰：君为万乘之君也，而以匹夫从仇。衍请受甲二十万，为君攻之，虏其人民，系其牛马，使其

君内热发于背，然后拔其国。忌也出走，然后抶其背，折其脊。

季子闻而耻，曰：筑十仞之城，城者既十仞矣，则又坏之，此胥靡之所苦也。今兵不起七年矣，此王之基也。衍，乱人也，不可听也。

华子闻而丑之，曰：善言伐齐者，乱人也；善言勿伐者，亦乱人也；谓"伐之与不伐乱人也"者，又乱人也。

君曰：然则若何？

曰：君求其道而已矣。

惠子闻之，而见戴晋人。

戴晋人曰：有所谓蜗牛者，君知之乎？

曰：然。

有国于蜗之左角者，曰触氏；有国于蜗之右角者，曰蛮氏。时相与争地而战，伏尸数万，逐北旬有五日而后反。

君曰：噫！其虚言与？

曰：臣请为君实之。君以意在四方上下有穷乎？

君曰：无穷。

曰：知游心于无穷，而反在通达之国，若存若亡乎？

君曰：然。

曰：通达之中有魏，于魏中有梁，于梁中有王。王与蛮氏有辩乎？

君曰：无辩。

客出而君惝然若有亡也，惠子见。

君曰：客，大人也，圣人不足以当之。

惠子曰：夫吹管也，犹有嗃也；吹剑首者，映而已矣。尧、舜，人之所誉也，道尧舜于戴晋人之前，譬犹一映也。

孔子之楚，舍于蚁丘之浆。

其邻有夫妻臣妾登极者，子路曰：是稷稷何为者邪？

仲尼曰：是圣人仆也。是自埋于民，自藏于畔。其声销，其口虽言，其心未尝言，方且与世违而心不屑与之俱。是陆沉者也，是其市南宜僚邪？

子路请往召之，孔子曰：已矣！彼知丘之著于己也，知丘之适楚也，以丘为必使楚王之召己也，彼且以丘为佞人也。夫若然者，其于佞人也羞闻其言，而况亲见其身乎？而何以为存？

子路往视之，其室虚矣。

长梧封人问子牢曰：君为政焉勿卤莽，治民焉勿灭裂。昔予为禾，耕而卤莽之，则其实亦卤莽而报予；芸而灭裂之，其实亦灭裂而报予。予来年变齐，深其耕而熟耰犑，其禾繁以滋，予终年厌飧。

庄子闻之曰：今人之治其形，理其心，多有似封人之所谓，遁其天，离其性，灭其情，亡其神，以众为。故卤莽其性者：欲恶之孽，为性萑苇。兼葭，始萌以扶吾形，寻擢吾性，并溃漏发，不择所出，漂疽疥痈，内热溲膏，是也。

柏矩学于老聃，曰：请之天下游。

老聃曰：已矣！天下犹是也。

又请之，老聃曰：汝将何始？

曰：始于齐。

至齐，见辜人焉，推而强之，解朝服而幕之，号天而哭之曰：子乎子乎！天下有大灾，子独先离之。曰莫为盗，莫为杀人！荣辱立，然后睹所病；货财聚，然后睹所争。今立人之所病，聚人之所争，穷困人之身使无休时，欲无至此，得乎？

古之君人者：以得为在民，以失为在己；以正为在民，以

枉为在己。故一形有失其形者，退而自责。今则不然：匿为物而过不识，大为难而罪不敢，重为任而罚不胜，远其途而诛不至。民知力竭，则以伪继之，日出多伪，士民安取不伪？夫力不足则伪，知不足者欺，财不足则盗。盗窃之行，于谁责而可乎？

蘧伯玉行年六十而六十化，未尝不始于是之而卒诎之以非也，未知今之所谓是之非五十九非也。万物有乎生而莫见其根，有乎出而莫见其门。人皆尊其知之所知，而莫知恃其知之所不知而后知，可不谓大疑乎？已乎！已乎！且无所逃。此所谓然与？然乎？

仲尼问于大史大弢、伯常骞、狶韦，曰：夫卫灵公饮酒湛乐，不听国家之政；田猎毕弋，不应诸侯之际：其所以为灵公者，何也？

大弢曰：是因是也。

伯常骞曰：夫灵公有妻三人，同滥而浴。史鳅奉御而进所，搏币而扶翼。其慢若彼之甚也，见贤人若此其肃也，是其所以为灵公也。

狶韦曰：夫灵公也死，卜葬于故墓不吉，卜葬于沙丘而吉。掘之数仞，得石椁焉，洗而视之，有铭焉，曰："不冯其子，灵公夺而里之。"夫灵公之为灵久矣！之二人，何足以识之？

少知问于大公调曰：何谓丘里之言？

大公调曰：丘里者，合十姓百名而以为风俗也，合异以为同，散同以为异。今指马之百体而不得马，而马系于前者，立其百体而谓之马也。是故丘山积卑而为高，江河合小而为大，大人合并而为公。是以自外入者，有主而不执；由中出者，有正而不距。四时殊气，天不赐，故岁成；五官殊职，君不私，故治国；文武殊能，大人不赐，故德备；万物殊理，道不私，故无名。无名故无为，无为而无不为。时有终始，世有变化。祸福淳淳，至有所拂者而有所宜，自殉殊面，有所正者有所差。比于大泽，百材皆度；观于大山，木石同坛：此之谓丘里之言。

少知曰：然则谓之道，足乎？

大公调曰：不然。今计物之数，不止于万，而期曰万物者，以数之多者号而读之也。是故天地者，形之大者也；阴阳者，气之大者也：道者为之公。因其大以号而读之则可也，已有之矣，乃将得比哉？则若以斯辩，譬犹狗马，其不及远矣。

少知曰：四方之内，六合之里，万物之所生恶起？

大公调曰：阴阳相照，相盖相治；四时相代，相生相杀。欲恶去就，于是桥起；雌雄片合，于是庸有。安危相易，祸福相生，缓急相摩，聚散以成。此名实之可纪，精微之可志也。随序之相理，桥运之相使，穷则反，终则始。此物之所有。言之所尽，知之所至，极物而已。睹道之人，不随其所废，不原其所起，此议之所止。

少知曰：季真之"莫为"，接子之"或使"，二家之议，孰正于其情，孰偏于其理？

大公调曰：

鸡鸣狗犬，是人之所知，虽有大知，不能以言读其所自化，又不能以意测其所将为。斯而析之，精至于无伦，大至于不可围，或之使，莫之为，未免于物，而终以为过。"或使"则实，"莫为"则虚。有名有实，是物之居；无名无实，在物之虚。可言可意，言而愈疏。未生不可忌，已死不可徂。死生非远也，理不可睹。或之使，莫之为，疑之所假。吾观之本，其往无穷；吾求之未，其来无止。无穷无止，言之无也，与物同理；"或

使"、"莫为",言之本也,与物终始。

道不可有,有不可无。道之为名,所假而行。"或使"、"莫为",在物一曲,夫胡为于大方?言而足,则终日言而尽道;言而不足,则终日言而尽物。道:物之极,言默不足以载;非言非默,议有所极。

第二十六篇·外物

外物不可必,故龙逢诛,比干戮,箕子狂,恶来死,桀纣亡。人主莫不欲其臣之忠,而忠未必信,故伍员流于江,苌弘死于蜀,藏其血三年而化为碧。人亲莫不欲其子之孝,而孝未必爱,故孝己忧而曾参悲。

木与木相摩则然,金与火相守则流。阴阳错行,则天地大絯,于是乎有雷有霆,水中有火,乃焚大槐。有甚忧两陷而无所逃,螴蜳不得成,心若悬于天地之间,慰暋沈屯,利害相摩,生火甚多,众人焚和。月固不胜火,于是乎有僓然而道尽。

庄周家贫,故往贷粟于监河侯。

监河侯曰:诺。我将得邑金,将贷子三百金,可乎?

庄周忿然作色曰:周昨来,有中道而呼者。周顾视车辙中,有鲋鱼焉。周问之曰:"鲋鱼来!子何为者邪?"对曰:"我,东海之波臣也。君岂有斗升之水而活我哉?"周曰:"诺。我且南游吴越之土,激西江之水而迎子,可乎?"鲋鱼忿然作色曰:"吾失我常与,我无所处。吾得斗升之水然活耳,君乃言此,曾不如早索我于枯鱼之肆!"

任公子为大钩巨缁,五十犗以为饵,蹲乎会稽,投竿东海,旦旦而钓，期年不得鱼。已而大鱼食之，牵巨钩，錎没而下，骛扬而奋鬐，白波若山，海水震荡，声侔鬼神，惮赫千里。任公子得若鱼，离而腊之，自淛河以东、苍梧已北，莫不厌若鱼者。已而后世辁才讽说之徒，皆惊而相告也。夫揭竿累，趣灌渎，守鲵鲋，其于得大鱼难矣。饰小说以干县令，其于大达亦远矣。是以未尝闻任氏之风俗，其不可与经世亦远矣。

儒以诗礼发冢，大儒胪传曰：东方作矣，事之何若？

小儒曰：未解裙襦，口中有珠。

《诗》固有之曰："青青之麦，生于陵陂。生不布施，死何含珠为？"接其鬓，压其颥，而以金椎控其颐，徐别其颊，无伤口中珠！

老莱子之弟子出取薪，遇仲尼，反以告，曰：有人于彼，修上而趋下，末偻而后耳，视若营四海，不知其谁氏之子？

老莱子曰：是丘也，召而来。

仲尼至，曰：丘！去汝躬矜与汝容知，斯为君子矣。

仲尼揖而退，蹙然改容而问曰：业可得进乎？

老莱子曰：夫不忍一世之伤而骜万世之患，抑固窭邪？亡其略弗及邪？惠以欢为，骜终身之丑，中民之行进焉耳！相引以名，相结以隐。与其誉尧而非桀，不如两忘而闭其所誉。反无非伤也，动无非邪也。圣人踌躇以兴事，以每成功。奈何哉其载焉终矜尔？

宋元君夜半而梦人被发窥阿门，曰：予自宰路之渊，予为清江使河伯之所，渔者余且得予。

元君觉，使人占之，曰：此神龟也。

君曰：渔者有余且乎？

左右曰：有。

君曰：令余且会朝。

明日，余且朝，君曰：渔何得？

对曰：且之网得白龟焉，其圆五尺。

君曰：献若之龟。

龟至，君再欲杀之，再欲活之，心疑，卜之，曰：杀龟以卜，吉。

乃刳龟，七十二钻而无遗策。

仲尼曰：龟能见梦于元君，而不能避余且之网；知能七十二钻而无遗策，不能避剖肠之患。如是，则知有所困，神有所不及也。虽有至知，万人谋之。鱼不畏网而畏鹈鹕。去小知而大知明，去善而自善矣。婴儿生无石师而能言，与能言者处也。

惠子谓庄子曰：子言无用。

庄子曰：知无用而始可与言用矣。天地非不广且大也，人之所用容足耳。然则厕足而垫之致黄泉，人尚有用乎？

惠子曰：无用。

庄子曰：然则无用之为用也亦明矣。

庄子曰：人有能游，且得不游乎？人而不能游，且得游乎？夫流遁之志，决绝之行，噫，其非至知厚德之任与？复坠而不反，火驰而不顾，虽相与为君臣，时也，易世而无以相贱。故曰至人不留行焉。夫尊古而卑今，学者之流也。且以狶韦氏之流观今之世，夫孰能不波？唯至人乃能游于世而不僻，顺人而不失己。彼教不学，承意不彼。

目彻为"明"，耳彻为"聪"，鼻彻为"颤"，口彻为"甘"，心彻为"知"，知彻为"德"。凡道：不欲壅，壅则哽，哽而不止则跈，跈则众害生。物之有知者恃息，其不殷，非天之罪。

天之穿之，日夜无降，人则顾塞其窦。胞有重阆，心有天游。室无空虚，则妇姑勃谿；心无天游，则六凿相攘。大林丘山之善于人也，亦神者不胜。

德溢乎名，名溢乎暴，谋稽乎誸，知出乎争，柴生乎守，官事果乎众宜。春雨日时，草木怒生，铫鎒于是乎始修，草木之到植者过半而不知其然。

静然可以补病，眦搣可以休老，宁可以止遽。虽然，若是，劳者之务也，非佚者之所未尝过而问焉。圣人之所以骇天下，神人未尝过而问焉；贤人所以骇世，圣人未尝过而问焉；君子所以骇国，贤人未尝过而问焉；小人所以合时，君子未尝过而问焉。

演门有亲死者，以善毁爵为官师，其党人毁而死者半。尧与许由天下，许由逃之；汤与务光，务光怒之；纪他闻之，帅弟子而踆于窾水，诸侯吊之；三年，申徒狄因以踣河。

荃者所以在鱼，得鱼而忘荃；蹄者所以在兔，得兔而忘蹄；言者所以在意，得意而忘言。吾安得夫忘言之人而与之言哉？

第二十七篇·寓言

寓言十九，重言十七，卮言日出，和以天倪。

寓言十九，藉外：亲父不为其子媒。亲父誉之不若非其父者也，非吾罪也，人之罪也。与己同则应，不与己同则反；同于己为是之，异于己为非之。

重言十七，所以已言也，是为耆艾，年先矣，而无经纬本末以期年耆者，是非先也。人而无以先人，无人道也，人而

无人道，是之谓"陈人"。

厄言日出，和以天倪，因以曼衍，所以穷年。"不言"则齐，齐与言不齐，言与齐不齐也，故曰"言无言"。言无言，终身言，未尝言；终身不言，未尝不言。有自也而可，有自也而不可；有自也而然，有自也而不然。恶乎然？然于然。恶乎不然？不然于不然。恶乎可？可于可。恶乎不可？不可于不可。物固有所然，物固有所可；无物不然，无物不可。非厄言日出，和以天倪，孰得其久？万物皆种也，以不同形相禅，始卒若环，莫得其伦，是谓天均。天均者，天倪也。

庄子谓惠子曰：孔子行年六十而六十俱化，始时所是，卒而非之，未知今之所谓是之非五十九年非也。

惠子曰：孔子勤志服知也。

庄子曰：孔子谢之矣，而其未之尝言。孔子云："夫受才乎大本，复灵以生，鸣而当律，言而当法。利义陈乎前，而好恶是非直服人之口而已矣。使人乃以心服，而不敢蘁立，定天下之定。"已乎已乎！吾且不得及彼乎！

曾子再仕而心再化，曰：吾及亲仕，三釜而心乐，后仕，三千钟而不洎，吾心悲。

弟子问于仲尼曰：若参者，可谓无所县其罪乎？

曰：既已悬矣。夫无所悬者，可以有哀乎？彼视三釜三千钟，如观鸟雀蚊虻相过乎前也。

颜成子游谓东郭子綦曰：自吾闻子之言，一年而野，二年而从，三年而通，四年而物，五年而来，六年而鬼人，七年而天成，八年而不知死不知生，九年而大妙。

生有为，死也。劝公以其私，死也，有自也，而生阳也，无自也。而果然乎？恶乎其所适？恶乎其所不适？天有历数，地有人据，吾恶乎求之？莫知其所以终，若之何其无命也？莫知其所始，若之何其有命也？有以相应也，若之何其无鬼邪？无以相应也，若之何其有鬼邪？

罔两问于景曰：若向也俯而今也仰，向也括撮而今也被发，向也坐而今也起，向也行而今也止，何也？

景曰：搜搜也，奚稍问也？予有而不知其所以。予，蜩甲也，蛇蜕也？似之而非也。火与日，吾屯也；阴与夜，吾代也。彼吾所以有待邪？而况乎以无有待者乎？彼来则我与之来，彼往则我与之往，彼强阳则我与之强阳。强阳者，又何以有问乎？

阳子居南之沛，老聃西游于秦，邀于郊，至于梁而遇老子。老子中道仰天而叹曰：始以女为可教，今不可也。

阳子居不答。

至舍，进盥漱巾栉，脱屦户外，膝行面前，曰：向者弟子欲请夫子，夫子行不闲，是以不敢。今闲矣，请问其过。

老子曰：而睢睢盱盱，而谁与居？大白若辱，盛德若不足。

阳子居蹴然变容曰：敬闻命矣！

其往也，舍者迎将其家，其家公执席，妻执巾栉，舍者避席，炀者避灶。其反也，舍者与之争席矣。

第二十八篇·让王

尧以天下让许由，许由不受。

又让于子州支父，子州支父曰：以我为天子，犹之可也。虽然，我适有幽忧之病，方且治之，未暇治天下也。

夫天下至重也，而不以害其生，又况他物乎？唯无以天下

为者，可以托天下也。

舜让天下于子州支伯，子州支伯曰：予适有幽忧之病，方且治之，未暇治天下也。

故天下大器也，而不以易生，此有道者之所以异乎俗者也。

舜以天下让善卷，善卷曰：余立于宇宙之中：冬日衣皮毛，夏日衣葛絺；春耕种，形足以劳动；秋收敛，身足以休食；日出而作，日入而息，逍遥于天地之间而心意自得。吾何以天下为哉？悲夫，子之不知余也！

遂不受，于是去而入深山，莫知其处。

舜以天下让其友石户之农，石户之农曰：捲捲乎后之为人，葆力之士也！

以舜之德为未至也，于是夫负妻戴，携子以入于海，终身不反也。

大王亶父居邠，狄人攻之。事之以皮帛而不受，事之以犬马而不受，事之以珠玉而不受，狄人之所求者，土地也。

大王亶父曰：与人之兄居而杀其弟，与人之父居而杀其子，吾不忍也。子皆勉居矣！为吾臣与为狄人臣，奚以异？且吾闻之："不以所用养害所养。"

因杖策而去之，民相连而从之，遂成国于歧山之下。

夫大王亶父，可谓能尊生矣。能尊生者，虽贵富不以养伤身，虽贫贱不以利累形。今世之人居高官尊爵者，皆重失之，见利轻亡其身，岂不惑哉？

越人三世弑其君，王子搜患之，逃乎丹穴。而越国无君，求王子搜不得，从之丹穴。王子搜不肯出，越人熏之以艾，乘以王舆。

王子搜援绥登车，仰天而呼曰：君乎，君乎，独不可以舍我乎？

王子搜非恶为君也，恶为君之患也。若王子搜者，可谓不以国伤生矣！此固越人之所欲得为君也。

韩魏相与争侵地，子华子见昭僖侯，昭僖侯有忧色。

子华子曰：今使天下书铭于君之前，书之言曰："左手攫之则右手废，右手攫之则左手废，然而攫之者必有天下。"君能攫之乎？

昭傅侯曰：寡人不攫也。

子华子曰：甚善！自是观之，两臂重于天下也，身又重于两臂。韩之轻于天下亦远矣，今之所争者，其轻于韩又远。君固愁身伤生以忧戚之不得也？

僖侯曰：善哉！教寡人者众矣，未尝得闻此言也。

子华子可谓知轻重矣。

鲁君闻颜阖得道之人也，使人以币先焉。颜阖守陋闾，苴布之衣而自饭牛。鲁君之使者至，颜阖自对之。

使者曰：此颜阖之家与？

颜阖对曰：此阖之家也。

使者致币，颜阖对曰：恐听谬而遗使者罪，不若审之。

使者还，反审之，复来求之，则不得已。

故若颜阖者，真恶富贵也。故曰，道之真以治身，其绪余以为国家，其土苴以治天下。由此观之，帝王之功，圣人之余事也，非所以完身养生也。今世俗之君子，多危身弃生以殉物，岂不悲哉？凡圣人之动作也，必察其所以之与其所以为。今且有人于此，以随侯之珠弹千仞之雀，世必笑之。是何也？则其所用者重而所要者轻也。夫生者，岂特随侯之重哉？

子列子穷，容貌有饥色。

客有言之于郑子阳者曰：列御寇，盖有道之士也，居君之国而穷，君无乃为不好士乎？

郑子阳即令官遗之粟，子列子见使者，再拜而辞。

使者去，子列子入，其妻望之而拊心曰：妾闻为有道者之妻子，皆得佚乐，今有饥色，君过而遗先生食，先生不受，岂不命邪？

子列子笑谓之曰：君非自知我也。以人之言而遗我粟，至其罪我也又且以人之言，此吾所以不受也。

其卒，民果作难而杀子阳。

楚昭王失国，屠羊说走而从于昭王，昭王反国，将赏从者，及屠羊说。

屠羊说曰：大王失国，说失屠羊。大王反国，说亦反屠羊。臣之爵禄已复矣，又何赏之有？

王曰：强之！

屠羊说曰：大王失国，非臣之罪，故不敢伏其诛；大王反国，非臣之功，故不敢当其赏。

王曰：见之！

屠羊说曰：楚国之法，必有重赏大功而后得见，今臣之知不足以存国而勇不足以死寇。吴军入郢，说畏难而避寇，非故随大王也。今大王欲废法毁约而见说，此非臣之所以闻于天下也。

王谓司马子綦曰：屠羊说居处卑贱而陈义甚高，子綦为我延之以三旌之位。

屠羊说曰：夫三旌之位，吾知其贵于屠羊之肆也，万钟之禄，吾知其富于屠羊之利也，然岂可以贪爵禄，而使吾君有妄施之名乎？说不敢当，愿复反吾屠羊之肆。

遂不受也。

原宪居鲁，环堵之室，茨以生草，蓬户不完，桑以为枢，而瓮牖二室，褐以为塞，上漏下湿，匡坐而弦歌。子贡乘大马，中绀而表素，轩车不容巷，往见原宪。原宪华冠縰履，杖黎而应门。

子贡曰：嘻！先生何病？

原宪应之曰：宪闻之：无财谓之贫，学道而不能行谓之病。今宪，贫也，非病也。

子贡逡巡而有愧色，原宪笑曰：夫希世而行，比周而友，学以为人，教以为己，仁义之慝，舆马之饰，宪不忍为也。

曾子居卫，缊袍无表，颜色肿哙，手足胼胝。三日不举火，十年不制衣，正冠而缨绝，捉衿而肘见，纳屦而踵决，曳縰而歌《商颂》，声满天地，若出金石。

天子不得臣，诸侯不得友。故养志者忘形，养形者忘利，致道者忘心矣。

孔子谓颜回曰：回，来！家贫居卑，胡不仕乎？

颜回对曰：不愿仕。回有郭外之田五十亩，足以给飦粥；郭内之田十亩，足以为丝麻；鼓琴足以自娱，所学夫子之道者足以自乐也。回不愿仕。

孔子揪然变容，曰：善哉，回之意！丘闻之："知足者不以利自累也，审自得者失之而不惧，行修于内者无位而不怍。"丘诵之久矣，今于回而后见之，是丘之得也。

中山公子牟谓瞻子曰：身在江海之上，心居乎魏阙之下，奈何？

瞻子曰：重生。重生则利轻。

中山公子牟曰：虽知之，未能自胜也。

瞻子曰：不能自胜则从，神无恶乎？不能自胜而强不从者，此之谓重伤。重伤之人，无寿类矣。

魏牟，万乘之公子也，其隐岩穴也，难为于布衣之士，虽未至乎道，可谓有其意矣！

孔子穷于陈蔡之间，七日不火食，藜羹不糁，颜色甚惫，而犹弦歌于室。

颜回择菜于外，子路、子贡相与言曰：夫子再逐于鲁，削迹于卫，伐树于宋，穷于商周，围于陈蔡。杀夫子者无罪，藉夫子者无禁。弦歌鼓琴，未尝绝音，君子之无耻也，若此乎？

颜回无以应，入告孔子。

孔子推琴，喟然而叹曰：由与赐，细人也，召而来，吾语之。

子路、子贡入，子路曰：如此者，可谓穷矣！

孔子曰：是何言也？君子通于道之谓通，穷于道之谓穷。今丘抱仁义之道以遭乱世之患，其何穷之为？故内省而不疚于道，临难而不失其德，大寒既至，霜雪既降，吾是以知松柏之茂也。陈蔡之隘，于丘，其幸乎！

孔子削然反琴而弦歌，子路扢然执干而舞。

子贡曰：吾不知天之高也，地之下也。

古之得道者，穷亦乐，通亦乐。所乐非穷通也，道得于此，则穷通为寒暑风雨之序矣。故许由娱于颍阳，而共伯得志乎丘首。

舜以天下让其友北人无择，北人无择曰：异哉，后之为人也，居于畎亩之中而游尧之门。不若是而已，又欲以其辱行漫我。吾羞见之。

因自投清冷之渊。

汤将伐桀，因卞随而谋。

卞随曰：非吾事也。

汤曰：孰可？

曰：吾不知也。

汤又因务光而谋，务光曰：非吾事也。

汤曰：孰可？

曰：吾不知也。

汤曰：伊尹何如？

曰：强力忍垢，吾不知其他也。

汤遂与伊尹谋伐桀，克之，以让卞随。

卞随辞曰：后之伐桀也谋乎我，必以我为贼也，胜桀而让我，必以我为贪也。吾生乎乱世，而无道之人再来漫我以其辱行，吾不忍数闻也！

乃自投椆水而死。

汤又让务光，曰：知者谋之，武者遂之，仁者居之，古之道也。吾子胡不立乎？

务光辞曰：废上，非义也；杀民，非仁也；人犯其难，我享其利，非廉也。吾闻之曰："非其义者，不受其禄；无道之世，不践其土。"况尊我乎？吾不忍久见也。

乃负石而自沉于庐水。

昔周之兴，有士二人处于孤竹，曰伯夷、叔齐。

二人相谓曰：吾闻西方有人，似有道者，试往观焉。

至于歧阳，武王闻之，使叔旦往见之，与之盟曰：加富二等，就官一列。

血牲而埋之。

二人相视而笑，曰：嘻，异哉！此非吾所谓道也。昔者神农之有天下也，时祀尽敬而不祈喜，其于人也，忠信尽治而

无求焉。乐于政为政，乐与治为治。不以人之坏自成也，不以人之卑自高也，不以遭时自利也。今周见殷之乱而遽为政，上谋而行货，阻兵而保威，割牲而盟以为信，扬行以说众，杀伐以要利，是推乱以易暴也。吾闻古之士，遭治世不避其任，遇乱世不为苟存。今天下暗，周德衰，其并乎周以涂吾身也，不如避之，以絜吾行。

二子北至于首阳之山，遂饿而死焉。

若伯夷、叔齐者，其于富贵也，苟可得已，则必不赖。高节戾行，独乐其志，不事于世。此二士之节也。

第二十九篇·盗跖

孔子与柳下季为友，柳下季之弟，名曰盗跖。盗跖从卒九千人，横行天下，侵暴诸侯，穴室枢户，驱人牛马，取人妇女，贪得忘亲，不顾父母兄弟，不祭先祖。所过之邑，大国守城，小国入保，万民苦之。

孔子谓柳下季曰：夫为人父者必能诏其子，为人兄者必能教其弟。若父不能诏其子，兄不能教其弟，则无贵父子兄弟之亲矣。今先生，世之才士也，弟为盗跖，为天下害，而不能教也，丘窃为先生羞之。丘请为先生往说之。

柳下季曰：先生言"为人父者必能诏其子，为人兄者必能教其弟"，若子不听父之诏，弟不受兄之教，虽今先生之辩，将奈之何哉？且跖之为人也，心如涌泉，意如飘风，强足以拒敌，辩足以饰非，顺其心则喜，逆其心则怒，易辱人以言，先生必无往。

孔子不听，颜回为驭，子贡为右，往见盗跖。盗跖乃方休卒徒大山之阳，脍人肝而餔之。

孔子下车而前，见谒者，曰：鲁人孔丘，闻将军高义，敬再拜谒者。

谒者入通，盗跖闻之，大怒，目如明星，发上指冠，曰：此夫鲁国之巧伪人孔丘非邪？为我告之："尔作言造语，妄称文武，冠枝木之冠，带死牛之胁，多辞缪说，不耕而食，不织而衣，摇唇鼓舌，擅生是非，以迷天下之主，使天下学士不反其本，妄作孝弟而侥幸于封侯富贵者也。子之罪大极重，疾走归！不然，我将以子肝益昼餔之膳！"

孔子复通曰：丘得幸于季，愿望履幕下。

谒者复通，盗跖曰：使来前！

孔子趋而进，避席反走，再拜盗跖。

盗跖大怒，两展其足，案剑瞋目，声如乳虎，曰：丘，来前！若所言，顺吾意则生，逆吾心则死！

孔子曰：丘闻之："凡天下人有三德：生而长大，美好无双，少长贵贱见而皆说之，此上德也；知维天地，能辩诸物，此中德也；勇悍果敢，聚众率兵，此下德也。"凡人有此一德者，足以南面称孤矣。今将军兼此三者：身长八尺二寸，面目有光，唇如激丹，齿如齐贝，音中黄钟，而名曰盗跖，丘窃为将军耻不取焉。将军有意听臣，臣请南使吴越，北使齐鲁，东使宋卫，西使晋楚，使为将军造大城数百里，立数十万户之邑，尊将军为诸侯，与天下更始，罢兵休卒，收养昆弟，共祭先祖。此圣人才士之行，而天下之愿也。

盗跖大怒曰：

丘，来前！夫可规以利而可谏以言者，皆愚陋恒民之谓耳。

今长大美好，人见而悦之者，此吾父母之遗德也。丘虽不吾誉，吾独不自知邪？

且吾闻之："好面誉人者，亦好背而毁之。"今丘告我以大城众民，是欲规我以利而恒民畜我也，安可久长也？城之大者，莫大乎天下矣。尧、舜有天下，子孙无置锥之地；汤武立为天子，而后世绝灭。非以其利大故邪？

且吾闻之：古者禽兽多而人少，于是民皆巢居以避之，昼拾橡栗，暮栖木上，故命之曰"有巢氏之民"。古者民不知衣服，夏多积薪，冬则炀之，故命之曰"知生之民"。神农之世，卧则居居，起则于于，民知其母，不知其父，与麋鹿共处，耕而食，织而衣，无有相害之心，此至德之隆也。然而黄帝不能致德，与蚩尤战于涿鹿之野，流血百里。尧舜作，立群臣，汤放其主，武王杀纣。自是以后，以强陵弱，以众暴寡。汤武以来，皆乱人之徒也。

今子修文武之道，掌天下之辩，以教后世，缝衣浅带，矫言伪行，以迷惑天下之主，而欲求富贵焉，盗莫大于子。天下何故不谓子为"盗丘"？而乃谓我为"盗跖"？

子以甘辞说子路而使从之。使子路去其危冠，解其长剑，而受教于子，天下皆曰："孔丘能止暴禁非。"其卒之也，子路欲杀卫君而事不成，身菹于卫东门之上，子教子路菹此患，上无以为身，下无以为人，是子教之不至也。

子自谓才士圣人邪？则再逐于鲁，削迹于卫，穷于齐，围于陈蔡，不容身于天下，子之道岂足贵邪？

世之所高，莫若黄帝，黄帝尚不能全德，而战涿鹿之野，流血百里。尧不慈，舜不孝，禹偏枯，汤放其主，武王伐纣，文王拘羑里，此六子者，世之所高也。孰论之，皆以利惑其真而强反其情性，其行乃甚可羞也。

世之所谓贤士，莫若伯夷叔齐。伯夷叔齐辞孤竹之君，而饿死于首阳之山，骨肉不葬。鲍焦饰行非世，抱木而死。申徒狄谏而不听，负石自投于河，为鱼鳖所食。介子推至忠也，自割其股以食文公，文公后背之，子推怒而去，抱木而燔死。尾生与女子期于梁下，女子不来，水至，不去，抱梁柱而死。此六子者，无异于磔犬流豕操瓢而乞者，皆离名轻死、不念本养寿命者也。

世之所谓忠臣者，莫若王子比干、伍子胥。子胥沉江，比干剖心，此二子者，世谓忠臣也，然卒为天下笑。自上观之，至于子胥、比干，皆不足贵也。

丘之所以说我者：若告我以鬼事，则我不能知也；若告我以人事者，不过此矣，皆吾所闻知也。

今吾告子以人之情，目欲视色，耳欲听声，口欲察味，志气欲盈。人上寿百岁，中寿八十，下寿六十，除病瘦死丧忧患，其中开口而笑者，一月之中不过四五日而已矣。天与地无穷，人死者有时，操有时之具而托于无穷之间，忽然无异骐骥之驰过隙也。不能说其志意、养其寿命者，皆非通道者也。丘之所言，皆吾之所弃也，亟去走归，无复言之！子之道，狂狂汲汲，诈巧虚伪事也，非可以全真也，奚足论哉？

孔子再拜趋走，出门上车，执辔三失，目茫然无见，色若死灰，据轼低头，不能出气。归到鲁东门外，适遇柳下季。

柳下季曰：今者阙然数日不见，车马有行色，得微往见跖邪？

孔子仰天而叹曰：然。

柳下季曰：跖得无逆女意若前乎？

孔子曰：然。丘所谓无病而自灸也，疾走料虎头，编虎须，

几不免虎口哉!

子张问于满苟得曰：盍不为行？无行则不信，无信则不任，不任则不利。故观之名，计之利，而义真是也。若弃名利，反之于心，则夫士之为行，不可一日不为乎！

满苟得曰：无耻者富，多言者显。夫名利之大者，几在无耻而言。故观之名，计之利，而信真是也。若弃名利，反之于心，则夫士之为行，抱其天乎！

子张曰：昔者桀、纣贵为天子，富有天下。今谓臧聚曰"汝行如桀纣"，则有怍色，有不服之心者，小人所贱也。仲尼、墨翟，穷为匹夫，今谓宰相曰"子行如仲尼、墨翟"，则变容易色称不足者，士诚贵也。故势为天子，未必贵也；穷为匹夫，未必贱也。贵贱之分，在行之美恶。

满苟得曰：小盗者拘，大盗者为诸侯；诸侯之门，仁义存焉。昔者桓公小白杀兄入嫂，而管仲为臣；田成子常杀君窃国，而孔子受币。论则贱之，行则下之，则是言行之情悖战于胸中也，不亦拂乎？故《书》曰："孰恶孰美，成者为首，不成者为尾。"

子张曰：子不为行，即将疏戚无伦，贵贱无义，长幼无序。五纪，将何以为别乎？

满苟得曰：

尧杀长子，舜流母弟，疏戚有伦乎？汤放桀，武王杀纣贵贱有义乎？王季为适，周公杀兄，长幼有序乎？儒者伪辞，墨子兼爱，五纪六位，将有别乎？

且子正为名，我正为利。名利之实，不顺于理，不监于道。吾日与子讼于无约曰："小人殉财，君子殉名，其所以变其情，易其性，则异矣，乃至于弃其所为而殉其所不为，则一也。"故曰：无为小人，反殉而天；无为君子，从天之理。若枉若直，相而天极。面观四方，与时消息。若是若非，执而圆机；独成而意，与道徘徊。无转而行，无成而义，将失而所为；无赴而富，无殉而成，将弃而天。

比干剖心，子胥抉眼，忠之祸也；直躬证父，尾生溺死，信之患也；鲍子立干，申子自埋，廉之害也；孔子不见母，匡子不见父，义之失也。此上世之所传，下世之所语，以为士者正其言，必其行，故服其殃，离其患也。

无足问于知和曰：人卒未有不兴名就利者。彼富则人归之，归则下之，下则贵之。夫见下贵者，所以长生安体乐意之道也。今子独无意焉？知不足邪？意知而力不能行邪？故推正不忘邪？

知和曰：今夫此人以为与己同时而生、同乡而处者，以为夫绝俗过世之士焉，是专无主正，所以览古今之时，是非之分也，与俗化。世去至重，弃至尊，以为其所为也，此其所以论长生安体乐意之道，不亦远乎？惨怛之疾，恬愉之安，不监于体；怵惕之恐，欣欢之喜，不监于心。知为为而不知所以为，是以贵为天子，富有天下，而不免于患也。

无足曰：夫富之于人，无所不利，穷美究势，至人之所不得逮，贤人之所不能及。侠人之勇力而以为威强，秉人之知谋以为明察，因人之德以为贤良，非享国而严若君父。且夫声色滋味权势之于人，心不待学而乐之，体不待象而安之。夫欲恶避就，固不待师，此人之性也。天下虽非我，孰能辞之？

知和曰：知者之为，故动以百姓，不违其度，是以足而不争，无以为故不求。不足故求之，争四处而不自以为贪；有余故辞之，弃天下而不自以为廉。廉贪之实，非以迫外也，反监之度。势为天子，而不以贵骄人；富有天下，而不以财戏人。计其患，

虑其反，以为害于性，故辞而不受也，非以要名誉也。尧、舜为帝而雍，非仁天下也，不以美害生也；善卷许由得帝而不受，非虚辞让也，不以事害已。此皆就其利辞其害，而天下称贤焉，则可以有之，彼非以兴名誉也。

无足曰：必持其名，苦体绝甘，约养以持生，则亦久病长厄而不死者也。

知和曰：平为福、有余为害者，物莫不然，而财甚者也。今富人，耳营钟鼓管籥之声，口嗛于刍豢醪醴之味，以感其意，遗忘其业，可谓乱矣；侅溺于冯气，若负重行而上坂也，可谓苦矣；贪财而取慰，贪权而取竭，静居则溺，体泽则冯，可谓疾矣；为欲富就利，故满若堵耳而不知避，且冯而不舍，可谓辱矣；财积而无用，服膺而不舍，满心戚醮，求益而不止，可谓忧矣；内则疑劫请之贼，外则畏寇盗之害，内周楼疏，外不敢独行，可谓畏矣。此六者，天下之至害也，皆遗忘而不知察，及其患至，求尽性竭财，单以反一日之无故而不可得也。故观之名则不见、求之利则不得，缭意绝体而争此，不亦惑乎？

第三十篇·说剑

昔赵文王喜剑，剑士夹门而客三千余人，日夜相击于前，死伤者岁百余人，好之不厌。如是三年，国衰，诸侯谋之。

太子悝患之，募左右曰：孰能说王之意止剑士者，赐之千金。

左右曰：庄子当能。

太子乃使人以千金奉庄子，庄子弗受，与使者俱，往见太子，曰：太子何以教周，赐周千金？

太子曰：闻夫子明圣，谨奉千金以币从者，夫子弗受，悝尚何敢言？

庄子曰：闻太子所欲用周者，欲绝王之喜好也。使臣上说大王而逆王意，下不当太子，则身刑而死，周尚安所事金乎？使臣上说大王，下当太子，赵国何求而不得也？

太子曰：然，吾王所见，唯剑士也。

庄子曰：诺。周善为剑。

太子曰：然吾王所见剑士，皆蓬头突鬓垂冠，曼胡之缨，短后之衣，瞋目而语难，王乃说之。今夫子必儒服而见王，事必大逆。

庄子曰：请治剑服。

治剑服三日，乃见太子。太子乃与见王，王脱白刃待之。庄子入殿门不趋，见王不拜。

王曰：子欲何以教寡人，使太子先？

曰：臣闻大王喜剑，故以剑见王。

王曰：子之剑何能禁制？

曰：臣之剑，十步一人，千里不留行。

王大悦之，曰：天下无敌矣。

庄子曰：夫为剑者，示之以虚，开之以利，后之以发，先之以至。愿得试之。

王曰：夫子休就舍，待命令设戏请夫子。

王乃校剑士七日，死伤者六十余人，得五六人，使奉剑于殿下，乃召庄子。

王曰：今日试使士敦剑。

庄子曰：望之久矣！

王曰：夫子所御杖，长短何如？

曰：臣之所奉皆可。然臣有三剑，唯王所用，请先言而后试。

王曰：愿闻三剑。

曰：有天子剑，有诸侯剑，有庶人剑。

王曰：天子之剑何如？

曰：天子之剑，以燕溪石城为锋，齐岱为锷，晋卫为脊，周宋为镡，韩魏为夹，包以四夷，裹以四时，绕以渤海，带以常山，制以五行，论以刑德，开以阴阳，持以春夏，行以秋冬。此剑直之无前，举之无上，案之无下，运之无旁。上决浮云，下绝地纪。此剑一用，匡诸侯，天下服矣。此天子之剑也。

文王芒然自失，曰：诸侯之剑何如？

曰：诸侯之剑，以知勇士为锋，以清廉士为锷，以贤良士为脊，以忠圣士为镡，以豪桀士为夹。此剑，直之亦无前，举之亦无上，案之亦无下，运之亦无旁。上法圆天，以顺三光；下法方地，以顺四时；中和民意，以安四乡。此剑一用，如雷霆之震也，四封之内，无不宾服而听从君命者矣。此诸侯之剑也。

王曰：庶人之剑何如？

曰：庶人之剑，蓬头突鬓垂冠，曼胡之缨，短后之衣，瞋目而语难。相击于前，上斩颈领，下决肝肺。此庶人之剑，无异于斗鸡，一旦命已绝矣，无所用于国事。今大王有天子之位而好庶人之剑，臣窃为大王薄之。

王乃牵而上殿，宰人上食，王三环之。

庄子曰：大王安坐定气，剑事已毕奏矣！

于是文王不出宫三月，剑士皆服毙其处也。

第三十一篇·渔父

孔子游乎缁帷之林,休坐乎杏坛之上。弟子读书,孔子弦歌。

鼓琴奏曲未半,有渔父者,下船而来,须眉交白,被发揄袂,行原以上,距陆而止,左手据膝,右手持颐以听。曲终而招子贡、子路,二人俱对。

客指孔子曰:彼何为者也?

子路对曰:鲁之君子也。

客问其族,子路对曰:族孔氏。

客曰:孔氏者,何治也?

子路未应,子贡曰:孔氏者,性服忠信,身行仁义,饰礼乐,选人伦,上以忠于世主,下以化于齐民,将以利天下,此孔氏之所治也。

又问曰:有土之君与?

子贡曰:非也。

侯王之佐与?

子贡曰:非也。

客乃笑而还行,言曰:仁则仁矣,恐不免其身。苦心劳形,以危其真。呜呼,远哉,其分于道也!

子贡还,报孔子,孔子推琴而起曰:其圣人与!

乃下求之,至于泽畔,方将杖拏而引其船,顾见孔子还乡而立,孔子反走,再拜而进。

客曰:子将何求?

孔子曰:曩者先生有绪言而去,丘不肖,未知所谓,窃待于下风,幸闻咳唾之音,以卒相丘也!

客曰:嘻!甚矣,子之好学也!

孔子再拜而起曰：丘少而修学，以至于今，六十九岁矣，无所得闻至教，敢不虚心？

客曰：同类相从，同声相应，固天之理也。吾请释吾之所有而经子之所以。子之所以者，人事也。天子诸侯大夫庶人，此四者自正，治之美也，四者离位而乱莫大焉。官治其职，人处其事，乃无所陵。故田荒室露，衣食不足，征赋不属，妻妾不和，长少无序，庶人之忧也；能不胜任，官事不治，行不清白，群下荒怠，功美不有，爵禄不持，大夫之忧也；廷无忠臣，国家昏乱，工技不巧，贡职不美，春秋后伦，不顺天子，诸侯之忧也；阴阳不和，寒暑不时，以伤庶物，诸侯暴乱，擅相攘伐，以残民人，礼乐不节，财用穷匮，人伦不饬，百姓淫乱，天子之忧也。今子既上无君侯有司之势，而下无大臣职事之官，而擅饰礼乐，选人伦，以化于齐民，不泰多事乎？

且人有八疵，事有四患，不可不察也。非其事而事之，谓之总；莫之顾而进之，谓之佞；希意道言，谓之谄；不择是非而言，谓之谀；好言人之恶，谓之谗；析交离亲，谓之贼；称誉诈伪以败恶人，谓之慝；不择善否，两容颊适，偷拔其所欲，谓之险。此八疵者，外以乱人，内以伤身，君子不友，明君不臣。所谓四患者：好经大事，变更易常，以挂功名，谓之叨；专知擅事，侵人自用，谓之贪；见过不更，闻谏愈甚，谓之很；人同于己则可，不同于己，虽善不善，谓之矜。此四患也。能去八疵，无行四患，而始可教已。

孔子愀然而叹，再拜而起曰：丘再逐于鲁，削迹于卫，伐树于宋、围于陈、蔡。丘不知所失，而离此四谤者何也？

客凄然变容曰：甚矣，子之难悟也！人有畏影恶迹而去之走者，举足愈数而迹愈多，走愈疾而影不离身，自以为尚迟，

第五卷《庄子·南华经》

疾走不休，绝力而死。不知处阴以休影，处静以息迹，愚亦甚矣！子审仁义之间，察同异之际，观动静之变，适受与之度，理好恶之情，和喜怒之节，而几于不免矣。谨修而身，慎守其真，还以物与人，则无所累矣。今不修之身而求之人，不亦外乎？

孔子愀然曰：请问何谓"真"？

客曰：真者，精诚之至也。不精不诚，不能动人。故强哭者虽悲不哀，强怒者虽严不威，强亲者虽笑不和。真悲无声而哀，真怒未发而威，真亲未笑而和。真在内者，神动于外，是所以贵真也。其用于人理也，事亲则慈孝，事君则忠贞，饮酒则欢乐，处丧则悲哀。忠贞以功为主，饮酒以乐为主，处丧以哀为主，事亲以适为主，功成之美，无一其迹矣。事亲以适，不论所以矣；饮酒以乐，不选其具矣；处丧以哀，无问其礼矣。礼者，世俗之所为也，真者，所以受于天也，自然不可易也。故圣人法天贵真，不拘于俗，愚者反此。不能法天而恤于人，不知贵真，禄禄而受变于俗，故不足。惜哉，子之蚤湛于人伪而晚闻大道也！

孔子又再拜而起曰：今者，丘得遇也，若天幸然。先生不羞而比之服役，而身教之。敢问舍所在，请因受业而卒学大道。

客曰：吾闻之，可与往与之，至于妙道；不可与往者，不知其道，慎勿与之，身乃无咎。子勉之，吾去子矣，吾去子矣！

乃刺船而去，延缘苇间。

颜渊还车，子路授绥，孔子不顾，待水波定，不闻拏音而后敢乘。

子路旁车而问曰：由得为役久矣，未尝见夫子遇人如此其威也。万乘之主，千乘之君，见夫子未尝不分庭伉礼，夫子犹有倨敖之容。今渔父杖拏逆立，而夫子曲腰磬折，言拜而应，

得无太甚乎？门人皆怪夫子矣，渔人何以得此乎？

孔子伏轼而叹，曰："甚矣，由之难化也！湛于礼仪有间矣，而朴鄙之心至今未去。进，吾语汝：夫遇长不敬，失礼也；见贤不尊，不仁也。彼非至人，不能下人，下人不精，不得其真，故长伤身。惜哉！不仁之于人也，祸莫大焉，而由独擅之。且道者，万物之所由也：庶物失之者死，得之者生；为事逆之则败，顺之则成。故道之所在，圣人尊之。今渔父之于道，可谓有矣，吾敢不敬乎？

第三十二篇·列御寇

列御寇之齐，中道而反，遇伯昏瞀人。

伯昏瞀人曰：奚方而反？

曰：吾惊焉。

曰：恶乎惊？

曰：吾尝食于十浆，而五浆先馈。

伯昏瞀人曰：若是，则汝何为惊已？

曰：夫内诚不解，形谍成光，以外镇人心，使人轻乎贵老，而齑其所患。夫浆人特为食羹之货，无多余之赢，其为利也薄，其为权也轻，而犹若是，而况于万乘之主乎？身劳于国而知尽于事，彼将任我以事而效我以功，吾是以惊。

伯昏瞀人曰：善哉观乎！女处己，人将保女矣！

无几何而往，则户外之屦满矣。伯昏瞀人北面而立，敦杖蹙之乎颐，立有间，不言而出。

宾者以告列子，列子提屦，跣而走，暨乎门，曰：先生既来，曾不发药乎？

曰：已矣，吾固告汝曰"人将保汝"，果保汝矣。非汝能使人保汝，而不能使人无保汝也。而焉用之感也？感豫出异也？必且有感摇而本才，又无谓也。与汝游者又莫汝告也，彼所小言，尽人毒也。莫觉莫悟，何相孰也？巧者劳而知者忧，无能者无所求，饱食而敖游，泛若不系之舟，虚而敖游者也。

郑人缓也呻吟于裘氏之地。抵三年而缓为儒，河润九里，泽及三族，使其弟墨。儒墨相与辩，其父助翟。

十年而缓自杀，其父梦之曰：使而子为墨者予也，阖尝视其良？既为秋柏之实矣。

夫造物者之报人也，不报其人而报其人之天。彼故使彼。夫人以己为有以异于人以贱其亲，齐人之井饮者相捽也。故曰："今之世皆缓也。"自是，有德者以不知也，而况有道者乎？古者谓之遁天之刑。圣人安其所安，不安其所不安；众人安其所不安，不安其所安。

庄子曰：知道易，勿言难。知而不言，所以之天也；知而言之，所以之人也。古之至人，天而不人。

朱泙漫学屠龙于支离益，单千金之家，三年技成而无所用其巧。

圣人以必不必，故无兵；众人以不必必之，故多兵。顺于兵，故行有求。兵，恃之则亡。

小夫之知，不离苞苴竿牍，敝精神乎蹇浅，而欲兼济道物。若是者，迷惑于宇宙，形累不知太初。彼至人者，归精神乎无始而甘冥乎无何有之乡。水流乎无形，发泄乎太清。悲哉乎，汝为：知在毫毛，而不知大宁！

宋人有曹商者，为宋王使秦：其往也，得车数乘，王说之，

益车百乘。

反于宋，见庄子曰：夫处穷闾厄巷、困窘织屦、槁项黄馘者，商之所短也；一悟万乘之主而从车百乘者，商之所长也。

庄子曰：秦王有病召医，破痈溃痤者得车一乘，舐痔者得车五乘，所治愈下，得车愈多。子岂治其痔邪？何得车之多也？子行矣！

鲁哀公问乎颜阖曰：吾以仲尼为贞干，国其有瘳乎？

曰：殆哉圾乎！仲尼方且饰羽而画，从事华辞，以支为旨，忍性以视民而不知不信，受乎心，宰乎神，夫何足以上民？彼宜女与？予颐与？误而可矣！今使民离实学伪，非所以视民也。为后世虑，不若休之，难治也！

施于人而不忘，非天布也。商贾不齿，虽以事齿之，神者弗齿。为外刑者，金与木也；为内刑，动与过也。宵人之离外刑者，金木讯之；离内刑者，阴阳食之。夫免乎外内之刑者，唯真人能之。

孔子曰：凡人心：险于山川，难于知天。天犹有春秋冬夏旦暮之期限定的时间，人者厚貌深情。故有貌愿而益，有长若不肖，有慎懁而达，有坚而缦，有缓而釬。故其就义若渴者，其去义若热。故君子：远使之而观其忠，近使之而观其敬，烦使之而观其能，卒然问焉而观其知，急与之期而观其信，委之以财而观其仁，告之以危而观其节，醉之以酒而观其则，杂之以处而观其色。九征至，不肖人得矣。

正考父一命而伛，再命而偻，三命而俯，循墙而走，孰敢不轨？如而夫者，一命而吕钜，再命而于车上舞，三命而名诸父，孰协唐、许？

贼莫大乎德有心而心有睫，及其有睫也而内视，内视而败矣。凶德有五，中德为首。何谓中德？中德也者，有以自好也而呲其所不为者也。

穷有八极，达有三必，形有六府。美、髯、长、大、壮、丽、勇、敢，八者俱过人也，因以是穷。缘循、偃佒、困畏不若人，三者俱通达。知慧外通，勇动多怨，仁义多责。达生之情者傀，达于知者肖，达大命者随，达小命者遭。

人有见宋王者，锡车十乘，以其十乘骄稺庄子。

庄子曰：河上有家贫恃纬萧而食者，其子没于渊，得千金之珠。其父谓其子曰："取石来锻之！夫千金之珠，必在九重之渊而骊龙颔下。子能得珠者，必遭其睡也。使骊龙而寤，子尚奚微之有哉？"今宋国之深，非直九重之渊也；宋王之猛，非直骊龙也。子能得车者，必遭其睡也；使宋王而寤，子为齑粉！

或聘于庄子，庄子应其使曰：子见夫牺乎？衣以文绣，食以刍菽。及其牵而入于大庙，虽欲为孤犊，其可得乎？

庄子将死，弟子欲厚葬之。

庄子曰：吾以天地为棺椁，以日月为连璧，星辰为珠玑，万物为赍送。吾葬具岂不备邪？何以加此？

弟子曰：吾恐乌鸢之食夫子也。

庄子曰：在上为乌鸢食，在下为蝼蚁食，夺彼与此，何其偏也？

以不平平，其平也不平；以不征征，其征也不征。明者唯为之使，神者征之。夫明之不胜神也，久矣，而愚者恃其所见入于人，其功外也，不亦悲乎？

第三十三篇·天下

天下之治方术者多矣,皆以其有为不可加矣!古之所谓道术者,果恶乎在?

曰:无乎不在。

曰:神何由降?明何由出?

圣有所生,王有所成,皆原于一。

不离于宗,谓之"天人";不离于精,谓之神人;不离于真,谓之至人;以天为宗,以德为本,以道为门,兆于变化,谓之圣人;以仁为恩,以义为理,以礼为行,以乐为和,熏然慈仁,谓之君子。以法为分,以名为表,以参为验,以稽为决,其数一二三四是也,百官以此相齿,以事为常,以衣食为主,以蕃息畜藏为意,老弱孤寡皆有以养,民之理也。

古之人其备乎?配神明,醇天地,育万物,和天下,泽及百姓,明于本数,系于末度,六通四辟,小大精粗,其运无乎不在。其明而在数度者,旧法世传之史,尚多有之。其在于《诗》、《书》、《礼》、《乐》者,邹鲁之士、搢绅先生多能明之。《诗》以道志,《书》以道事,《礼》以道行,《乐》以道和,《易》以道阴阳,《春秋》以道名分。其数散于天下而设于中国者,百家之学时或称而道之。

天下大乱,贤圣不明,道德不一,天下各得一察焉以自好。譬如耳目鼻口,皆有所明,不能相通。犹百家众技也,皆有所长,时有所用。虽然,不该不遍,一曲之士也。判天地之美,析万物之理,察古人之全,寡能备于天地之美、称神明之容。是故内圣外王之道,暗而不明,郁而不发,天下之人,各为其所欲焉以自为方。

悲夫！百家往而不反，必不合矣！后世之学者，不幸不见天地之纯、古人之大体，道术将为天下裂。

不侈于后世，不靡于万物，不晖于数度，以绳墨自矫，而备世之急，古之道术有在于是者，墨翟、禽滑厘闻其风而说之。为之大过，已之大循。作为《非乐》，命之曰《节用》；生不歌，死无服。墨子泛爱、兼利而非斗，其道不怒；又好学而博不异，不与先王同，毁古之礼乐。

黄帝有《咸池》，尧有《大章》，舜有《大韶》，禹有《大夏》，汤有《大濩》，文王有《辟雍》之乐，武王、周公作《武》。古之丧礼，贵贱有仪，上下有等，天子棺椁七重，诸侯五重，大夫三重，士再重。今墨子独生不歌、死无服，桐棺三寸而无椁，以为法式。以此教人，恐不爱人，以此自行，固不爱己。未败墨子道，虽然，歌而非歌，哭而非哭，乐而非乐，是果类乎？其生也勤，其死也薄，其道大觳；使人忧，使人悲，其行难为也，恐其不可以为圣人之道，反天下之心，天下不堪。墨子虽独能任，奈天下何？离于天下，其去王也远矣！

墨子称道曰：昔禹之湮洪水，决江河而通四夷九州也，名川三百，支川三千，小者无数。禹亲自操橐耜，而九杂天下之川，腓无胈，胫无毛，沐甚雨，栉疾风，置万国。禹大圣也，而形劳天下也如此。

使后世之墨者，多以裘褐为衣，以跂蹻为服，日夜不休，以自苦为极，曰：不能如此，非禹之道也，不足谓墨。

相里勤之弟子，五侯之徒，南方之墨者苦获、已齿、邓陵子之属，俱诵《墨经》而倍谲不同，相谓别墨，以"坚白"、"同异"之辩相訾，以觭偶不仵之辞相应，以钜子为圣人，皆愿为之尸，冀得为其后世，至今不决。

墨翟、禽滑厘之意则是，其行者非也。将使后世之墨者必自苦以腓无胈，胫无毛，相进而已矣。乱之上也，治之下也。虽然，墨子真天下之好也，将求之不得也，虽枯槁不舍也，才士也夫！

不累于俗，不饰于物，不苟于人，不忮于众，愿天下之安宁以活民命，人我之养毕足而止，以此白心，古之道术有在于是者，宋钘、尹文闻其风而悦之。作为华山之冠以自表，接万物以别宥为始；语心之容，命之曰"心之行"，以聏合欢，以调海内，请欲置之以为主。见侮不辱，救民之斗，禁攻寝兵，救世之战。以此周行天下，上说下教，虽天下不取，强聒而不舍者也，故曰上下见厌而强见也。

虽然，其为人太多，其自为太少，曰：请欲固置五升之饭足矣。先生恐不得饱，弟子虽饥，不忘天下。日夜不休，曰"我必得活哉"！图傲乎救世之士哉！曰"君子不为苛察，不以身假物。以为无益于天下者，明之不如已也，以禁攻寝兵为外，以情欲寡浅为内。其小大精粗，其行适至是而止。

公而不党，易而无私，决然无主，趣物而不两，不顾于虑，不谋于知，于物无择，与之俱往。古之道术有在于是者，彭蒙、田骈、慎到闻其风而悦之。

齐万物以为首，曰：天能复之而不能载之，地能载之而不能复之，大道能包之而不能辩之。知万物皆有所可，有所不可，故曰：选则不遍，教则不至，道则无遗者矣。

是故慎到弃知去己，而缘不得已，泠汰于物，以为道理，曰"知不知"，将薄知而后邻伤之者也。

謑髁无任，而笑天下之尚贤也，纵脱无行，而非天下之大圣。椎拍輐断，与物宛转，舍是与非，苟可以免。不师知虑，不知前后，魏然而已矣。推而后行，曳而后往，若飘风之还，若羽之旋，若磨石之隧，全而无非，动静无过，未尝有罪。是何故？夫无知之物，无建己之患，无用知之累，动静不离于理，是以终身无誉。故曰：至于若无知之物而已，无用贤圣，夫块不失道。

豪杰相与笑之曰：慎到之道，非生人之行而至死人之理，适得怪焉。

田骈亦然，学于彭蒙，得不教焉。

彭蒙之师曰：古之道人，至于莫之是、莫之非而已矣。其风窢然，恶可而言？

常反人，不见观，而不免于鈇断。其所谓道非道，而所言之韪不免于非。彭蒙、田骈、慎到不知道。虽然，概乎皆尝有闻者也。

以本为精，以物为粗，以有积为不足，澹然独与神明居。古之道术有在于是者，关尹、老聃闻其风而悦之。建之以常无有，主之以太一，以濡弱谦下为表，以空虚不毁万物为实。

关尹曰：在己无居，形物自著。其动若水，其静若镜，其应若响。芴乎若亡，寂乎若清。同焉者和，得焉者失，未尝先人而常随人。

老聃曰：知其雄，守其雌，为天下谿；知其白，守其辱，为天下谷。人皆取先，己独取后，曰"受天下之垢"；人皆取实，己独取虚，无藏也故有余；其行身也，徐而不费，无为也而笑巧；人皆求福，己独曲全，曰"苟免于咎"。以深为根，以约为纪，曰"坚者毁"矣、"锐则挫"矣。常宽于物，不削于人。

虽未至极，关尹、老聃乎，古之博大真人哉！

芴漠无形，变化无常，死与生与，天地并与，神明往与！

芒乎何之？急乎何适，万物毕罗，莫足以归，古之道术有在于是者，庄周闻其风而悦之。以谬悠之说，荒唐之言，无端崖之辞，时恣纵而不傥，不以觭见之也。以天下为沉浊，不可与庄语。以卮言为曼衍，以重言为真，以寓言为广，独与天地精神往来而不敖倪于万物，不谴是非，以与世俗处。其书虽瑰玮而连犿无伤也。其辞虽参差而諔诡可观。彼其充实不可以已，上与造物者游，而下与外死生、无终始者为友。其于本也，弘大而辟，深闳而肆；其于宗也，可谓稠适而上遂矣。虽然，其应于化而解于物也，其理不竭，其来不蜕，芒乎昧乎，未之尽者。

惠施多方，其书五车，其道舛驳，其言也不中。

历物之意，曰：至大无外，谓之"大一"；至小无内，谓之"小一"。无厚，不可积也，其大千里。天与地卑，山与泽平。日方中方睨，物方生方死。大同而与小同异，此之谓"小同异"；万物毕同毕异，此之谓"大同异"。南方无穷而有穷。今日适越而昔来。连环可解也。我知天之中央，燕之北、越之南是也。泛爱万物，天地一体也。

惠施以此为大，观于天下而晓辩者，天下之辩者相与乐之：卵有毛；鸡三足；郢有天下；犬可以为羊；马有卵；丁子有尾；火不热；山出口；轮不碾地；目不见；指不至，至不绝；龟长于蛇；矩不方，规不可以为圆；凿不围枘；飞鸟之景未尝动也；镞矢之疾而有不行不止之时；狗非犬；黄马骊牛三；白狗黑；孤驹未尝有母；一尺之捶，日取其半，万世不竭。辩者以此与惠施相应，终身无穷。

桓团、公孙龙辩者之徒，饰人之心，易人之意，能胜人之口，不能服人之心，辩者之囿也。惠施日以其知与人之辩，特与天下之辩者为怪，此其抵也。然惠施之口谈，自以为最贤，曰"天地其壮乎"？施存雄而无术。

南方有倚人焉，曰黄缭，问"天地所以不坠不陷"、"风雨雷霆之故"。惠施不辞而应，不虑而对，遍为万物说，说而下休，多而无已，犹以为寡，益之以怪。以反人为实，而欲以胜人为名，是以与众不适也。

弱于德，强于物，其涂隩矣。由天地之道观惠施之能，其犹一蚊一蛇之劳者也。其于物也何庸？夫充一尚可，曰愈贵道，几矣！惠施不能以此自宁，散于万物而不厌，卒以善辩为名。

惜乎！惠施之才，骀荡而不得，逐万物而不反，是穷响以声，形与影竞走也！悲夫！

第六卷　《庚桑子·洞灵经》

《庚桑子·洞灵经》者，传老子弟子庚桑楚所著也，唐玄宗封洞灵真人、其为"四子真经"之《洞灵真经》也者，源盖出于兹也。其书实为襄阳处士王士元所著，因《四库全书总目提要》有"联络贯通，亦殊亹亹有理致"语，此《老学六经》所选之据也。《洞灵经》者，以论道为轴，凡九篇，多方述老子思想也，乃为"老学"研究参考资料者也。

序言

老子之役有庚桑楚者，陈人也。偏得老子之道，居畏垒之山。其臣之画然知者去之，其妾之挈然仁者远之。拥肿之与居，鞅掌之为使。居三年，畏垒大壤，复游吴，隐毗陵孟峰，道成仙去。后有汉辅光、张天师、唐张果老相继隐修，因号张公坛福地。古建洞灵观，宋改天申万寿宫。著书九篇，号《庚桑子》，一名《亢仓子》。唐封洞灵真人，书为《洞灵真经》。

全道第一

亢仓子居羽山之颜三年。

俗无疵疠而仍谷熟，其俗窃相谓曰：亢仓子之始来，吾鲜然异之，今吾日计之不足，岁计之有余，其或圣者耶？盍相与尸而祝之、社而稷之乎？

亢仓子闻之，色有不释，其徒麇啜从而启之。

亢仓子曰：吾闻至人尸居环堵之室，而百姓猖狂，不知其所如往。今以羽俗父子窃窃焉，将俎豆予我其旳之人邪？吾是以不释于老聃之言。

厣啜曰：不然，夫寻常之沟，巨鱼无所还其体，而鲵鲥为之制；步仞之丘，巨兽无所隐其躯，而蘖狐为之祥。且也尊贤事能，饷善就利，自尧舜以固然，而况羽俗乎？先生其听矣。

亢仓子曰：嘻来夫！二子者知乎？函车之兽介而离山，罔罟制之；吞舟之鱼荡而失水，蝼蚁苦之。故鸟兽居欲其高，鱼鳖居欲其深。夫全其形生之人藏其身也，亦不厌深眇而已。吾语若大乱之本槷乎？尧舜之间其终存乎？千代之后，必有人与相食者矣。

言未终，南子荣之樗色蹵然膝席曰：樗年运而长矣，将奚以托业，以事斯言？

亢仓子曰：全汝形，抱汝生，无使汝思虑营营，若此绪年，或可以及此言。虽然，吾才小不足以化子，子胡不南谒吾师聃？

亢仓子既谢，荣之樗不释羽俗而龙已乎。

天下之水性清，土者滑之，故不得清；人之性寿，物者滑之，故不得寿物也者，所以养性也。今世之惑者，多以性养物则不知轻重也。是故圣人之于声色滋味也，利于性则取之，害于性则捐之，此全性之道也。万人操弓共射一招，招无不中；万物章章以害一生，生无不伤。故圣人之制万物也，全其天也，天全则神全矣。神全之人，不虑而通，不谋而当，精照无外，志凝宇宙，德若天地然。上为天子而不骄，下为匹夫而不昏，此之谓全道之人，心平正不为外物所诱。曰：清清而能久，则明明而能久，则虚虚，则道全而居之。

秦佚死，亢仓子哭之，其役曰：天下皆死生，何哭为也。

亢仓子曰：天下皆哭，安得不哭？

其役曰：哭者必哀，而先生未始哀，何也？

亢仓子曰：举天之下，吾无与乐，安所取哀？蜕地之谓水，蜕水之谓气，蜕气之谓虚，蜕虚之谓道。虚者道之体，靖者道之地，理者道之纲，识者道之目。道，所以保神德，所以宏量礼，所以齐仪物，所以养体。好质白之物者以黑为污，好质黑之物者以白为污。吾又安知天下之正洁污哉？由是不主物之洁污者矣夫。瞽视者以鞋为赤，以苍为玄，吾乃今所谓皂白，安知识者不以为赪黄？吾又安知天下之正色哉？由是不遁物之色矣。夫好货甚者，不见他物之可好；好马甚者，不见他物之可好；好书甚者，不见他物之可好。吾又安知天下之果可好者、果可恶者哉？由是不见物之可以保恋矣，无能滑吾真矣。

陈怀君柳使其大夫祷行聘于鲁，叔孙卿私曰：吾国有圣人，若知之乎？

陈大夫曰：奚以果明其圣？

叔孙卿曰：能废心而用形。

陈大夫曰：敝邑则小，亦有圣人，异于所闻。

曰：圣人为谁？

陈大夫曰：有亢仓子者，偏得老聃之道，其能用耳视目听。

定公闻而异焉，使叔孙氏报聘且致亢仓子，待以上卿之礼。亢仓子至，宾于亚寝。

鲁公卑辞以问之，亢仓子曰：吾能视听不用耳目，非能易耳目之所用，告者过也。

公曰：孰如是，寡人增异矣。其道若何？寡人果愿闻之。

亢仓子曰：我体合于心，心合于气，气合于神，神合于无，其有介然之有，唯然之音，虽远际八荒之表，迩在眉睫之内，来于我者，吾必尽知之，乃不知为是我。七窍手足之所觉，六腑五脏心虑之所知，其自知而已矣。

第六卷《庚桑子·洞灵经》

用道第二

天不可信，地不可信，人不可信，心不可信，惟道可信，贤主、秀士岂知哉？昔者桀信天与其虐四海，已不勤于道，天夺其国以授殷。纣亦信天与其虐四海，已不龚于道，天夺其国以授周。今夫惰农信地实生百谷，不力于道，地窃其果稼而荒翳之。齐后信人之性酐让，不明于其道，举全境以付人，人实鸥义而有其国。凡人不修其道，随其心而师之，营欲茂滋，灾疾朋衅，戕身损寿，心斯害之矣。故曰：惟道可信。

天坠非道，不能悠久；苍生非贤，不能靖顺；庶政非材，不能和理。夫用道之人，不露其用，福滋万物，归功无有，神融业茂，灵庆悠长。知而辩之谓之识，知而不辨谓之道；识以理人，道以安人。

夫鸡辰而作，负日任劳，流汗洒坠，夜分仅息，农夫之道也；俯拾仰取，钱心锥撮，力思搏精，希求利润，贾竖之道也。咽气谷神，宰思损虑，超遥轻举，日精炼仙，高士之道也；专情尚想，毕志所事，伦揆忘寝，谋效位思，人臣之道也；清心省念，察验近习，务求才良，以安万姓，人主之道也。若由是类之，各顺序其志度，不替塞其业履，是为天下有道。导筋骨则形全，翦情欲则神全，靖言语则福全，克保此三全，是谓清贤。

道：德盛则鬼神助信，义敦则君子合礼，义备则小人怀。有识者自是，无识者亦自是；有道者静默，暗钝者亦静默。物固有似是而非，似非而是，先号后笑，始吉终凶。身可亲而才不堪亲，才可敬而身不堪敬，敬甚则不亲，亲甚则不敬。亲之而疏，疏之而亲，恩甚则怨生，爱多则憎至。有以速为贵，

有以缓为贵；有以直为贵，有以曲为贵。百事之宜，其由甚微，不可不知。是富则身通，理势然也。同道者相爱，同艺者相嫉，同与者相爱，同取者相嫉，同病者相爱，同壮者相嫉，人情自然也。才多而好谦，贫贱而不谄，处劳而不为辱，贵富而益恭勤，可谓有德者也。

政道第三

人无法以知天之四时寒暑，日月星辰之所行。若知天之四时寒暑，日月星辰之所行，当则诸生血气之类，皆得其处而安其产矣。人臣亦无法以知主之赏罚爵禄之所加，若知主之赏罚爵禄之所加，宜则亲疏远近贤不肖皆尽其才力而以为用矣。信全则天下安，信失则天下危。夫百姓勤劳，财物殚尽，则争害之心生，而不相信矣。人不相信，由政之不平也，政之不平，吏之罪也，吏之有罪，刑赏不齐也，刑赏不齐，主不勤明也。夫主勤明则刑赏一，刑赏一则吏奉法，吏奉法则政下宣，政下宣则民得其所，而交相信矣。是知天下不相信者，由主不勤明也。

亢仓子居息壤五年，灵王使祭公致篚帛与纫璐曰：余末小子，否德忝位，水旱不时，借为人苦，何以禳之？

亢仓子曰：水阴渗也，阴于国政类刑、人事类私，旱阳过也。阳于国政类德、人事类盈。楚以为，凡遭水旱，天子宜正刑修德，百官宜去私戒盈，则以类而消，百福日至矣。

郑有胡之封珪戎弓，异时失同于荆。

荆曰：必得封珪戎弓，不然临兵于汝。

郑君病之，驾见亢仓子曰：封珪戎弓，先君得之，胡绵代功，宝传章翼。嗣今荆恃大而曰必得，不然临兵，国危矣。寡人欲以他封珪戎弓往，若之何？

亢仓子曰：君其少安。今是楚亦有宝于此，饰楚之宝以贳罪于君，楚所不能为，君必致夫真。今荆以浅鲜之过，而负其威刑，申逞不直，以耗敛与国，荆失诸侯。于是乎，在诸侯闻之，将警劝备伦比，勤明会同，上义固存郑焉。首君姑待之，岂必非福？

于是以胡珪戎弓往来至郢，荆人闻之曰：彼用圣人之训辞，吾焉取此以暴不直于天下，而令诸侯实生心焉。

遽返其赂而益善郑焉。

人之情欲，生而恶死，欲安而恶危，欲荣而恶辱。天下之人：得其欲则乐，乐则安；不得其欲则苦，苦则危。若人主放其欲，则百吏庶夫具展其欲，百吏庶夫具展其欲，则天下之人，贫者竭其力，富者竭其财，四人失其序，皆不得其欲矣。天下之人不得其欲，则相与携持保抱，逋逃隐蔽，漂流捃采，以祈性命。吏又从而捕之，是故不胜其危苦，因有群聚背叛之心生。若群聚背叛之心生，则国非其国也。勿贪户口，百姓汝走；勿壮城池，百姓汝疲。赋敛不中，穷者日穷，刑罚且二。贵者日贵，科禁不行，国则以倾。官吏非才则宽猛失所，或与百姓争利，由是狡诈之心生。所以百姓奸而难知，夫下难知则上人疑，上人疑则下益惑，下既惑则官长劳，官长劳则赏不足劝、刑不能禁，易动而难静，此由官不得人故也。

政术至要，力于审士。士有才：行比于一乡，委之乡才；行比于一县，委之县才，行比于一州，委之州才，行比于一国，委之国政，而后乃能无伏士矣。人有恶戾于乡者，则以诲之，不改是为恶戾，于县则挞之，不改是为恶戾，于州则移之，

不改是为恶戾，于国则诛之，而后乃能无逆节矣。诚如是，举天下之人，胸怀无有干背谄慢之萌矣，此之谓靖人。

凡为天下之务，莫大求士；士之待求，莫善通政；通政之善，莫若靖人。靖人之才：盖以文章考之，百不四五；以言论考之，十或一二；以神气靖作态度考之，十全八九。是皆贤王庆代、明识裁择所能尔也。夫下王危世，以文章取士则靡巧绮滥益至，而正雅素实益藏矣；以言论取士则浮掞游饰益来，而謇谔诤直益晦矣；以神气靖作态度取士则外正内邪益尊，而清修明实益隐矣。若然者，贤愈到，政愈僻，令愈勤，人愈乱矣。

天下至大器也，帝王至重位也，得士则靖，失士则乱。人主劳于求贤，逸于任使。呜呼，守天聚人者，其胡可以不事诚于士乎？人情失宜，主所深恤。失宜之大，其痛刑狱。夫明达之才，将欲听讼，或诱之以诈，或胁之以威，或贿之以情，或苦之以戮，虽作设权异，而必也公平。故使天下之人，生无所于德，死无所于怨。夫秉国建吏，持刑若此，可谓至官。至官之世，群情和正，诸产咸宜，爱敬交深，上下条固，不可摇荡，有类一家。苟有达顺陵逆，安得动哉？

平王返正，既宅天邑，务求才良。等闻一善，喜豫连日。左右侍仆累言大臣贤异者，如是逾岁。

王曰：余一人于德不明，求贤异益恐山泽遗逸不举，岂乐闻？吾以自闭塞哉！迩者仄媚仆臣，累誉权任，颇阶左右，意余孱昧，无能断明，徒唯共和，依违浸长，自贤败德，莫此为多。不时匡遏，就滋固党。

于是弃左右近习三人，市贬庶司尹长五人，曰：无令臣君者附下罔上，持禄阿意。

天下闻之，称为齐明，海南之西归者七国。

至理之世，舆服纯素，宪令宽简，禁网疏阔。夫舆服纯素则人不胜羡，宪令宽简则俗无忌讳，禁网疏阔则易避难犯。若人不胜羡则嗜欲希微，而服役乐业矣。俗无忌讳则抑闭开舒，而欢欣交通矣。易避难犯则好恶分明，而贵德知耻矣。夫服役乐业之谓顺，欢欣交通之谓和，贵德知耻之谓正。浮堕之人不胜于顺，逆节之人不胜于和，奸邪之人不胜于正，顺、和、正三者，理国之宗也。

衰末之世，舆服文巧，宪令禳祈，禁网颇僻。夫舆服文巧则流相炎慕，宪令禳祈则俗多忌讳，禁网颇僻则莫知所遁。若流相炎慕则人不忠洁，而耻朴贵华矣。俗多忌讳则情志不通，而上下胶戾矣。莫知所遁则逸祸繁兴，而众不惧死矣。夫耻朴贵华之谓浮，上下胶戾之谓塞，众不惧死之谓冒。真正之士不官于浮，公直之士不官于塞，器能之士不官于冒，浮、塞、冒三者，乱国之梯也。

荆君熊围问水旱理乱，亢仓子曰：水旱由天，理乱由人。若人事和理，虽有水旱，无能为害，尧汤是也。故周之秩官云：人强胜天。若人事坏乱，纵无水旱，日益崩离，且桀纣之灭，岂惟水旱？

荆君北面遵循，稽首曰：天不弃不谷，及此言也。

乃以弘璧十朋为亢仓子寿，拜为亚尹，曰：庶吾国有瘳乎？

亢仓子不得已，中宿微服，违之他邦。

至理之世，山无伪隐，市无邪利，朝无佞禄。

国产问：何由得人俗醇朴？

亢仓子曰：政烦苛则人奸伪，政省一则人醇朴。夫人俗随国政之方圆，犹蠖屈之于叶也，食苍则身苍，食黄则身黄。

曰：何为则人富？

亢仓子曰：

赋敛以时，官上清约，则人富；赋敛无节，官上奢纵，则

人贫。

勾粤之竿镞以精金，鸷隼为之羽，以之捔箠，则其与槁朴也无择。及夫荡寇争冲，觌武决胜，加之骇弩之上，则三百步之外不立敌矣；蜚景之剑威夺白日，气盛紫蜺，以之刲获，则其与劂刃也无择。及夫凶邪流毒，沸渭不靖，加之运掌之上，则千里之内不留行矣。夫材有分而用有当，所贵善因时而已耳。

昔者明皇圣帝，天下和平，万物畅茂，群性得析，善因时而勿扰者也。近古以来，天下奸邪者众，正直者寡，轻薄趋利者多，敦方退静者鲜。奸者出言长于忠言，遂使天下之人交相疑害，悲夫！

作法贵于易避而难犯，救弊贵于省事而一令。除去豪横则官人安，刑禁必行则官人不敢务私利，官人不敢务私利而百姓富。史刑曰：眚灾肆赦，赦不欲数。赦数则恶者得计，平人生心，而贤良否塞矣。人有大为贼害，官吏捕获，因广条引，诬陷贞良，阔远牵率，冀推时序，卒蒙赦宥。遇贼害者讫无所快，自毒而已。由是平人递生黠计，吏劳政酷，莫能镇止。此由数赦之过也。夫人之所以恶为无道不义者，为其有罚也；所以勉为有道行义者，为其有赏也。今无道不义者赦之，而有道行义者被奸而不赏，欲人之就善也，不亦难乎？世有贤主秀士肯察此论，人怨者非不接人也，神怒者非不事神也。巧佞甚人愈怨，淫祀盛神益怒。

君道第四

始生之者天也，养成之者人也。能养天之所生，而勿撄之，谓之天子。天子之动也，以全天为。故此官之所以自立也。

立官者以全生也。今世之惑主多官而反以害生，则失所以为立官之本矣。草郁则为腐，树郁则为蠹，人郁则为病，国郁则百慝并起，危乱不禁。

所谓国郁者，主德不下宣，人欲不上达也。是故圣王贵忠臣正士，为其敢直言而决郁塞也。克已复礼，贤良自至；君耕后蚕，苍生自化。由是言之，贤良正可待不可求，求得非贤也；苍生正可化不可刑，刑行非理也。尧舜有为人主之勤，无为人主之欲，天下各得济其欲；有为人主之位，无为人主之心，故天下各得肆其心。士有天下人爱之而主不爱者，有主独爱之而天下人不爱者，用天下人爱者，则天下安用主。独爱者则天下危，人主安可以自放其爱憎哉？由是重天下爱者，当制其情。所谓天下者，谓其有万物也；所谓邦国者，谓其有人众也。夫国以人为本，人安则国安，故忧国之主，务求理人之材。玉之所以难辨者，谓其有怪石也；金之所以难辨者，谓其有鍮石也。

今夫以隼翼而被之鹨视，而不明者，正以为隼明者视之乃鹨也。今夫小人，多诵经籍方书，或学奇技通说，而被以青紫章服：使愚者听而视之，正为君子也；明者听而视之，乃小人也。故人主诚明，以言取人理也，以才取人理也，以行取人理也；人主不明，以言取人乱也，以才取人乱也，以行取人乱也。夫圣主之用人也，贵耳不闻之功，目不见之功，口不可道之功，而百姓畅然自理矣。若人主贵耳闻之功，则天下之人运货逐利而市誉矣；贵目见之功，则天下之人佹形异艺而争进矣；贵可道之功，则天下之人习舌调吻而饰辞矣。使天下之人市誉争进饰辞见达者，政败矣。人主皆知镜之明己也，而恶士之明己也。镜之明己也功细，士之明己也功大，知其细失其大，不知类矣。

呜呼，人主清心省事，人臣恭俭守职，太平立致矣。而世或难之，吾所不知也！若人主方寸之地不明不断，则天地之宜，

四海之内，动植万类，咸失其道矣！以耳目取人者，官多而政乱；以心虑取人者，官少而政清。是知循理之世，务求不可见不可闻之材；浇危之世，务取可闻可见之材。

呜呼，人主岂知哉？以耳目取人，人皆勤敩以买誉；以心虑取人，人皆静正以勤德。吏静正以勤德，则不言而自化；吏勤敩以买誉，则刑之而不畏，世主岂知哉？

臣道第五

夫国之将兴也，朝廷百吏，或短或长，或丑或美，或怡或厉，或是或非，虽听其言，观其貌，有似不同，然察其志，征其心，尽于为国，所以刚评不怨，黜退不愕，得其中无违乎理。故天不惑其时，坠不乏其利，人不乱其事，鬼神开赞，蛮夷柔同，保合太和，万物化育。国之将亡也，朝廷百吏姿貌多美，颜色谐和，词气华柔，动止详润，虽观其貌，听其言，有若欢洽，然察其志，征其心，尽在竟位，所以闻奇则怪，见异必愕，狙嫉相蒙，遂丧其道。故天告灾时，坠生反物，人作凶德，鬼神间祸，戎狄交侵，丧乱弘多，万物不化。夫不伤货财，不妎人力，不损官吏而功成政立，下阜百姓，上滋主德，如此者忠贤之臣也。若费财烦人，危官苟效，一时功利，规赏于主，不顾过后贻灾于国，如此者奸臣也。至理之世，官得人；不理之世，人得官。

郳龙觌问事君，亢仓子曰：既荣名而臣人者，心莫若公，貌莫若和，言莫若正。公不欲露，和不欲杂，正不欲犯。古之清勤为国修政，今之清勤为身修名。夫为国修政者，区处条别，动得其宜，合于大体；为身修名者，区处条别，致远不通，拘于小节。是知心以道为主，抵事得其所；心以事为主，抵物失其所。臣居上位不谏，下位不公，不合赠其禄。君不严敬，大臣不彰信，小臣不合官其朝。有才者不必忠，忠者不必有才。臣不患不忠，适恐尽忠而主莫之信；主不患不信，适恐信之而莫能事。事上等之人得其性，则天下理；中等之人得其性，则天下乱。明主用上等之人，当委以权宜便事，肆其所为；用中等之人，则当程课其功，示以赏罚。

贤道第六

贤良所以屡求而不至，难进而易退者，非为爱身而不死王事，适恐尽忠而主莫之信耳。自知有材识之人，外恭谨而内无忧。其于众也，和正而不狎，亲之则弥庄，疏之则退去而不怨，穷厄则以命自宽，荣达则以道自正。人有视其仪贤也，听其声贤也，征神课识，或负所望。夫贤人其见用也，入则讽誉，出则龚默，职司勤辨，居室俭闲。其未见用也，藏身于众，藏识于目，藏言于口，饱食安步，独善其身，贞而不怨。智者不疑事，识者不疑人。有识之士，行危而色不可疏，言逊而理不可拔。凡谓贤人，不自称贤，效在官政，功在事事。太平之时，上士运其识，中士竭其耐，小人输其力。

齐有掊子者，材可以振国，行可以独立，事父母孝，谨乡党恭，循念居贫无以为养，施信义而游者久之矣。所如寡合，或为乘时夸毗者所蛊。

掊于是，负杖步足问乎亢仓子，曰：吾闻至人忘情，黎人不事情。存情之曹，务其教训而尊信义。吾乃今不知：为工受不信为信，信而不见信为信；为勤慕义为义，人义而不俟义为义。然则信义之士，常独厄随退，胡以取贵乎？时而教理之所上也。

亢仓子俯而循衽，仰而嘻，超然而歌曰：时之阳兮信义昌，时之默兮信义伏。阳与默、昌与伏，泹吾无谁私兮，羌忽不知其读。夫运正性以如适，而物莫之应者，真不行也。夫真且不行，谓之道丧。道丧之时，上士乃隐。隐之为义：有可为也，莫可为者也；有可用也，莫可用者也。邦有道则智，邦无道则愚，故莫可用者也。

祭公问贤材何从而不致，亢仓子曰：贤正可待不可求，材慎在求不慎无若。天子静、大臣明、刑不避贵、泽不隔下，则贤人自至而求用矣。贤人用则四海之内明，目而视清，耳而听坦，心而无郁矣。天自成，地自宁，万物醇化，鬼神不能灵，故曰，贤正可待不可求。若天子勤明、大臣和理之求士也，则恢弘方大、公直靖人之才至；若天子苛察、大臣躁急之求士也，则曲心巧应、毁方破道之才至；若天子疑忌、大臣巧随之求士也，则奇姓异名、仄媚怪术之才至；若天子自贤、大臣固位之求士也，则事文逐誉、贪浊浮丽之才至；若天子依违、大臣回佞之求士也，则外忠内僻、情毒言和之才至。故曰，才慎在求不慎无若者。黄帝得常仙封鸿鬼容丘，商王得伊尹中兴得甫申，齐桓得宁籍，皆由数。君体道迈仁，布昭圣武，思辑光明，宽厚昌正，而众贤自至而求用，非为简核而得也。

祭公曰：夫子云贤人不求而自至，亦有非贤不求而自至者乎？

亢仓子曰：夫非贤不求而自至者，固众矣。夫天下有道，则贤人不求而自至；天下无道，则非贤不求而自至。人主有道者寡，无道者众，天下贤人少，不肖者多。是知非贤不求而自至者多矣。

祭公曰：贤固济天下，材亦能济天下，俱济天下，贤与材安异耶？

亢仓子曰：窘乎哉？其问也！夫功成事毕、不徇封誉、恭退朴俭之谓贤；功成事毕、荣在禄誉、光扬满志之谓材。贤可以镇国，材可以理国。所谓镇者，和宁无为，人不知其力；所谓理者，勤率其事，人知所于德。一贤统众材则有余，众材度一贤犹不足。如是贤、材之殊域，有居山林而喧者，有在人俗而静者，有喧而正者，有静而邪者也。凡视察其貌鄙俗而能有贤者，万不有一；视察其貌端雅，而实小人者十而有九失。夫不炼其言而知其文，不责其仪而审其度，不采其誉而知其善，不流其毁而断其实，可谓有识者也。

训道第七

闵子骞问仲尼，道之与孝相去奚若，仲尼曰：

道者自然之妙用，孝者人道之至德。夫其包运天地，发育万物，曲成类形，布丕性寿，其功至实而不为物府，不为事官，无为功尸，扪求视听莫得而有，字之曰道，用之于人，字之曰孝。孝者，善事父母之名也。夫善事父母，敬顺为本，意以承之，顺承颜色，无所不至，发一言、举一意不敢忘父母，营一手、措一足不敢忘父母。事君不敢不忠，朋友不敢不信，临下不敢不敬，向善不敢不勤。虽居独室之中，亦不敢懈其诚，此之谓全孝。故孝，诚之至通乎。神明光于四海，有感必应，善事父母之所致也。

昔者虞舜其大孝矣乎！庶母惑父，屡憎害之。舜心益恭，惧而无怨。谋使浚井，下土实之，于时天休震动，神明骏赫，道穴而出，奉养滋谨。由是玄德茂盛，为天下君，善事父母之所致也。

文王之为太子也，其大孝矣！

朝夕必至乎寝门之外，问寺人曰：兹日安否何如？曰安，太子温然喜色；小不安节，太子色忧满容朝夕。食上太子必视寒暖之节，食下必知膳羞所进，然后退。寺人言疾，太子肃冠而齐膳宰之馈，必敬视之，汤液之。贡必亲尝之，尝馈善则太子亦能食，尝馈寡太子亦不能饱。以至乎复初，然后亦复初。君后有过，怡声以讽；君后所爱，虽小物必严龚。是故，孝成于身，道洽天下。雅曰：文王陟降，在帝左右。言文王静作进退，天必赞之，故纣不能害。梦启之寿，卜世三十，卜年七百，天所命也，善事父母之所致也。

闵子骞曰：善事父母之道，幸既闻之矣，敢问教子之义？

仲尼曰：凡三王教子，必视礼乐。乐所以修内，礼所以修外，礼、乐交修则德容发辉于貌，故能温恭而文明。夫为人臣者，煞其身有益于君则为之，况利其身以善其君乎？是故择建忠良贞正之士为之师傅，欲其知父于君臣长幼之道。夫知为人子，然后可以为人父；知为人臣，然后可以为人君；知事人，然后能使人。此三王教子之义也。

闵子骞退而事之，于家三年，人无间于父母兄弟之言，交游称其信，乡党称其仁，宗族称其悌。德行之声溢于天下，此善事父母之所致也。

齐太子坐清台之上，燕庄侯他高冠严色，左带玉具剑，右带环佩，左光照右，右光照左，太子读书不视。

壮侯他问曰：齐国有宝乎？

太子曰：主信臣忠，百姓戴上，齐国之宝也。

壮侯他应声解剑而去。

呜呼，人有偏蔽，终身莫自知已乎！贤者见之宽恕而不言，小人暴爱而溢言，亲戚怜嫉而贰言，人有偏蔽，恶乎不自知哉？是故君子检身常若有过，衣其衣，食其食，知其过而不克有以正之者，君子耻之。将欲有言，识其必不能行者，君子罕言。当责众人之恶者，视己善乎哉？当责众人之邪者，视己正乎哉？此之谓反明。

翟西氏之子甚孝谨，翟西怜其子而好妄与之言。翟西辰出夕返，则曰甲死矣，其子信之，既而甲在焉。他夕则曰乙且害余，其子伺将行仇，既而不见恶端。他夕则曰丁病矣，其子觇之，丁诚无恙。举此类也。冒淹年序，子固孝谨，至于训勒，益不保承。乡国之人疾其咎口，谋将煞之。翟西闻而惧，归以告子，子未甚信，既而翟西见煞。谓多言之人为疏露，亦有辞约而不密者，谓轻佻之人，为不定；亦有体闲而心躁者，谓丛杂之人，为猥细；亦有外洁而内浊者，若类而引之，不可殚载。

若非彻识，孰克究详，时有不可不应事也者。内静而外动，易动而难静，时有不可不求事也者。内思而外待，待至而后乐，是故外静而内动者，摇思而损性；奔走而逐利者，劳力而害名。人生于世，或有事不遂志、而宣言云不遇时者，是无异负丹颈之罪，俟时行戮，岂不殆哉？其博才通识未见称用者，正可云时非不清，命未与耳，事不慭欤。

长于谏者务依存前人之性，而翦制其情之所由起，是以彼此开进亲敬殷笃；不长于谏者务攻前人之性，而暗于情之所来，是以彼此嫌贰猜衅日积。儿童之所简者，乃耆耋之所非；耳目之所娱者，乃心虑之所疾。健责天下之愚者，已之未贤也；健责天下之迷者，已之未明也。以未贤责众愚，未贤者以之亡；以未明责众迷，未明者以之伤。

农道第八

人舍本而事末则不一令，不一令则不可以守、不可以战。人舍本而事末则其产约，其产约则轻流徙，轻流徙则国家时有灾患，皆生远志，无复居心。人舍本而事末则好知，好知则多诈，多诈则巧法令，巧法令则以是为非、以非为是。古先圣王之所以理人者，先务农人。农人非徒农人，农人非徒为坠利，贵行其志也。人人农则朴，朴则易用，易用则边境安，安则主位尊。人农则童，童则少私义，少私义则公法立。力博深农则其产复，其产复则重流散，重流散则死其处无二虑。是天下为一心矣。天下一心，轩皇几蘧之理不是过也。

古先圣王之所以茂耕织者，以为本教也。是故天子躬率，诸侯耕籍，田大夫士第有功级，劝人尊坠产也；后妃率嫔御蚕于郊桑公田，劝人力妇教也。男子不织而衣，妇人不耕而食，男女贸功，资相为业，此圣王之制也。故敬时爱日，埒实课功，非老不休，非疾不息。一人勤之，十人食之。当时之务，不兴土功，不料师旅，男不出御，女不外嫁，以妨农也。

黄帝曰：四时之不可正，正五谷而已耳。夫稼为之者人也，生之者天也，养之者坠也。是以稼之容足，耨之容耰，耘之容手，是谓耕道。农攻食，工攻器，贾攻货，时事不龚，敚之以土功，是谓大凶。

凡稼早者先时，暮者不及时，寒暑不节，稼乃多灾。冬至已后五旬有七日而昌生，于是乎始耕。事农之道，见生而艺生，见死而获死。天发时，坠产财，不与人期。有年祀土，无年祀土，无失人时。迫时而作，过时而止，老弱之力，可使尽起。不知时者，未至而逆之，既往而慕之，当其时而薄之，此事之下也。

夫耨必以旱，使坠肥而土缓，稼欲产于尘土而殖。于地坚者慎其种，勿使数，亦无使疏。于其施土，无使不足，亦无使有余。甽欲深以端，亩欲沃以平，下得阴，上得阳，然后咸生。立苗有行，故速成；强弱不相害，故速大。正其行，通其中，疏为泠风，则有收而多功率。稼望之有余，就之则疏，是坠之窃也。不除则芜，除之则虚，是事伤之也。苗其弱也，欲孤其长也，欲相与居。其熟也，欲相与扶，三以为族。稼乃多谷，凡苗之患，不俱生而俱死。是以先生者美米，后生者为粃。是故其耨也，长其兄而去其弟，树肥无使扶疏，树墝不欲专生而独居。肥而扶疏，则多粃；墝而专居，则多死。不知耨者，去其兄而养其弟，不收其粟而收其粃，上下不安，则稼多死。

得时之禾，长秱而大穗，团粟而薄糠，米饴而香，舂之易而食之强。失时之禾，深芒而小茎，穗锐多粃而青蘦。得时之黍，穗不芒以长，团米而寡糠。失时之黍，大本华茎，叶膏短穗。得时之稻，茎葆长，秱穗如马尾。失时之稻，纤茎而不滋，厚糠而菑死。得时之麻，疏节而色阳，坚枲而小本。失时之麻，蕃柯短茎，岸节而叶虫。得时之菽，长茎而短足，其荚二七以为族，多枝数节，竟叶繁实，称之重，食之息。失时之菽，必长以蔓，浮叶虚本疏节而小荚。得时之麦，长秱而颈族二七以为行，薄翼而醇色，食之使人肥且有力。失时之麦，胕肿多病，弱苗而荚穗。

是故得时之稼丰，失时之稼约。庶谷尽宜，从而食之，使人四卫变强，耳目聪明，凶气不入，身无苛殃。善乎孔子之言，冬饱则身温，夏饱则身凉。夫温凉时适，则人无疾疢。人无疾疢，是疫厉不行。疫厉不行，咸得遂其天年。故曰：谷者人之天。是以兴王务农。王不务农，是弃人也。王而弃人，将何国哉？

兵道第九

秦景主将视强兵于天下，使庶长鲍戎必致亢仓子，待以壤邑十二，周实迫之。亢仓子至自荣泉，宾于上馆，景主三日弗得所问。

下席北首顿珪曰：天果无意恤孤耶？

亢仓子油然觑眄，曰：朕以主为异之问，而宁弊弊焉以斫刺为故抑者，亦随其欲而得正焉？无如可矣。

景主一拜再举，敛黼衽，端珪抑首而坐，曰：实惟天所命。

亢仓子仰櫋而嘘，俯正颜色曰：原兵之所起与始，有人俱夫。凡兵也者，出人之威也。人之有威，性受于天故。兵之所自来上矣。尝无少选之不用，贵贱长少贤愚相与同察兵之兆：在心怀恚而未发兵也，疾视作色兵也，傲言推搇兵也，侈斗攻战兵也。此四者鸿细之争也。未有蚩尤之时，人实揭材木以斗矣。黄帝用水火矣，共工称乱矣，五帝相与争矣，一兴一废，胜者用事。夫有以咽药而死者，欲禁天下之医，非也；有以乘舟而死者，欲禁天下之舩，非也；有以用兵丧其国者，欲禁天下之兵，非也。夫兵之不可废，譬水火焉，善用之则为福，不善用之则为祸。是故怒笞不可偃于家，刑罚不可偃于国，征伐不可偃于天下。古之圣王有义兵而无偃兵。兵诚义以诛暴君而振苦，人人之悦也。若孝子之见慈亲，饿隶之遇美食，号呼而走之，若强弩之射深谷也。胜负之决勿征于他，必反人情。人之情欲生而恶死，欲荣而恶辱，死生荣辱之道一，则三军之士可使一心矣。凡军欲其众也，心欲其一也，三军一心，则令可使无敌矣。古之至兵，盖重令也。故其令强者其敌弱，其令信者其敌诎。先胜之于此，则胜之于彼。诚若此，则敌胡

第六卷《庚桑子·洞灵经》

足胜也。凡敌人之来也，以求利也，令来而得死，且以走为利。敌皆以走为利，则刃无所与接矣，此之谓至兵。傲虐奸诈之与义理反也，其势不俱胜、不两立，故义兵之入于敌之境，则人知所庇矣。兵至于国邑之郊，不践果稼，不穴丘墓，不残积聚，不焚室屋，得人房厚而归之，信与人期以敚敌资，以章好恶、以示逆顺。若此而犹有愎狠凌傲、遂宕不听者，虽行武焉可也。先发声出号令，曰兵之来也，以除人之雠，以顺天之道。故克其国，不屠其人，独诛所诛而已矣。于是举选秀士贤良而尊封之，求见孤疾长老而拯救之，发府库之财，散仓廪之谷，不私其物，曲加其礼。今有人于此，能生死人，一人则天下之人争事之矣。义兵之生，一人亦多矣。人孰不悦？故义兵至，则邻国之人归之若流水，诛国之人望之如父母。行地滋远，得人滋众。

辞未终，景主兴，稽首曰：孤获闻先生教言，不觉气盈宇宙，志知所如也。

而心滋益龔，于是步前称觞，为亢仓子寿。拜居首，列师位，严于斋室。又月涉旬，辰加天关，白昼行道，行弟子礼。

附录一

周敦颐《通书》《太极图说》

《周敦颐·通书》

《通书·诚上第一》

"诚者,圣人之本。大哉乾元,万物资始,诚之源也。乾道变化,各正性命,诚斯立焉,纯粹至善者也。故曰:一阴一阳之谓道,继之者善也,成之者性也。元亨,诚之通;利贞,诚之复。大哉《易》也,性命之源乎!"

《通书·诚下第二》

圣,诚而已矣。诚,五常之本,百行之源也。静无而动有,至正而明达也。五常百行,非诚非也,邪暗塞也,故诚则无事矣。至易而行难,果而确,无难焉。故曰:一日克己复礼,天下归仁焉。

《通书·诚几德第三》

诚无为,几善恶。德:爱曰仁,宜曰义,理曰礼,通曰智,守曰信。性焉安焉之谓圣,复焉执焉之谓贤,发微不可见、充周不可穷之谓神。

《通书·圣第四》

寂然不动者,诚也;感而遂通者,神也;动而未形、有无之间者,几也。诚精故明,神应故妙,几微故幽。诚、神、几,曰圣人。

《通书·慎动第五》

动而正曰道,用而和曰德。匪仁匪义匪礼匪智匪信,悉邪也!邪动辱也,甚焉害也,故君子慎动。

《通书·道第六》

圣人之道,仁义中正而已矣。守之贵,行之利,廓之配天地。岂不易简?岂为难知?不守不行,不廓耳!

《通书·师第七》

或问曰："曷为天下善？"

曰："师"。

曰："何谓也？"

曰："性者，刚柔善恶，中而已矣。"

不达，曰："刚，善：为义为直为断为严毅为干固，恶：为猛为隘为强梁。柔，善：为慈为顺为巽，恶：为懦弱为无断为邪佞。惟中也者，和也，中节也，天下之达道也，圣人之事也。故圣人立教，俾人自易其恶，自至其中而止矣。故先觉觉后觉，暗者求于明，而师道立矣。师道立则善人多，善人多，则朝廷正，而天下治矣。"

《通书·幸第八》

人之生，不幸不闻过，大不幸无耻。必有耻则可教，闻过则可贤。

《通书·思第九》

《洪范》曰：思曰睿，睿作圣。无思，本也；思通，用也。几动于彼，诚动于此。无思而无不通为圣人，不思则不能通微，不睿则不能无不通。是则无不通生于通微，通微生于思。故思者，圣功之本，而吉凶之机也。《易》曰："君子见几而作，不俟终日。"又曰："知几，其神乎！"

《通书·志第十》

圣希天，贤希圣，士希贤。伊尹、颜渊，大贤也。伊尹耻其君不为尧、舜，一夫不得其所，若挞于市；颜渊不迁怒，不贰过，三月不违仁。志伊尹之所志，学颜子之所学，过则圣，及则贤，不及则亦不失于令名。

《通书·顺化第十一》

天以阳生万物，以阴成万物。生，仁也；成，义也。故圣

人在上，以仁育万物，以义正万民。天道行而万物顺，圣德修而万民化。大顺大化，不见其迹、莫知其然之谓神。故天下之众，本在一人。道岂远乎哉？术岂多乎哉？

《通书·治第十二》

十室之邑，人人提耳，而教且不及，况天下之广、兆民之众哉？曰：纯其心而已矣。仁义礼智四者，动静言貌视听，无违之谓纯。心纯则贤才辅，贤才辅则天下治。纯心要矣，用贤急焉。

《通书·礼乐第十三》

礼，理也；乐，和也。阴阳理而后和。君君臣臣、父父子子、兄兄弟弟、夫夫妇妇，各得其理然后和，故礼先而乐后。

《通书·务实第十四》

实胜，善也；名胜，耻也。故君子进德修业，孳孳不息，务实胜也。德业有未着则恐恐然畏人知，远耻也。小人则伪而已。故君子日休，小人日忧。

《通书·爱敬第十五》

有善不及，曰："不及则学焉。"

问曰："有不善？"

曰："不善则告之不善，且劝曰：'庶几有改乎，斯为君子。'有善一，不善二，则学其一劝其二。有语曰：'斯人有是之不善，非大恶也？'则曰：孰无过？焉知其不能改？改则为君子矣，不改为恶恶者。天恶之，彼岂无畏耶？乌知其不能改？"故君子悉有众善，无弗爱且敬焉。

《通书·动静第十六》

动而无静，静而无动，物也；动而无动，静而无静，神也。动而无动，静而无静，非不动不静也。物则不通，神妙万物。水阴根阳，火阳根阴，五行阴阳，阴阳太极，四时运行，万物终始。混兮辟兮，其无穷兮。

《通书·乐上第十七》

古者，圣王制礼法，修教化。三纲正，九畴叙，百姓大和，万物咸若。乃作乐以宣八风之气，以平天下之情。故乐声：淡而不伤，和而不淫。入其耳，感其心，莫不淡且和焉。淡则欲心平，和则躁心释。优柔平中德之盛也；天下化中治之至也，是谓道配天地，古之极也。后世礼法不修，政刑苛紊，纵欲败度，下民困苦。谓古乐不足听也，代变新声，妖淫愁怨，导欲增悲，不能自止。故有贼君弃父、轻生败伦不可禁者矣。呜呼！乐者，古以平心，今以助欲；古以宣化，今以长怨。不复古礼，不变今乐，而欲至治者，远矣！

《通书·乐中第十八》

乐者，本乎政也。政善民安，则天下之心和。故圣人作乐，以宣畅其和心，达于天地。天地之气，感而大和焉。天地和则万物顺，故神祇格，鸟兽驯。

《通书·乐下第十九》

乐声淡，则听心平；乐辞善，则歌者慕。故风移而俗易矣。妖声艳辞之化也，亦然。

《通书·圣学第二十》

"圣可学乎？"

曰："可。"

曰："有要乎？"

曰："有。"

"请问焉。"

曰："一为要。一者，无欲也。无欲则静虚动直：静虚则明，明则通；动直则公，公则溥。明通公溥，庶矣乎！"

《通书·公明第二十一》

公于己者公于人，未有不公于己而能公于人也。明不至则疑生。明，无疑也。谓能疑为明，何啻千里？

《通书·理性命第二十二》

厥彰厥微，匪灵弗莹，刚善刚恶，柔亦如之，中焉止矣。二气五行，化生万物；五殊二实，二本则一。是万为一，一实为万；万一各正，大小有定。

《通书·颜子第二十三》

颜子：一箪食，一瓢饮，在陋巷，人不堪其忧，而不改其乐。夫富贵人所爱也，颜子不爱不求而乐乎贫者，独何心哉？天地间有至贵至爱可求而异乎彼者，见其大而忘其小焉尔！见其大则心泰，心泰则无不足，无不足则富贵贫贱处之一也，处之一则能化而齐，故颜子亚圣。

《通书·师友上第二十四》

天地间：至尊者道、至贵者德而已矣；至难得者人，人而至难得者，道德有于身而已矣。求人至难得者有于身，非师友则不可得也已。

《通书·师友下第二十五》

道义者，身有之则贵且尊。人生而蒙，长无师友则愚。是道义由师友有之，而得贵且尊，其义不亦重乎？其聚不亦乐乎？

《通书·过第二十六》

仲由喜闻过，令名无穷焉。今人有过，不喜人规，如护疾而忌医，宁灭其身而无悟也！噫！

《通书·势第二十七章》

天下，势而已矣。势，轻重也，极重不可反。识其重而亟反之，可也。反之，力也。识不早，力不易也。力而不竞，天也；不识不力，人也。天乎？人也，何尤？

《通书·文辞第二十八》

文，所以载道也。轮辕饰而人弗庸，徒饰也，况虚车乎？文辞，艺也；道德，实也。笃其实，而艺者书之，美则爱，爱则传焉。贤者得以学而至之，是为教。故曰："言之无文，行之不远。"然不贤者，虽父兄临之，师保勉之，不学也，强之不从也。不知务道德而第以文辞为能者，艺焉而已。噫！弊也久矣！

《通书·圣蕴第二十九》

不愤不启，不悱不发，举一隅不以三隅反，则不复也。子曰："予欲无言，天何言哉？四时行焉，百物生焉。"然则圣人之蕴，微颜子殆不可见。发圣人之蕴、教万世无穷者，颜子也。圣同天，不亦深乎？常人有一闻知，恐人不速知其有也，急人知而名也，薄亦甚矣！

《通书·精蕴第三十》

圣人之精，画卦以示；圣人之蕴，因卦以发。卦不画，圣人之精不可得而见；微卦，圣人之蕴殆不可悉得而闻。《易》，何止五经之源？其天地鬼神之奥乎！

《通书·乾损益动第三十一》

君子乾乾，不息于诚，然必惩忿窒欲、迁善改过而后至。《乾》之用其善是，《损》、《益》之大莫是过，圣人之旨深哉！"吉凶悔吝生乎动"。噫！吉一而已，动可不慎乎！

《通书·家人睽复无妄第三十二》

治天下有本，身之谓也；治天下有则，家之谓也。本必端，端本诚心而已矣，则必善，善则和亲而已矣。家难而天下易，家亲而天下疏也。《家人》、《离》，必起于妇人，故《睽》次《家人》，以二女同居而志不同行也。尧所以厘降二女于妫汭，舜可禅乎？吾兹试矣。是治天下观于家，治家观身而已矣。

身端，心诚之谓也；

诚心，复其不善之动而已矣。不善之动，妄也；妄复则无妄矣；无妄则诚矣。故《无妄》次《复》，而曰先王以茂对时、育万物，深哉！

《通书·富贵第三十三》

君子以道充为贵，身安为富，故常泰无不足，而铢视轩冕、尘视金玉，其重无加焉尔！

《通书·陋第三十四》

圣人之道，入乎耳，存乎心，蕴之为德行，行之为事业。彼以文辞而已者，陋矣！

《通书·拟议第三十五》

至诚则动，动则变，变则化。故曰：拟之而后言，议之而后动，拟议以成其变化。

《通书·刑第三十六》

天以春生万物，止之以秋。物之生也，既成矣，不止则过焉，故得秋以成。圣人之法天，以政养万民，肃之以刑。民之盛也，欲动情胜，利害相攻，不止则贼灭无伦焉，故得刑以治。情伪微暧，其变千状，苟非中正明达果断者，不能治也。《讼》卦曰"利见大人"，以刚得中也。《噬嗑》曰"利用狱"，以动而明也。呜呼！天下之广，主刑者，民之司命也，任用可不慎乎！

《通书·公第三十七》

圣人之道，至公而已矣。

或曰："何谓也？"

曰"天地至公而已矣。"

《通书·孔子上第三十八》

《春秋》：正王道，明大法也，孔子为后世王者而修也。

乱臣贼子，诛死者于前，所以惧生者于后也。宜乎，万世无穷，王祀夫子，报德报功之无尽焉！

《通书·孔子下第三十九》

道德高厚，教化无穷，实与天地参而四时同，其惟孔子乎？

《通书·蒙艮第四十》

童蒙求我，我正果行，如筮焉。筮，叩神也，再三则渎矣，渎则不告也。山下出泉，静而清也，汩则乱，乱不决也。慎哉，其惟时中乎！艮其背，背非见也；静则止，止非为也，为不止矣。其道也深乎！

《周敦颐·太极图说》

濂溪曰：

自无极而太极：太极动而生阳，动极而静；静而生阴，阴极复动；一动一静，互为其根。分阴分阳，两仪立焉；阳变阴合，而生水火木金土。五气顺布，四时行焉。五行，一阴阳也；阴阳，一太极也；太极本无极也。五行之生也，各一其性；无极之真，二五之精，妙合而凝。乾道成男，坤道成女，二气交感，化生万物。万物生生，而变化无穷焉。

惟人也，得其秀而最灵。形既生矣，神发知矣。五性感动，而善恶分，万事出矣。圣人定之以中正仁义而主静，立人极焉。故圣人与天地合其德、日月合其明、四时合其序、鬼神合其吉凶。君子修之吉，小人悖之凶。故曰："立天之道，曰阴与阳；立地之道，曰柔与刚；立人之道，曰仁与义。"又曰："原始反终，故知生死之说。"大哉，易也，斯其至矣！

附录二

杨郁《天人国学书》

说明

"天人国学"者，以"道"为核心之中华传统文化经典学术之体系也，含两支点即"常道非常道、上德与下德"，四原理即生成论"道生德畜、无中生有"、本体论"道体德用、有无相生"、认识论"知而不知、望无见有"、实践论"下学上达、存无守有"，一目标即"归根返本"者也。《天人国学书》者，依天人国学之要、取中华经典之精而贯通演绎之者也。昔刊《易经的智慧》等书，此则调箴言之顺序、润文句之修辞，且添必要之内容也。从初至此，历年经月，逐日修改，至今尚属草就，祈望方家斧正之。烂熟《天人国学书》之精，明白中华文化传统之脉，把握方向，不断修习，庶几可悟道之妙、明德之玄也矣哉！

序

盘古开天地，燧氏木取火；伏羲画八卦，女娲土造人。神农尝百草，黄帝制甲子；仓颉造汉字，文王演周易。老聃阐道德，孔丘述仁义；庄周尚逍遥，孟柯崇浩气。拯大厦将倾，挽狂澜既倒；往圣论道义，先哲拯颓世。

常道非常道

　　常道非常道，开中华文化传统之先河；上德与下德，定天人国学乾坤之根基。常道通称道，道以无存；非常道即德，德以有存。道无极，事物之究竟，无限时空，不生不灭；德太极，事物之个别，有限时空，生生不息。道之混成：先天地生，原始反终，莫测高深；德之为物：存在者物质，运动者能量，联系者信息。道有五徵：虚无为舍，平易为素，清静为鉴，柔弱为用，纯粹为干。道有五太：太易太初再太始，太素之后乃太极。太易炁未见，太初炁初始，太始形始成，太素始生质，太极化阴阳。一画开天地，混沌炁形质；负阴抱阳，冲气为和。禀元气，苞天地；流泏泏，冲不盈。左柔右刚，履幽戴明，挫锐解纷，和光同尘。生而不有，为而不恃，长而不宰，成而不处。独立不改，周行不殆，绵绵若存，地久天长。道无名，无名即常名；德有名，有名非常名。常名即无名，非常名有名，无名天地始，有名事物母。有名启文明，混沌从此分，主体客体融，客体乃吾心。无名有名，无形有形，无音有音，无色有色，无味有味，无量有量：能指所指，道德相因。道无名，强名道，强字大，本为力，也为炁。先天炁，后天气，蕴涵物思情，因事物命名。道本无形，体圆法方，育生天地人，因事物而形。无形为本为道，有形为末为器，形而上者道，形而下者器。至大无外为大一，至小无内为小一，六合为巨，未离其内，秋毫为小，待之成体。无形大，有形小；无形多，有形少；无形强，有形弱；无形实，有形虚；无形则无声，有形则有声。道无音，宫商角徵羽，

因五音而音。道无色，赤青黄白黑，因五色而色。道无味，酸甜苦辣咸，因五味而味。道无量，钧斤丈尺寸，因度衡而量。道不可见曰夷，道不可闻曰希，道不可抟曰微，迎之不见其首，随之不见其后。道不可说、道不可听，道不可问、道不可答：说听问答，道非所宜。无思无虑始知道，无处无服始安道，无从无道始得道。言说为粗，意致为精，道乃本质，言意不及。

上德与下德

德分上下德，上德道境近乎无，下德人境进于有。夫诚者天之道，诚之者人之道。道者德之钦，生者德之光，性者生之质。性动谓之为，为是正动；为伪谓之失，伪是反动，反动取巧，乐坏礼崩。道废德兴，德废仁兴，仁废义兴。道不废人废，德不兴人兴。顺而应之谓之道，调而应之谓之德；动以不得已谓之德，动以非由我谓之治。名相反，实相顺，与境俱化，与时俱进。上德无为无不为，上德无德而有得。无是无非，无真无伪，无善无恶，无美无丑。无为无不为，不为物先；无治无不治，因物相然。潜居抱道，时至而行，相机而动。进道若退，明道若昧，其上不皦，其下不昧。上德若谷，上善若水，大白若辱，大智若愚。大直若屈，大成若缺，大盈若冲，大巧若拙。大音希声，大器晚成，大象无形，大方无隅。大制不割，方而不割，直而不肆，大辩不言。大辩若讷，言辩不及，善者不辩，辩者不善。信言不美，美言不信，博之不必知，辩之不必慧。大道不称，道昭不道；大仁不仁，仁常不周；大廉不嗛，廉清不信；廉而不害，光而不耀；大勇不忮，勇忮不成。下德无为有以为，下德有得而执得。有是有非，有真有伪，有善有恶，有美有丑。未见形，圆之以道；既见形，方之以物。幽而明，德为容，道为居；存天理，去人欲，守中和。心欲小，志欲大；智欲圆，行欲方；能欲多，事欲少。事无事，报怨以德。治大国，若烹小鲜。以直报怨，以正压邪，以是克非，以理制性。处上民不重，处前民不害；无狎民所居，无厌民所生。欲上民以言下之，欲先民以身后之。后其身而身先，外其身而身存。以其无私，能成其私。

生成论

道生德畜，物形势成，事物初始，无中生有。道者人所蹈，事物不知所由，常道不可言意；德者人所得，事物各得所欲，上德不论是非。天人自三才，三才天地人。三才源自四大，四大人地天道。大道自生，事物他生：人法地，地法天，天法道，道自然；人根地，地根天，天根道，道自根。天下事物生于有，有生于无；道生一，一生二，三为和气生事物，事物芸芸本道根。下德含五常，仁义礼智信：仁心恻隐，仁者感恩，上仁为之无以为，下德目标即为仁。于亲曰孝，于国曰忠，于家曰齐，于友曰信。仁爱难尽仁，仁则有不仁：仁慈之心，仁爱之举，仁德之境。义者人所宜，赏善罚恶，取义舍生，义者有不足。捍卫仁即义，上义为之有以为：正义之心，仗义之举，大义之境。礼者人所履，尊天理守人伦，礼难周全，礼有非礼。遵守仁即礼：礼貌之心，礼数之举，礼法之境。智者人所能，怀良知，抱良能，智有非智，智必有穷。明白仁即智：明智之心，智谋之举，智慧之境。信者人之基，无诚则非人，信不足，有不信。笃行仁即信：诚信之心，信用之举，信仰之境。信智修己，志不强则智不达。诚为良知天地心，信为良心上德生；智为良能生于神，良能发动在本根。义礼安人，位不当则事难成，心不平则功不成。立法必道，施法必正，执法必严，违法必究。

本体论

道体德用，体用相依，事物纷纭，有无相生。反者道之动，弱者道之用；有之以为利，无之以为用。道者善人之宝，不善人之所保；天道无亲，常与善人。善救人，无弃人；善救物，无弃物。人尽其才，物尽其用，货畅其流，真善美信融于心。贵以贱为本，高以下为基；难易相成，长短相形，高下相倾，音声相和，前后相随，美丑相因，小往大来，否极泰来。高者抑，下者举；损有余，补不足。阴阳柔刚，开闭弛张；张而能约，刚而能柔。柔能胜刚，弱能胜强；曲全枉直，洼盈敝新。少得多惑，欲翕固张；欲张反敛，欲弱固强。欲废固兴，欲取固与；欲闻反默，欲高反下，欲抑先扬。立者不企，行者不跨；彰显不自是，长久不自矜。饥贱农，寒惰织；安得人，危失事；富迎来，贫弃时。不患寡而患不均，不患贫而患不安；甚爱必大费，多藏必厚亡。有道吉，百福所宗；无道凶，百祸所攻。名实相生，名难得而易失；名被侵因盛气凌人，名被耗因名不副实。祸莫大于贪婪，咎莫大于欲得，福不大于无祸；祸兮福所倚，福兮祸所伏，祸福相依；祸殃因好辱他人，凶险因慢其所敬。为善易，君子恒为善，福积善，积善之家必有余庆；为恶难，小人常为恶，祸积恶，积恶之家必有余殃。工欲善其事，必先利其器；为之于未有，治之于未乱；图难于易，为大其细。难事作于易，大事作于细；合抱之木生于毫末，九层之台起于累土。善策无败事，善虑无近忧，善行无辙迹，善言无瑕谪，善数无筹策。善闭无关键不可开，善结无绳约不可解。善士不武，善战不怒，善胜不与；不言而善应，不召而自来，坦然而善谋。博学问以广知，高言行以修身，恭俭谦以自守，计深虑以不穷，直亲友以扶颠。近恕笃行以接人，任材使能以济物，殚恶斥谗以止乱，推古验今以释惑，先揆后度以应猝，设变致权以解结，括囊顺会以无咎。贵不忘贱，知恩报恩，赏贵信，刑贵正。不赏小功则大功不立，不赦小怨则大怨必生。赏不服人而罚不甘心，必貌合神离；赏及无功而罚及无罪，必残暴不仁。笨者易蔽，邪者易惧，贪者易诱。蔽者不知过，惑者不知迷；智者事易，蠢者事难；轻上生罪，侮下无亲。闻善忽略，记过不忘，必众叛亲离；所任不信，所信不任，必每况愈下；闻谏仇，听谗美，必进退维谷。决策不仁必危险，密谋外泄必遭败，不治者略己而责人，弃废者自厚而薄人，远而亲者有阴德，近而疏者志不合。

认识论

正言若反，反言若正。天地之道高深，圣人之道隐匿；智用于人不可知，能用于人不可见。圣者道阴，笨者道阳；阴道阳取，阳道阴取。天赋高明通观宇宙，决定成败；勤恒精明功察细微，决定成效。熟生巧，巧生精，精则明，明则神。目视耳听，心思神觉，事物万千，挂一漏万。以天下目视无不见，以天下耳听无不闻，以天下心虑无不知。不出户，知天下，不窥牖，见天道。目贵明，耳贵聪，心贵智，知而智，智而知。不行而知，不见而明，不为而成。知之为知之，不知为不知。知常则明，知足则富，知止不殆。知常常足身不辱，知足常乐身不忧，知止常止身不耻。知人者智，自知者明。知人者有智，智能鉴古决疑，可智者有为，未若自知者明。明能照下，明能见小，明者无为。知己知彼，从知己开始，自知而后知人，自知不自见，自爱不自贵，人贵在明智：转知为智，化智成慧。上者知而不知，下者不知而知，不知深而内，知之浅而外。知其所者久，死不妄者寿。已知者沧海一粟，未知者无边瀚海。生而知之，生知安行，尽心知性知天。学而知之，学知利行，存心养性事天。困而学之，困知勉行，夭寿不贰，修身以俟。圣人无名，神人无功，至人无己。在其位，谋其政，修其能，服其事。有一形者处一位，有一能则服一事：人英者，智过万人，德足教化，行足隐义，义足得众，智足知权；人俊者，智过千人，德足怀远，信足一异，智足鉴古，明足照下；人豪者，智过百人，行为仪表，智决嫌疑，信可守约，廉可分财；人杰者，智过十人，守职不废，处义不比，见难不苟免，见利不苟得。道即易，易为无极，无极生太极，太极生两仪，两仪生四象，四象生八卦，八卦分五行，五行分阴阳，阴阳返太极，太极本无极。伏羲八卦：乾南坤北，坎西离东；文王八卦：离南坎北，兑西震东；天人八卦：离南艮北，兑西震东。先天五行，后天五行；土居中央，土居四方。土生事物，事物初生，西金北水，东木南火，相生相克，相克相生。土为仁生金，金为义生水，水为礼生木，木为智生火，火为信生土，循环往返，生生不息。修身养心，周而复始：胃养肺在膳食，肺养肾在清气，肾养肝在通畅，肝养心在情绪，心养胃在心正。汉语汉字夺天工，文化传统蕴基因，继往开来数千年，绵延华夏几万里。八卦模型明天理，八字模型知人性，人卦贯通天地人，五行十神有生克。八卦甲子藏神机，五行生克藏奥秘，阴阳相胜进乎象，天人黄历乃奇器。认识四境界：未始有物，未始有封，未有是非，有是有非。认识三理论：六合之外存而不论，六合之内论而不议，先王之志议而不辩。认识六层次：迷糊公式加模式，趋势混沌不言事，不知忘之又知之，真知永远在路上。已知未知：正知误知，推知不知，如琢如磨，尺棰日半，万世乃竭。

实践论

观天道，执天行，执大象，天下往。通乎成败，审乎治乱，达乎去就，辨乎锱铢。身是天委形，生是天委和，性命天委顺，子孙天委蜕。与物相宜，悲乐有常，心存天理，喜怒随心。

食其时，百骸理；抱魄魂，形气神；息呼吸，绵若存；机在目，返视听；嘘阴吸阳，吐故纳新。德生和，和生当，惟虫能虫，惟虫能天。行不知所往，处不知所持，食不知所味。鼓腹而游，顺遂自然；鼓盆而歌，参透死生。君子不立危墙之下，圣人不遭无妄之灾，吉凶因悔吝，大医治未病。胜人者有力，自胜者自强；用人者谦谦为之下，善争者莫能与之争。三宝慈俭后，慈能勇，俭能广，后能先：慈以战，哀兵胜；天将救，以慈卫。三纲领，八条目：明明德，在亲民，止至善；格物致知，诚意正心，修齐治平。三绝三弃，无忧无虑：绝圣弃智，见素抱朴；绝仁弃义，少私寡欲；绝巧弃利，绝学无忧。两知两守，返璞归真：知雄守雌，常德不离婴儿；知白守辱，常德乃足抱朴。玩人丧德，玩物丧志，不以智役物，不以欲滑和。惧天理以致福，绝嗜欲以除累，避邪恶以损过，远酒色以不误。非淡泊无以明德，非宁静无以致远，非宽大无以并覆，非正平无以制断。以不公平求公平，公平也不平；以不征验断征验，征验也不验。以亡求存，以卑求尊，以退求进，以小求大，以低求高，以下求上。己无常操，人多疑心，自疑不信人，自信不疑人。薄施厚望，拜神行贿，苦于多愿，病于无常。短于苟得，幽于贪鄙，孤于自恃，败于多私。大怒损阴，大喜害阳，惊怖癫狂，忧悲焦心。轻诺必寡信，多易必多难，处无为之事，行不言之教。数言穷，涩语谆；善反言，语天道；善反听，获天机。善听者耳聪，善辞者语奇；常为无不为，常听无不听。深交不浅谈，浅交不深谋；忠谏不听，蹲循勿争。结而无隙，奇而不止，公不如私，私不如结，正不如奇：说人主与之言奇，说人臣与之言私。佞言谄于忠，谀言博于智，平言决于勇，戚言权于信，静言重于金。病言衰而不神，忧言塞而不泄，怒言妄而不治，怨言悲而无主，喜言散而无要。与阳者言依崇高，与阴者言依卑小；与贵者言依于势，与贱者言依于谦；与富者言依于权位，与贫者言依于利益。与善辩者言依于要，与勇者言依于敢，与过者言依于锐。与智者言依于博，言以明之；与拙者言依于辩，言以教之。人所不欲听，不强之；人所不知言，善教之。顺者正己化人，逆者释己教人。人之所好则顺之，人之所恶则讳之。三思而言，驷马难追一言出，祸从口出时时防；字斟而句酌，语不惊人死不休，一语中的处处求。

归根返本

不闻道，无以返本性；不通物，无以得清静。道无德有，坤阴乾阳：道静坤，德动乾；天男地女，清动浊静。清为浊源，静为动根。躁胜寒，静胜热；浊以静，徐以清。致虚极，守静笃，事物作，吾观复，各归根，归根静，静复命，复命常。静以修身，清静自正，无欲自朴，无事自富，无为自化。俭养德，惧致福，厚德载物，自强不息。以心复性，神相扶，得终始；正形摄知，天和至，神来舍。复性摄知，知常容，容乃公，公乃人，人乃道。吾心宇宙，宇宙吾心。心即理，致良知；心即物，致良能。学而思，思而学，学而不思则罔，思而不学则殆，思学并用。知而行，行而知，知而不行则伪，行而不知则昏。博学审问慎思明辨笃行，知行合一。无善无恶心之体，有善有恶意之动，知善知恶是良知，为善去恶是格物。先于修德，明于体物，乐于好善，长于博谋，安于忍辱，定于清静。道者同道，德者同德。同志得，同义亲，同利忌，同党恶，同类争。修身德真，修家德余，修邦德丰，修国德普。得在时，不在争；治在道，不在圣。人心惟危，道心惟微；惟精惟一，允执厥中。守时空人得位，至乐无乐，至誉无誉，至真至善至美至诚至信，天人合一。

跋

国之利器，不可示人；天网恢恢，疏而不失。天地同德，日月同明，四时同序，社会同则。立心立命继绝学，赤子童心开太平；慎终如始事不败，千里之行足下行。归根返道本，老子道不争。

跋

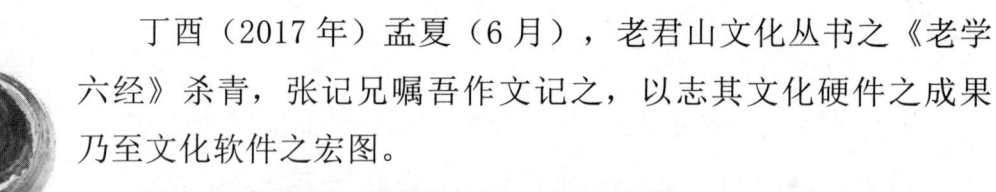

丁酉（2017年）孟夏（6月），老君山文化丛书之《老学六经》杀青，张记兄嘱吾作文记之，以志其文化硬件之成果乃至文化软件之宏图。

吾之于老君山，源于老子，化于老君。

时维辛卯岁（2011年）戌亥月（9月），"老君山大道和谐论坛"于兹举行，其时吾等所撰《老子新学》初就，应邀前来。步入老君山，见其形，问其事，感触多，感慨深。盖闻有族人植森兄者，自幼勤恒，年长谦逊，以北山之财力，造南山之文化，时仅五载，规模已具，因有"关令智取道德经，杨公力劈老君山"之美誉。亦闻有张记兄者，退居庙堂，老当益壮，以独具之匠心，勾独特之蓝图，五载之间，铜铸老子立像，获吉尼斯纪录云，实曹公言"老骥伏枥，志在千里"矣。

此乃吾之所谓"源于老子"者也。

尔后数载，多次往老君山谒老君庙，俗话说"士别三日，当刮目相待"，迄来已越五岁矣，吾心目中之老君山，其变大乎也哉。

丁酉之岁，应植森兄、张记兄之邀又至老君山。前之来者，实乃走马观花、浮光掠影而已，得其大不得其小，获其粗难获其精。此来则为撰老君山文化丛书之《老君山神仙通鉴》，非走马观花，乃下马看花乃至拓荒树花也。

至于老学文化广场，有八柱立焉，曰老子《道德经》柱、关尹《文始经》柱、文子《通玄经》柱、列子《通虚经》柱、庄子《南华经》柱、庚桑子《洞灵经》柱云。其中深浮雕其生平、真言乃至传说，驻足于两百八十亩之时空，顿有仙风拂面、醉人心扉之意。

若夫老子文化苑，经天禄辟邪、汉风天一石阙、老君山照壁，上金水桥、过众妙门、得一门、上善若水池，有楼立焉，曰"崇玄馆"，此馆为历代所设而今重建也。崇玄也者，崇"玄之有"、"妙之无"也。太上老君、通玄真君、通虚真君、南华真君、洞灵真君，安坐其中，尽享人间世顶礼。于是乎，驻足此宽阔达十万平方米之时空，不觉生心旷神怡、宠辱不惊之通灵。

若或驾缆车经云景过峰灵，极顶老君山，巍然屹立者，居其中者老君庙即福，西曰玉皇顶即禄、背靠道德府即寿，南号五母殿即喜、东为亮宝台即财。三座金顶，出其类拔其萃：一山三金顶，吾所罕见；福禄寿喜财，吾所未闻。更有赵孟𫖯亲书《道德经》首尾两章雕刻，其中曰：天之道，利而不害；人之道，为而不争。忽然之间，风自山根突起，云自空中腾来，有白云或红霞，犹万马奔腾，如大江东去，云在山之下，人在峰之巅，虽乘奔御风、腾云驾雾，未若如此之奇之神也。

前吾之来，曾单衣短袖，恰遇天雨，穿皮透骨，美丽冻人，而登缆车未达中天门，狂风陡起，云开雨停，红日暖心。今日吾之来，青天白日，碧空万里，陡然间风起兮云飞扬，老君山颠云海之奇观，伏牛山顶红霞之蒸腾，奔来眼底，飞翔天宇。

老君之厚我也，此乃吾之所谓"化于老君"者也。

老君山文化之硬件，其足也矣；老君山文化之宏图，其盛也矣。老子、关尹子、文子、列子、庄子、庚桑子，"老学"一脉相承；太上老君、通玄真君、通虚真君、南华真君、洞灵真君，"老君"世代传承：给人以震撼，给人以启迪。老君山乃老子传经、老君归隐之圣地，传承老学、拜祭"老君"，善莫大焉。得此时在此地因此人，《老子六经》杀青付梓，实乃天地之造化、日月之功德也。此书之成，巧遇天之明耀、地之厚载、人之至真，此乃大势所趋、时所必然、理所当然；老学之传，恰逢天时之势、地利之位、人和之诚，必将大江东去、后继有人、生生不息。

吾于《老君山大道和谐论坛宣言》曾曰：不靠天，不靠地，就靠我们去落实，去践行；地不分东西，人不分男女，有意者参与之，有力者执行之——责无旁贷，义不容辞。潜心论道论天论人论阴阳，修身悟空悟理悟性悟命运，而今身在老君山，学在老子、心在老君，无限风光在险峰，千里之行足下行，路长脚更长，山高人越高，赤子怀童心，老子道不争！

杨　郁
丁酉夏孟月癸亥于河南洛阳老君山